amor
mais que
maiúsculo

ana
cristina
cesar

cartas a
luiz augusto

Companhia Das Letras

Copyright © 2022 by herdeiros de Ana Cristina Cesar e Luiz Augusto Ramalho

Grafia atualizada segundo o Acordo Ortográfico da Língua Portuguesa de 1990, que entrou em vigor no Brasil em 2009.

Capa e projeto gráfico
Elisa von Randow

Estabelecimento de texto
Rachel Valença

Transcrição das cartas
Equipe de Literatura do Instituto Moreira Salles: Bruno Cosentino, Elizama Almeida, Gustavo Zeitel (estagiário), Jane Leite, Katya de Moraes, Manoela Purcell Daudt d'Oliveira, Rachel Valença (supervisão) e Tamires Kahil

Notas de contexto e traduções
Erico Melo

Preparação
Ana Lima Cecilio

Revisão
Adriana Bairrada
Clara Diament

Dados Internacionais de Catalogação na Publicação (CIP)
(Câmara Brasileira do Livro, SP, Brasil)

Cesar, Ana Cristina, 1952-1983.
 Amor mais que maiúsculo : cartas a Luiz Augusto / Ana Cristina Cesar. — 1ª ed. — São Paulo : Companhia das Letras, 2022.

 ISBN 978-65-5921-192-0

 1. Augusto, Luiz 2. Cartas brasileiras 3. Cesar, Ana Cristina, 1952-1983 – Correspondência 4. Escritoras brasileiras – Correspondência I. Título.

22-105768   CDD-B869.6

Índice para catálogo sistemático:
1. Cartas : Literatura brasileira B869.6

Cibele Maria Dias – Bibliotecária – CRB-8/9427

[2022]
Todos os direitos desta edição reservados à
EDITORA SCHWARCZ S.A.
Rua Bandeira Paulista, 702, cj. 32
04532-002 — São Paulo — SP
Telefone: (11) 3707-3500
www.companhiadasletras.com.br
www.blogdacompanhia.com.br
facebook.com/companhiadasletras
instagram.com/companhiadasletras
twitter.com/cialetras

sumário

11 **nota a esta edição**
13 **destinatário: luiz** — *Luiz Augusto*
22 **para todos nós** — *Flavio Lenz e Luis Felipe Cesar*
30 **nota sobre o estabelecimento de texto**
    — *Rachel Valença*

39   *Carta* — 19/8/69
47   *Cartão-postal* — 19/8/69
48   *Cartão-postal* — 20/8/69
49   *Cartão* — 21/8/69
50   *Carta* — sem data
54   *Carta* — 26/8/69
55   *Cartão-postal* — 26/8/69
56   *Carta* — 1/9/69
57   *Carta* — 5/9/69
65   *Carta* — 7/9/69
71   *Carta* — 12 a 14/9/69
76   *Carta* — 15/9/69
81   *Carta* — 18/9/69
89   *Carta* — 24 a 28/9/69
92   *Carta* — 2/10/69
96   *Carta* — 3/10/69
100 *Carta* — 10/10/69
105 *Carta* — 19 a 25/10/69
113 *Cartão* — 27/10/69
114 *Carta* — 27/10/69
118 *Carta* — 28/10/69
123 *Cartão-postal* — 29/10/69

124	*Carta* — 1/11/69
127	*Carta* — 3/11/69
130	*Carta* — 7/11/69
134	*Carta* — 11/11/69
141	*Carta* — 14/11/69
148	*Carta* — 21/11/69
154	*Carta* — sem data
159	*Carta* — 28 a 30/11/69
166	*Cartas* — 6-7/12/69
173	*Carta* — 9/12/69
177	*Carta* — 12/12/69
179	*Carta* — 17/12/69
180	*Impresso* — 22/12/69
181	*Cartas* — 22-3/12/69
185	*Carta* — 27/12/69
190	*Cartão-postal* — 1/70
191	*Cartão-postal* — 1/70
192	*Cartão-postal* — 1/70
193	*Bilhete* — sem data
196	*Folhas soltas* — 3 a 11/1/70
200	*Cartão-postal* — 11/1/70
201	*Carta* — 13/1/70
204	*Carta* — 16/1/70
209	*Carta* — 27/1/70
223	*Carta* — 4/2/70
228	*Cartão-postal* — 11/2/70
229	*Carta* — 13/2/70
230	*Carta* — 19/2/70
233	*Carta* — 24/2/70
238	*Carta* — 9/3/70
244	*Carta* — 16/3/70
247	*Carta* — 30/3/70
249	*Carta* — 2/4/70

252	*Cartão* — 7/4/70
253	*Carta* — 9/4/70
255	*Bilhete* — 13/4/70
256	*Carta* — 16/4/70
260	*Carta* — 24/4/70
262	*Carta* — 24/4/70
264	*Cartão-postal* — 29/5/70
265	*Carta* — 20/6/70
267	*Cartão-postal* — 1 ou 5/7/70
268	*Cartas* — 2-3/8/70
273	*Carta* — 13/8/70
276	*Carta* — 3/9/70
278	*Carta* — 9/70
283	*Carta* — 17/10/70
290	*Carta* — 20/11/70
292	*Carta* — 21/11/70
296	*Carta* — 2/12/70
299	*Carta* — 6/12/70
302	*Bilhete* — 9/12/70
303	*Carta* — 20/12/70
307	*Carta* — c. 21/12/70
311	*Bilhete* — 31/12/70
312	*Carta* — 5/1/71
315	*Cartinhas* — 6/1/71
319	*Carta* — 15/1/71
323	*Carta* — 15/3/71
329	*Carta* — 5/71

337 **cronologia**
343 **créditos das imagens**

Luiz e Ana na Pedra Sonora, Rio de Janeiro, 1969.

nota a esta edição

As cartas reunidas neste volume percorrem o período de 1969 a 1971. No ano letivo de 1969-70, Ana Cristina Cesar estudou na Richmond County School for Girls, em Londres, com uma bolsa do programa de intercâmbio da International Christian Youth Exchange (ICYE), federação internacional de intercâmbios ligada à Igreja.

Em 1969, Luiz Ramalho — o destinatário das cartas — foi para a Alemanha como exilado político. Ele vive em Berlim até hoje.

A versão datiloscrita desse material foi entregue por Luiz Ramalho ao acervo da Ana Cristina Cesar, no Instituto Moreira Salles, em 2017. No fim de 2021, ele cedeu as cartas originais, guardadas com extremo zelo, ao acervo. Infelizmente, as cartas escritas por ele para Ana não foram encontradas.

A Companhia das Letras agradece enormemente ao Luiz Ramalho, ao Flavio Lenz, ao Luis Felipe Cesar, à Rachel Valença e a toda equipe de Literatura do Instituto Moreira Salles por tornarem este livro possível. Os agradecimentos se estendem ao Armando Freitas Filho, à Heloisa Buarque de Hollanda e à Elvia Bezerra.

Luiz em Aachen, Alemanha, setembro de 1969.

destinatário: luiz

Luiz Augusto

As cartas de Ana Cristina endereçadas a mim, chegavam assim mesmo, sem sobrenome, à Mechtildi Str 24, na pacata cidade alemã de Aachen, na fronteira com a Bélgica e a Holanda, conhecida pela sua famosa catedral que guarda os restos mortais de Carlos Magno. Foi meu destino depois de uma viagem com Ana do Rio de Janeiro para os Estados Unidos e de lá para a Holanda, onde nos separamos, ela rumo à Inglaterra, eu à Alemanha. Participávamos de um programa de intercâmbio da Igreja evangélica, o International Christian Youth Exchange, com duração de um ano e que, para mim, terminou numa estadia permanente na Europa, exilado aos dezoito anos de idade. Esta história, que se reflete nas cartas, revelarei a seguir.

Onde ficaram estas cartas por tantos anos? Guardei sempre com muito cuidado as que recebi. Passaram anos entre meus papéis pessoais e no porão da casa de amigos nos períodos em que estive trabalhando na África, no Pacífico Sul (Port Moresby, Papua-Nova Guiné), no México e em outros lugares do mundo. No fim dos anos 1980, pedi a um jornalista carioca que estava em Berlim à procura de emprego que datilografasse as cartas. Na ocasião da minha participação na Conferência sobre Meio Ambiente e Desenvolvimento, a Eco-92 no Rio de Janeiro, procurei Maria Luiza, mãe de Ana, e entreguei a versão datilografada das cartas. Muitos anos mais tarde, 2012 ou 2013, visitei Flavio, irmão de Ana, na sua casa-jardim em Santa Teresa, no Rio, coloquei aquele volumoso maço de papel na sua mesa ao ar livre e expliquei: são cartas de Ana. Pedi que procurasse minha correspondência com Ana, que, afinal, nunca se encontrou.

Na verdade, não sabia o que fazer com as cartas. E o pior: não conseguia lê-las. Elas me apavoravam, receava ser tragado para um poço sem fundo de memórias dolorosas. Resolvi consultar amigos num momento em que comecei a sonhar com Ana no início da pandemia, em março e abril de 2020. Sonho recorrente: ela, uma senhora que aparecia em uma roda de amigos, e eu questionando o porquê de ela ter se retirado, desaparecido da vida. Ela, recatada, dizia: assim foi melhor para todos.

Entreguei as cartas para Flavio Wolf de Aguiar, professor aposentado de literatura da USP, escritor, jornalista e poeta contemporâneo de Ana, e sua esposa, Zinka Ziebell, professora de literatura e língua portuguesa no Instituto de Estudos Latino-Americanos da Universidade Livre de Berlim e grande admiradora de Ana. Meu simples pedido: leiam as cartas e me digam o que pensam que devo fazer com elas. Conselho deles: publicá-las.

Os acasos da vida: Flavio Lenz Cesar, irmão de Ana e meu amigo de infância, se casou com uma amiga minha alemã, a Friederike Strack, e veio morar em Berlim. A ele também novamente entreguei as cartas e pedi seu conselho. Flavio logo tomou a iniciativa de contactar a Companhia das Letras, e a decisão estava tomada: sim, publicá-las.

As cartas são a extensão de uma intensa paixão, um fascínio mútuo que se aprofundou na segunda metade de 1968 e seguiu até nossa partida, em agosto de 1969.

Foi um caso de amor pré-anunciado. Quando éramos crianças nos reconhecíamos. Eu ouvia de Ana que, como eu, escrevia poesia. Na juventude, nossa confluência e vivência em Pedra Sonora — lugar de encontro de nossas famílias, frequentemente mencionado nas cartas — criaram o espaço mágico para nossa paixão.

Devorávamos literatura, cinema, música. Queríamos desafiar tudo, ter sempre ousadia e intrepidez. O namoro foi uma intensa disputa entre nós por essa radicalidade. E nos transformou em cúmplices depois de eu convalescer, entre agosto e setembro de 1968, de um ferimento a bala. Explico.

Em 21 de junho de 1968, dia que ficou na história política brasileira como a Sexta-feira Sangrenta, fui baleado em frente ao prédio da embaixada americana no Rio de Janeiro. Fui um dos primeiros a cair. Trinta pessoas foram mortas a tiros, foram centenas de feridos e mais de mil presos. Três policiais militares miraram e atiraram em mim, mas felizmente só me acertaram uma vez. Consegui rastejar até a entrada de um prédio e fui socorrido por jornalistas do *Jornal do Brasil* e, posteriormente, retirado do centro da cidade e trasladado para o Hospital Miguel Couto, no Leblon. Golpe de sorte: meu tio Jair Pereira Ramalho era o diretor da ortopedia, e uma equipe de médicos me operou por horas logo em seguida. Salvaram-me a perna esquerda. Passei meses em recuperação, tive de prestar declarações ao Dops, e, depois de um agressivo interrogatório em que tentaram me usar como testemunha contra Vladimir Palmeira, líder estudantil da passeata, me mandaram para casa. Estava com dezesseis anos.

Poucos dias depois da Sexta-feira Sangrenta, a última aparição pública da oposição: a Passeata dos Cem Mil — também no Rio de Janeiro — reuniu não só estudantes, mas também progressistas das áreas de música, arte, cinema, ciência, sindicatos, igrejas. Eu não estava lá, tinha acabado de sair da UTI.

O resto é memória da ditadura: proibição de manifestações, censura, prisões, torturas e repressão. E começava a resistência armada. A oposição passou à clandestinidade, fugiu para o exterior ou desapareceu nas câmaras de tortura dos militares. Muitos dos meus colegas do Colégio Pedro II, assim como colegas de Ana do Colégio de Aplicação, também se foram, desapareceram.

Os anos de chumbo no Brasil tomaram forma em 1968 com o AI-5 e o fechamento do Congresso Nacional. Este 1968 brasileiro nos formou e reforçou nossa opção por ousadia extrema e criatividade, reprimidas, sim, na política, mas vibrantes na cultura, no cinema, no teatro, na música. A sincronicidade com os acontecimentos na Europa, nos Estados Unidos, no Japão, no México e na então Tchecoslováquia reforçou a ideia de sairmos, nós dois, temporariamente, do Brasil.

Continuávamos nos desafiando na poesia, na literatura, compartindo leituras, curiosidade insaciável por algo novo e diferente que sairia de nós. No Rio gastávamos nossa grana nesses meses de 1968-69, antes da nossa partida, frequentando o Museu da Imagem e do Som, o cinema Paissandu com duas ou três sessões de filmes da Nouvelle Vague e outros, apaixonados por Belmondo no *Pierrot Le Fou*, de Godard, eu mais ainda por Jean Seberg, que tanto parecia com Ana no primeiro filme de Godard, *À bout de souffle*. Fazíamos cursos no Museu de Arte Moderna, na Escola Nacional de Música.

Também me recordo do Monsieur Cox, professor de literatura na Aliança Francesa de Copacabana, que caçoava de nós: "São os únicos namorados que conheço que, em vez de irem à praia num sábado de manhã, vêm ler comigo o *Bourgeois Gentilhomme*, de Molière".

Vivíamos e continuamos a viver nas cartas uma "vida poética", num "état poétique", segundo a expressão de Edgar Morin, no seu *Lições de um século de vida** Fatos e emoções do cotidiano ou do extraordinário eram observados e filtrados pela poesia e seriam reproduzidos em nossas cartas a vir.

---

* "O que chamo de estado poético é o estado emocional diante daquilo que nos parece belo e/ou deleitável, não só na arte, mas também no mundo e nas experiências da vida, em nossos encontros." Edgar Morin, *Lições de um século de vida*. Rio de Janeiro: Bertrand Brasil, 2021. Trad. Ivone Bennedetti.

A ideia de viajarmos para a Europa amadureceu, ela fascinada pela Inglaterra das irmãs Brontë, eu pretendendo ler Freud, Brecht e Marx no original alemão e me encontrar com os rebeldes estudantes do SDS, Sozialistischer Deutscher Studentenbund. Havia começado a aprender alemão no Instituto Cultural Brasil Alemanha, ICBA, o Goethe Institut, outro lugar para respirar cultura e liberdade nos obscuros meses depois do AI-5. Contribuíram para nossa decisão as ameaças de repressão que atingiam nossas famílias e que me aterrorizavam. Meu destempero acabaria me levando também à clandestinidade se ficasse no Brasil.

Decidimos sair por um ano. Mas no meu caso não foi o que aconteceu. Era o começo de um exílio. A repressão da ditadura acabou me encontrando em Aachen.

Em 4 de setembro de 1969, eu acabava de chegar na Alemanha, o embaixador americano no Brasil foi sequestrado pelo Movimento Revolucionário 8 de outubro (MR-8) e pela Aliança Libertadora Nacional (ALN, o grupo de Marighela). Um manifesto foi lido nos meios de comunicação brasileiros e, também, publicado na imprensa alemã. Em outubro, fui convidado pela Evangelische Gesellschaft, uma associação de leigos comprometidos da Igreja protestante, a falar sobre o Brasil. Para surpresa dos anfitriões, eu, estudante intercambista de dezessete anos, fiz na minha exposição uma denúncia contra a ditadura no Brasil, contra tortura, contra repressão política, e li parte do manifesto do MR-8 e da ALN. A palestra saía bem diferente do que o público esperava e acabou noticiada num dos jornais locais, o *Aachener Nachrichten*. Herbert Pavel, dono de uma fábrica de ferragens, a Nagelfabrik, em Aachen, com uma filial em Juiz de Fora, no Brasil, notificou à embaixada do Brasil em Bonn a presença de um esquerdista radical em Aachen. Este senhor era membro da Deutsch-brasilianische Gesellschaft, uma associação de empresários alemães com interesses econômicos no Brasil e que recebia subsídios da embaixada do Brasil em Bonn para defender a ditadura militar na Alemanha e influenciar a opinião pública. A ditadura reclamava dos "maus brasileiros" no exterior que sujavam a imagem do Brasil. Com ajuda dos industriais alemães da Sociedade Teuto--Brasileira, principalmente seu presidente Hermamn Görgens, haviam encontrado em mim um desses brasileiros.

Tal lobista da ditadura representava a ponta de lança dos interesses das empresas alemãs no Brasil, mais do que satisfeitas com o rumo político brasileiro. Fui chamado ao consulado geral do Brasil em Düsseldorf, meu passaporte foi confiscado. O cônsul-geral, um democrata, me aconselhou a desaparecer. Em frente a um pastor e um deputado do parlamento alemão que me acompanharam em uma audiência no consulado, disse que, se voltasse ao Brasil, "seria sacrificado".

Assim, a política do Brasil continuava influenciando nossas vidas.

Nas cartas, também mencionávamos a viagem de meu pai, Jether Pereira Ramalho, e minha mãe, Lucília Garcia Pereira Ramalho, aos Estados Unidos, em janeiro de 1970. Levavam documentos demonstrando as torturas no Brasil, entregues ao senador Frank Church, contribuindo para abrir uma frente de solidariedade com os perseguidos do Brasil nos Estados Unidos.

Ana e eu nos reencontramos pessoalmente em junho de 1970 em Aachen. As regras do programa de intercâmbio impossibilitaram nossa ideia de viajar juntos pela Europa no Natal e Ano-Novo de 1969 a 1970 pela Europa.

O encontro em Aachen não foi apenas feliz. Não conseguimos traduzir o ânimo, o espírito das cartas. Não nos reconhecemos. Pairava sobre nós a violência da despedida, da interrupção de nossos planos. Fomos, porém, cuidadosos e cautelosos. Tentamos festejar a vida. Lembro-me bem de três dias em junho de 1970 que passamos juntos num festival de rock, imodestamente chamado de Woodstock da Alemanha, com apresentações de Pink Floyd, Deep Purple, Jethro Tull e outras bandas de rock da época. Juntos e distantes ao mesmo tempo.

Ana se foi pela Europa; eu, sem passaporte, fiquei. Fiquei na Alemanha sem perspectivas, sem papéis, sem grana, sonhos de voltar ao Brasil adiados. Continuamos nos escrevendo. Perdemos a graça e o verso. Afastei-me dela. À minha última mensagem, a de despedida e rompimento, respondeu vaga e evasiva. O namoro acabou, ficaram as cartas.

Anos depois, voltei ao Brasil semiclandestinamente, mas sem perspectiva de permanecer. Uma história complicada, típica daquela época, que envolveu, entre outras coisas, suborno da Polícia Federal para entrar e, principalmente, para obter o "visto de saída", que a ditadura exigia de quem viajasse para o exterior. Eu havia me resignado a ficar na Alemanha e começava a estudar filosofia e sociologia em Frankfurt, atraído pela Frankfurter Schule, a Escola de Frankfurt, e fui aluno de Jürgen Habermas por alguns semestres.

Encontrei Ana nesses primeiros anos da década de 1970 avoada, perdida, seguida sempre por um séquito de admiradoras e admiradores, apaixonadas e apaixonados. Voltei mais uma vez, já no fim dos anos 1970. Não nos reconhecíamos mais. Tive a impressão de que esses encontros a incomodavam. Perdemos os termos comuns, o trato.

Soube do seu suicídio e senti a dor e o desespero dela. Percebo hoje a presença da angústia até em suas cartas de amor.

A Ana que voltou aos meus sonhos de março de 2020, a recatada senhora, se explicava, precisava se retirar, queria viver com serenidade, e por isso se recolhera. Voltava a algum lugar mágico, a Pedra Sonora da nossa juventude. E a imaginei na solidão, se retirando ao estado poético que conhecemos. É tempo de reler as cartas.

Ana foi se revelando a grande poeta que era. Minha mãe, que amava todas as pessoas do mundo, porém algumas em especial, sempre me enviava recortes de jornal com matérias sobre ela. Num caderno cheio de anotações de leitura, com clássicos da sociologia e muitos textos de Marx, encontrei um poema meu que relembrava nossa correspondência. Pelas notas, eu deveria estar iniciando meu contrato de professor assistente no Institut für Soziologie da Universidade Livre de Berlim — datadas, portanto, de 1977 ou 1978. Ali se refletem os rumos e caminhos diferentes que Ana e eu iríamos tomar, ela pela poesia e eu fugindo dela, da poesia, e seguindo uma carreira acadêmica. Eis o poema:

Ana Cristina poeta
Folheando jornais brasileiros
Descobri o que já sabia
As coisas de poeta que me tinha dito
E redito em tempo devido
Me assustei obviamente
Pois se eu não ardia de paixões tocantes
(que nos deram dores de cabeça) por você?
Faz tempo que eu mesmo
Não me envergonho de escrever
As tolices que nos estonteavam
Via aérea uns aos outros
Sem pontuação como sempre
Perdi o hábito e com ele a batina
Virei "corações perdidos"
Tristeza de sambas tristes
Me engasguei e iniciei pensamentos
Extremamente concretos
Pensei por exemplo em escrever uma carta
Em italiano e no nosso primeiro

Beijo cada vez mais trêmulos
E os pulos de alegria e os soluços
Que mais dizer?
Há na poesia um ar imperdoável de solenidade
Não quero nada disso
nem fim do mundo
Embalado e eu — belo belo — olhando tudo da sombra
Folheando este jornal onde você é
Poeta
Deixar a vida correr e não virar
O monstro da bela e a fera.
Às vezes a razão dói

*Berlim,
setembro de 2021*

para todos nós

Flavio Lenz e Luis Felipe Cesar

Quando a obra perdeu a autora, não a autoria, dela passaram a cuidar Maria Luiza e Waldo, pais de Ana C., e nossos também. Acompanhados pelo afeto e pela curadoria de Armando Freitas Filho — escolhido por ordem expressa da Ana, para que ficassem com o poeta e amigo quatro caixas de papelão (das quais vieram os *Inéditos e dispersos*, por ele organizados) —, o casal esteve sempre disponível e proativo para documentários, teses e dissertações, traduções, reedições ou publicação de inéditos da filha. Dentre eles, alguns que transcenderam também os pais: *Antigos e soltos*, organizado por Viviana Bosi, a "visita à oficina", de Mariano Marovatto, em *Poética*, e algumas imagens da *Fotobiografia*, por Eucanaã Ferraz.

    Esse processo nunca foi menos do que complexo para todos, e em especial para nossos pais. Estar diante da presença apenas literária da filha — e Maria Luiza chegou a confrontar versões e datilografar manuscritos — trazia tanto vida e potência como saudades, tristeza, melancolia. A obra publicada, contudo, valia todo esforço e dedicação, e garantia, como garante, a permanência de Ana em prosa e poesia. Da mesma forma, a doação do seu acervo ao Instituto Moreira Salles permitiu e vem criando inúmeras possibilidades de se achegar à poeta, seja em pesquisa literária ou biográfica, seja para publicações ou outros projetos.

    Com a morte prematura de nossa mãe, em 1997, Waldo continuou a manter viva a obra, sempre na companhia de Armando e por vezes de Heloisa Buarque de Hollanda, como em *Corres-*

pondência incompleta, de 1999, organizada pelos dois. E nós, os filhos, passamos a estar mais presentes como interlocutores nesses processos.

A partir da ausência definitiva de nosso pai, em 2007, coube a nós — com o curador amigo — cuidar da permanência de nossa irmã. E entre um sem-número de movimentações literárias, acadêmicas, teatrais, musicais, expográficas e cinematográficas, surgiram estas cartas de amor.

Nos anos 1960, uns tantos pré e adolescentes encontravam-se com frequência num sítio adquirido por seus pais no vale da Serrinha do Alambari, onde se destaca a Pedra Sonora, em Resende (RJ).

Contava nosso pai que o sítio foi idealizado quando panelas e outros materiais de acampamento soltaram-se da sua mochila e rolaram pelo chão da Central do Brasil, no Rio. Era início dos anos 1950.

A partir daí a busca por um local fixo para acampamentos de jovens evangélicos resultou na área de 36 mil metros quadrados, adquirida pela Confederação Evangélica do Brasil (CEB), por meio do Departamento de Mocidade, que tinha como secretário--executivo o resendense Waldo Cesar, posteriormente dirigindo o Setor de Responsabilidade Social da mesma organização.

Os primeiros tijolos do espaçoso chalé que seria construído em seguida foram resultado de um acampamento de trabalho no verão de 1955, reunindo trinta jovens do Brasil e de outros doze países. A iniciativa era norteada por uma perspectiva ecumênica e de compromisso com a sociedade, para além do assistencialismo junto aos pobres, com a ambição de contribuir na formação de lideranças capazes de organizar atividades similares em seus países de origem. Nascia o Rancho Alto.

Em virtude de mudanças institucionais e políticas naquela organização evangélica, a sede construída a tantas mãos foi colocada à venda e adquirida em condomínio por um grupo de amigos, incluindo diversos daqueles jovens coordenadores dos Acampamentos Pedra Sonora — entre eles Jether Ramalho, também um ativo dirigente na CEB, e Waldo Cesar. Pais de Luiz e de Ana.

As décadas seguintes foram marcadas pelos finais de semana, feriados e férias em que essas famílias trocavam o Rio de Janeiro por aquele mundo densamente povoado da mais completa quietude e lonjura, mas onde tudo se multiplicava. Pais, mães, irmãs, irmãos, espaço, tempo, trilhas, campos, árvores e noites estreladas substituíam as rotinas urbanas de casa-escola-trabalho, apertadas entre calçadas, lâmpadas e apartamentos.

E assim crescemos, sempre esperando o dia de ir para Pedra Sonora e lá encontrar não apenas a espaçosa natureza, mas também aquela constelação de famílias, amizades e amores — possíveis e impossíveis.

Um desses foi entre Ana e Luiz.

contracultura e ditadura

Crescidos e educados por cristãos progressistas, Luiz, Ana e tantos de nós vivíamos a juventude num contrastante e complexo período. A contracultura no contexto da Guerra Fria, com a revolução sexual, as drogas e o rock, os movimentos hippie, estudantil e por direitos civis de negros e homossexuais, a segunda onda do feminismo, as mobilizações antiguerra e antinuclear, a Nouvelle Vague e o neorrealismo, além da independência de ex-colônias na África e da Revolução Cubana, e até o Concílio Vaticano II, tudo isso chegava até nós, que os vivíamos e experimentávamos, enquanto por aqui a ditadura instaurada pelo Golpe de 1964 se radicalizava. Cassações de mandatos parlamentares, bipartidarismo, a repressão ao movimento estudantil e a censura, a Lei de Segurança Nacional a perseguir os "inimigos internos", com prisões, torturas e execuções por agentes do Estado, e do outro lado a resistência, a clandestinidade e a luta armada — esse caldeirão ardia junto de nós.

Nosso pai chegou a ser preso e a ficar incomunicável por uma semana em 1967, entre outros "motivos" por dirigir a revista ecumênica de esquerda *Paz e Terra* — em 1968, escapou de uma segunda prisão refugiando-se no sítio da Pedra Sonora —, e pessoas próximas tiveram sorte muito pior. Jether Ramalho, voz combativa durante a ditadura militar, conseguiu levar aos Estados Unidos documentos com relatos de torturas contra prisioneiros políticos brasileiros, que originaram um dossiê amplamente distribuído naquele país.

Ana e Luiz viveram intensamente esse período, que mudou suas vidas e as de tantos de nós.

Em algumas cartas reunidas neste livro, ela menciona acontecimentos no Brasil, como nessas duas em novembro de 1969: "Aqui no *Catholic Herald* saiu que freiras estão sendo torturadas, com nomes" (30/11/1969); e num trecho todo em maiúsculas: "A ÚLTIMA NOTÍCIA QUE O DIA TROUXE FOI O ASSASSINATO DO MARIGHELLA SEM DETALHES" (14/11/1969).

Ao mesmo tempo ela goza das liberdades e possibilidades que lhe dá a Inglaterra: "vou daqui direto para Londres para ver o *Hair* [...]. Comprei um livrinho com a semana de espetáculos em Londres, é uma loucura" (10/10/1969).

E na mesma carta faz uma viagem erótico-romântica à distante Serrinha do Alambari: "Que vontade de te ter numa pedra do rio de Pedra Sonora, num sol num calor você irresistível no teu calção azul e preto, ah, eu sou maluca por você no teu calção azul e preto e de qualquer jeito também. [...] Um dia nós estamos de novo em Pedra Sonora".

Pois era mesmo um espaço de liberdade e confiança, não só de respirar fundo o ar da montanha, mas de poder ouvir de nossos pais o que cada um conseguira saber daqueles tempos sombrios, de trocar ideias, projetos e afagos da vida. Com uma certa rotina.

De manhã jogávamos partidas mistas de vôlei, anunciadas pela poderosa voz do Jether — "Olha o vôlei!" — e tomávamos banho de rio, estes ao sabor das caipirinhas do Waldo e de petiscos. O almoço no salão do chalé juntava dez, quinze, vinte pessoas, entre pais, filhos, por vezes amigos, com destaque para a mão cheia de Lucília, mãe de Luiz, quando era sua vez no rodízio culinário.

À tarde a gente se dispersava, alguns liam, outros dormitavam, exploravam os arredores, percorrendo trilhas e as estradas de terra, subindo e descendo o rio pelas pedras, tocando a Pedra Sonora. Podia até rolar a bola num futebol masculino — e por um tempo tivemos Romanço a puxar crianças e alguns marmanjos numa charrete. Piscina de novo, se calor. E antes ou depois do lanche disputávamos partidas de pingue-pongue, em que Maria Luiza, nossa mãe, era fera, além de jogarmos xadrez, buraco, truco e War. Tudo, durante muitos anos, à luz de lampiões, acendidos num quase ritual criado por Waldo, já que por muito tempo não houve eletricidade.

E afinal nossos pais se recolhiam aos seus chalezinhos e nos deixavam, jovens e crianças, no casarão de dois quartos e muitos treliches, um quarto para cada gênero — que, naquela época, só imaginávamos dois. Nas varandas, na rede, numa escapulida noturna à luz do luar, a noite seguia. Era duro ser acordado para aquelas partidas de vôlei! E afinal valia a divertida disputa.

Mas não era só em Pedra Sonora que Luiz, seus dois irmãos e uma irmã, Ana e nós dois, e demais queridos e queridas da turma do Rancho Alto, além dos amigos de cada um, nos movíamos, ou namorávamos, já que houve outros enlaces. Apesar da ditadura, a efervescência dos anos 1960 num Rio ainda com tônus de capital nos brindava com o Cinema Novo, a Tropicália e os festivais da canção (ora cariocas ora paulistanos), o Teatro do Oprimido e do grupo Opinião, a leitura do *Pasquim* e o vanguardismo de Leila Diniz, os encontros na praia e também na igreja progressista que nossas famílias frequentavam. Íamos ao vão do Museu de Arte Moderna (MAM) e ao Museu da Imagem e do Som (MIS), éramos, ou tentávamos ser, os mais jovens, a geração Paissandu — do cinema e de quem pretendia ousar em arte, política e comportamento. Geração que a sexta-feira 13 de dezembro de 1968 viu ser fortemente atacada, com a decretação do mais terrível ato da ditadura, o AI-5, que impôs ainda mais medo e terror.

No ano seguinte, Luiz e Ana rumaram para um ano de intercâmbio na Europa (ele para a Alemanha, ela para a Inglaterra), uma prática da classe média progressista com seus filhos, mas que naquele período ganhou outros sentidos. E Luiz, que havia sido baleado na Sexta-feira Sangrenta em junho de 1968, lá fez sua vida, enquanto Ana voltou ao Brasil e também seguiu a sua, encerrada tão cedo, em 1983.

reencontros

Quase cinquenta anos depois, um de nós, Flavio, agora vivendo em Berlim, por amor, reencontrou Luiz. Com os antigos laços revigorados, Luiz revelou a existência das cartas trocadas com Ana e que pensava por vezes em publicá-las. Num encontro no Rio, ofereceu as cópias datilografadas que providenciara décadas antes. A primeira leitura mostrou-se difícil, por constrangimento do irmão. Foi preciso mais tempo e uma nova entrega, de volta a Berlim, para a leitura avançar, enquanto Luiz também tratava da sua. No meio-tempo, buscamos no Brasil as cartas que ele enviara a Ana, e que poderiam dar outro rumo ao projeto, mas elas nunca foram encontradas.

O movimento seguinte foi a doação por Luiz das cópias datilografadas ao Instituto Moreira Salles, o que rendeu uma bela crônica da então coordenadora de literatura, Elvia Bezerra.

Consultada posteriormente sobre a possibilidade da publicação, ela foi totalmente favorável, por contribuírem para o enriquecimento biográfico de Ana, porque a autora era fascinada por cartas e diários — fontes de sua criação literária — e por fazerem bonito na categoria de cartas de amor.

O curador, Armando, deu o seu acordo. O irmão mais jovem, Felipe, desde 1983 vivendo na Serrinha, leu e aplaudiu. E o futuro cuidador da obra de Ana C., Rafael Cesar, apoiou o projeto.

Restava a editora, e Alice Sant'Anna acolheu a proposta e se encantou nas leituras.

No meio-tempo, num pequeno parque berlinense, Luiz passou a Flavio as cartas originais, tão bem cuidadas por ele, e com emoção tocadas, relidas e sobretudo visualizadas no suporte original. Elas foram digitalizadas e os arquivos enviados ao Brasil para cotejo com as cópias datilografadas. Este meticuloso trabalho foi organizado com entusiasmo e afeto por Rachel Valença, atual coordenadora de literatura do IMS.

O capítulo seguinte, em novembro de 2021, foi a doação por Luiz dos originais ao IMS, num gesto amoroso de quem devolve à autora, ao seu acervo, a memória de um tempo.

No decorrer e ao final desse intenso e coletivo percurso, para nós, irmãos de Ana, essas cartas trazem ainda mais do que a irmã apaixonada. Nelas está também parte de nossa história. Seja nos trechos sobre situações e acontecimentos comuns ou paralelos, amigos e companheiros de viagem, e até mesmo nós — "Flavio some às vezes. Felipe quer ser médico", numa carta já de volta ao Brasil (7/9/1970) —, seja no reviver ou conhecer ainda mais a trajetória de Ana. Este material nos oferece suas experiências e visada de mundo naquele final dos 1960, desde uma escola inglesa para garotas, contestando professoras, lendo e vendo clássicos, modernos, contemporâneos e marginais, deglutindo a Europa e o que viesse, numa abrangência incomum para os dezessete anos.

É um presente que ela nos deixou, cuidadosamente guardado e generosamente entregue por Luiz, agora também a você.

*Berlim e Serrinha,
novembro de 2021*

Maria Luiza, Waldo, Flavio e Ana Cristina. Felipe por detrás da câmera. Rancho Alto (RJ), 1971.

nota sobre o estabelecimento de texto

Rachel Valença

Antes de expor os critérios editoriais adotados para o estabelecimento do texto das cartas de Ana Cristina a Luiz Augusto, sinto necessidade de falar da emoção suscitada por essa tarefa. Não se trata apenas da transcrição de cartas de uma missivista qualquer: elas foram escritas por uma das grandes poetas do século XX. Ainda não consagrada quando as produziu, aos dezessete anos, mas já dando claros indícios do que viria a ser. A poesia é presença constante. Portanto, todo cuidado é pouco para que a fixação do texto não interfira no estilo.

A emoção vem também de minha ligação com o tempo em que as cartas foram escritas e com o contexto político e cultural em que se inserem. As canções, as peças teatrais, as leituras, os personagens, os costumes e as agruras da sobrevivência numa ditadura militar, que aparecem nas cartas, me soam familiares e mexem com remotas recordações pessoais. E não por acaso: apenas oito anos mais velha do que Ana, eu a conheci brevemente dez anos depois de sua volta ao Brasil. Muitos anos mais tarde, estive algumas vezes com Waldo (pai), Maria Luiza (mãe), e os irmãos, Flavio e Luis Felipe.

A oportunidade de participar da edição das cartas — doadas ao IMS por Luiz Augusto Ramalho primeiramente, em março de 2017, em fotocópias com transcrições datilografadas, e há pouco, em novembro de 2021, em preciosos originais — foi o reencontro com o antigo sonho de trabalhar com a escrita da autora de *A teus pés*.

O entusiasmo era grande, mas a transcrição das cartas foi, às vezes, muito penosa. A letra miúda e bastante regular parecia à primeira vista fácil de decifrar, mas Ana era pouco convencional na escolha do suporte. Cartões-postais e papéis de carta desses bem comuns convivem, nesse conjunto, com programas de teatro, papeluchos de tamanho variado, verso de página de livro em cópia xerox, prospectos religiosos ou políticos, em que ela desenvolvia a escrita às vezes no espaço entre frases impressas. Nesses suportes tão variados e às vezes improváveis, sua criatividade não se limitava ao conteúdo da escrita: verdadeiros labirintos de frases, misturados a desenhos e com tinta de variadas cores e texturas, se constituíram num desafio extra na tarefa de transcrição, para a qual contei com a colaboração da brava equipe de Literatura do IMS.

A edição de um texto produzido há mais de cinquenta anos deve obedecer à diretriz de um mínimo de intervenções, apenas o suficiente para que o leitor contemporâneo possa fruir sem grande esforço o que realmente interessa. Nesse caso específico, como já dito acima, com o agravante de se tratar do texto de uma poeta. Mesmo na informalidade da prosa epistolar, o desvio da norma pode ser, e frequentemente é, a visita da poesia. Daí o cuidado redobrado e, acima de tudo, a humildade de que se reveste esse trabalho.

A atualização ortográfica foi adotada sem hesitação, já que ortografia é mera convenção, raramente escolha pessoal. Era necessária, e até obrigatória, porque, desde a data de produção dessas cartas, duas reformas ortográficas alteraram as regras da escrita do português. Em 1971, aboliram-se o acento diferencial em *e* e *o* tônicos fechados e a acentuação na sílaba subtônica em derivados com sufixos. Ana já registra, numa das últimas cartas desse conjunto, a mudança em curso: "Prosaicamente: estão caindo os acentos diferenciais e acentos secundários de advérbios. Estão caindo". Cairiam ainda, a partir de 1990, o trema, o acento agudo nos ditongos *ei*, *eu* e *oi* abertos e o circunflexo nos hiatos *oo* e *ee*.

Tudo isso resultou em muitas alterações à versão original, transcrição literal do manuscrito. No entanto, sempre que a atualização ortográfica pudesse dar margem a qualquer tipo de ambiguidade no sentido da palavra, ela foi deixada tal como a autora a escreveu. Por exemplo, foram mantidos os acentos diferenciais em "de pé te aplaudimos, nêga nossa" ou em "as medusas musas usos fumos desistiram dessecados rôla rôla sabe Luiz sabe?". E obviamente em trechos em que a questão é diretamente abordada, em tom de brincadeira ou em jogo de palavras: "Ortoepia: é mérda ou mêrda? Badejo ou badêjo? Coéso ou coêso? A piada se estendeu" ou "de uma rota rôta trazia a própria história do coração acelerado".

As cartas foram escritas na maior parte das vezes com pressa e em situações adversas: durante uma aula ("Escrevendo da horripilante aula de francês"), num ônibus ("dentro do ônibus SANDY LANE é quente é bom e eu não preciso escrever em cima da palma"), numa bancada de agência postal ("Eu estou escrevendo de pé no correio com a tua letra espalhada na minha frente"), num local sem iluminação ("não vejo nada, estou escrevendo no escuro"). Daí se pode inferir que não houve por parte da autora cuidados formais e capricho, como confessa em várias passagens: "e o movimento de novo, de te escrever qualquer pedaço de tempo (mais que o tempo, não há tempo, o tempo engoliu a caligrafia)".

Ainda que às vezes teça comentários sobre eventuais dúvidas ou tropeços gramaticais, ou mesmo os aponte, como em "o coração acelerou e fez TOIN como uma mola (cacófato, viva)", em geral essa preocupação com a forma está ausente. Os assuntos se sucedem em atropelo e a pressa salta aos olhos. Palavras abreviadas, ausência de pontuação, admitida pela remetente em vários momentos ("vou me desvirgulando"), frases iniciadas com minúsculas, em contraste com palavras inteiras escritas com maiúsculas como forma de destacá-las, nomes próprios sem inicial maiúscula foram peculiaridades que procuramos manter, a não ser quando algum atropelo comprometia o entendimento.

Já a correção de erros óbvios a que estão sujeitos todos os produtores de textos, manuscritos ou não, pareceu não interferir na vontade autoral. Por exemplo: "cabelos ao vendo" (por "vento") e inúmeras outras ocorrências desse tipo são irrelevantes tanto do ponto de vista da semântica como do estilo. Foram, portanto, alterados. Somente quando a própria autora externava sua dúvida ao interlocutor epistolar não houve hesitação em manter a grafia equivocada da palavra em questão, como por exemplo em: "Mas eu gosto daquele poupouri — como se escreve?" ou em "É como pisar em carrapixos (ou pichos?)", ou "Eu queria que caísse uma chuva e enxarcasse, encharcasse todo mundo".

A oscilação na grafia de nomes próprios, sobretudo estrangeiros, foi igualmente objeto de padronização. Nomes de jornais e revistas e títulos de livros foram marcados em itálico e algumas vezes objeto de acertos.

Optou-se ainda por deixar tal como Ana escreveu pequenos desvios da norma linguística no tocante a regência e concordância, perfeitamente compreensíveis numa estudante de sua idade, principalmente fora do país, sem contato com a língua natal. São "erros" banais, muito comuns e até justificáveis, que dão testemunho da dificuldade de nosso idioma e de como o usuário os incorpora na fala e na escrita informal. Alterar seu uso nos pareceu contribuir para certa artificialidade que se pretende evitar com veemência. Quando ela escreve, por exemplo, "ceiado" por "ceado", aí se pode identificar o uso que a maior parte dos estudantes da sua geração faria da língua em uma situação de escrita despreocupada, comprovada pelo uso reiterado das reduções de formas do verbo estar (*tô*, *tou*, *tá*, *tava*), bem como de *pra* e *pro*, reproduzindo a fala.

Estando fora do Brasil, num país de língua inglesa, cercada por pessoas que não falavam sua língua materna, correspondendo-se com o namorado que se encontrava na Alemanha e tendo, como era usual à época, contato próximo com a cultura francesa, não é surpreendente que as três línguas estrangeiras se misturem com frequência ao português. A decisão de não marcar com itálico o que não fosse português pretendeu transmitir ao leitor um pouco do clima de babel que afligia a signatária, fazendo-a às vezes misturar na mesma frase palavras de dois idiomas ("Jantamos batata, lamb e vagem"), às vezes expressar claramente o desconforto dessa mistura ("Já estou pondo aspas no português") e até justificar-se pelo abandono da língua do berço: "*I can't think in portuguese. It sounds false, see*". Chega ao extremo de criar, pelo uso, formas híbridas dos dois idiomas que usava: o que nas primeiras cartas é chamado "baby-sitting" evolui com o passar dos meses para "baby-sentar" até "beibesentagens".

Mantivemos também alguns deslizes na grafia de línguas estrangeiras, já que ela mesma expressava dúvidas sobre o domínio da fala e da escrita desses idiomas. Houve sempre, no entanto, a preocupação de oferecer ao leitor, em nota, a tradução.

Inúmeras são as menções a pessoas, lugares, fatos, livros, peças teatrais, canções, costumes de uma época. Afora as pessoas de seu círculo familiar (os pais e irmãos de Ana, Jether e Lucília, pais de Luiz Augusto, os irmãos dele, José Ricardo, Jair e Madith), amigos e amigas mais chegados, na Inglaterra e no Brasil, que o contexto permite situar, foram identificados, quando possível, nomes e fatos não tão conhecidos do leitor de hoje. As notas de tradução, de contexto e de referências foram em boa parte redigidas por Erico Melo, a quem agradeço.

Uma noção clara norteou sempre este trabalho: o respeito. Todas as intervenções feitas no texto obedeceram a essa diretriz. Respeito que todo autor merece, mas que se potencializa diante da poeta, para quem a língua não é mero instrumento de comunicação. Daí a necessidade de ter mãos bem leves ao tentar fazer a ponte entre a autora e quem lê agora cartas escritas há cinquenta anos e que ainda hoje despertam emoção e fazem refletir.

LUIZ AUGUSTO
51 Aachen
Mechtildisstr. 24
West Germany

Luiz Augusto
51 Aachen
Mechtildisstr. 24
WEST GERMANY

LUIZ AUGUSTO
51 Aachen
Mechtildisstr. 24
West Germany

Luiz Augusto
Luiz Augusto
Luiz Augusto
51 Aachen
Mechtildisstr. 24
WEST GERMANY

LUIZ AUGUSTO
51 AACHEN
MECHTILDISSTR. 24
WEST GERMANY

Luiz Augusto Ramalho
51 Aachen
Mechtildisstr. 24
West Germany

(Ich liebe dich)
LUIZ AUGUSTO
51 Aachen
Mechtildistr. 24
West Germany

LUIZ
51 Aachen
Mechtildisstr. 24
West Germany
18/10/69

Luiz Augusto
51 Aachen
Medchidisstr. 24
WEST GERMANY

Luiz Augusto
51 Aachen
Mechtildisstr. 24
West Germany

LUIZ AUGUSTO
51 Aachen
Mechtildisstr. 24
West germany

LUIZ AUGUSTO
51 AACHEN
MECHTILDISSTR. 24
West
Germany

carta — 19/8/69

Não sei mais escrever nem pensar nem ser sem ser. Amsterdam me deixou por causa de um aviãozinho e eu te deixei porque. Não sei mais sentir com as primeiras e últimas intensidades dos últimos tempos. Não estou sofrendo, só vendo (eu estou só vendo, não vendo nada)
    Olha o que que eu fiz sem você (fiz?):

Fui almoçar no aeroporto de amsterdam com a Margaret: omelete de cogumelo e sopa de legumes. Depois foram os giros por aí e um voo tranquilíssimo sobre a Holanda, o mar, a Inglaterra. E a chegada (de ônibus do avião pro aeroporto), esteira rolante de bagagem, e a recepção --- agarraram a Meg os parentes dela, e me cumprimentaram Hello, Ana! Cada tipo mais simpático que a gente quer renascer atrás de cada dessas simpatias. Despedidas da Meg. E aí eu sozinha na boca de Londres. Fui com uma família (casal genial + dois bebês) pra Richmond,[1] boba, speachless[2] ante a cidade multiplicada, inglês, sotaque: presunto eles dizem "HAM" como em português. A casa em que vou ficar é moderna, bem pequena, três andares. Nada de tradicional; o quarto da menina é papagaiado como o meu. Tem troços na parede e avisos nas portas. Tudo muito pequeno e apertado. Mas it's delicious, you see. I can't think in portuguese. It sounds false, see.[3]
    Somos três guris, eu, a suíça Heidi e o alemão Sig. Falam inglês como eu; estamos todos enrolados. As conversas e discussões são ótimas. As soon as I get a camera, I'll show you what I can't

write.[4] Estou andando com a impressão de ter te amado pelo meio —— Aqui as pessoas falam, e sentem, e vivem de manso; há três pessoas nos orientando, e dois são noivos. São mansos, se amam (na nossa frente) por sorrisos. Ontem (dia da chegada) estávamos vendo televisão na sala, um sentou perto do outro e aí ele abraçou ela e ficaram ali como se eu não estivesse com saudades! Dormi sem mágoa; não podem existir as sensações de hoje; Luiz, não sei fazer mais nada; esqueci tudo por pura (púrpura) (pupula) perplexidade; a claridade dói nos olhos nos rabos dos olhos nas pontas de cada canto. Villa-Lobos na vitrola, Portinari na mão, esses ingleses, eu tentando explicar que essa música se chama "Brazilian Soul"[5] e eles conhecem, conhecem o V.L.! "an energetic and strong character, you see?"[6] Sabe o que acontece quando a gente se indissocia a alguém —— não conseguindo pensar em mim sem você, em você sem mim, e aí despenca uma porção de estrelas que não tinham fundo. Se ao menos elas tivessem desintegrado mas eu não posso me levantar com elas por cima de mim e enchendo meus olhos e orelhas e bocas, sem escrúpulos. Tivemos de manhã conversa sobre o ano em Britain; na maioria questões práticas e instruções gerais, f.i.,[7] "no hitchhiking", isto é, no "carona". Já estou pondo aspas no português—— De tarde veio um cara ótimo, mais um estudante que vai pelo ICYE[8] pra Indonésia. Falaram sobre sistema educacional aqui e houve distribuição de documentos, mapas, informações etc. Não posso, não posso te chamar meu, meu querido, meu amor, meu único, not even my, my lord, my master[9] (R. & J.). É como pisar em carrapixos (ou pichos?) não te ter como meu, (meu) passado, (meu) presente, (meu) futuro. Esse amor não pode comer das coisas "idas e vividas"[10] —— you see, it can't survive without that daily giving-receiving.[11] Tô me lembrando de Penélope, mas nem ao menos. Talvez eu ache qualquer fio pra tecer, com a desculpa de afastar nunca-bem-vindos, sem ao menos a certeza da tua volta de Troia. Detestei essa metáfora burra. Eu estou burra. Faz bem, de verdade faz bem se sentir vacilante e periclitante. Estou falando devagar e *The Times*, monday August 18 1969: EDITOR HELD BY BRAZIL POLICE: Buenos Aires, Aug. 18: Brazilian police this weekend kept senhor Erminio Sachetta, the editor of the São Paulo evening newspaper *Diário da Noite*, in detention for publishing the full text of a broadcast made from a local radio station by a pro-Castro urban guerilla group. No other newspaper in either SP or RJ has published the prerecorded message by Carlos Marighela, a former communist deputy who is hunted by the political police. He called on the Brazilian people to join an armed struggle to overthrow the military regime. As further evidence of the even tougher stand being taken by military hardliners, 37 former Army officers have been put on trial in Porto Alegre in RGS province accused of endangering national security.[12-13]

Esse coração bate: passou um ônibus vermelho de dois andares e aqui os noivos e a outra discutem sobre os jornais londrinos ligaram a TV um desenho animado --- estou emocionada --- a BBC TV --- As notícias do dia são sobre os conflitos entre católicos e protestantes na Irlanda.[14] Acabaram as notícias e aí a fiancée[15] riu e eu olhei pra ela e ela estava tão ostensivamente de mão dada e aí ela chamou ele "darling" e beijou ele e eu não sabia se gritava se chorava e o coração acelerou e fez TOIN como uma mola (cacófato, viva). Aí vêm com violência aquele gosto e aquele peso de saudade e raiva, e muita raiva. Hei, Johnny, honny! É uma estúpida. Não, não é.

Estamos voltando de um passeio pelas margens do Tâmisa. É de enlouquecer. Fiquei vigiando os noivos, se eles se tocassem eu ia gritar DON'T! porque pelo menos assim eu podia me enganar ou tentar: não, ninguém se toca no mundo; mas na volta íamos passando por umas lojas e os dois pararam na vitrine (é costume daqui colocar anúncios particulares nas vitrines das lojas) e procuraram por uma casa pra eles morarem qdo. casados! Eu queria que caísse uma chuva e enxarcasse, encharcasse todo mundo ---

O problema racial parece ser sério aqui. Há pichações por aí "WOGS OUT".[16] Wog means West Oriental Gentlemen — os caras do Oriente são segregados. Jantamos batata, lamb[17] e vagem. Agora Hitler grita na TV e a multidão aplaude frenética (one of BBC documentaries: *The rise and fall of the III reich*).[18] O locutor diz: the Jew is dammed then[19] --- viu? dammed não é palavrão!

Eles se abraçaram! Dammed! Ele pôs um braço em volta dela, ela pôs os braços em volta dele e deitou a cabeça no peito dele! E suspirou fundo! Ousou suspirar fundo! Mordo a caneta, passa o centésimo avião ao longe, mordo a caneta, o Sigmar faz caretas ao ouvir Hitler, mordo a caneta, *The Times* me olha complacente, mordo a caneta, há qualquer coisa faltando entre os dois abraçados e eu, a caneta é mordida, a lareira aqui é elétrica (disgusting), os dois suspiram fundo JUNTOS! I told them my boyfriend was in Germany as an ICYE student. DEUTCH STIMMER says the TV.

LIEBLING, MEIN (?), LIEBHABER, HONIG, KLEIN SÄUGLING, nach und nach ich falle in ein Loch[20] --- ela pôs a mão na perna dele! Os canhões vomitam, os aviões soltam pedaços de porcarias e as casas, como se eu não tivesse visto uma mão sobre uma perna, explodem sem pudor nenhum. A guerra começou, em mim desde o voo para Amsterdam quando me assaltavam angústias de pré--saudade. Wo kann ich eine Fahrkarte nach Aachen bekommen? Sind Briefe für mich da? Ich möchte ein Doppelzimmer to share with you[21] --- O cara levantou para desligar a TV e sentou longe da cara dele. Não da cara dele, mas da cara cara dele. Sorry for this change of islands.[22] Agora o filme motivou, eles discutem sobre o nazismo. Muito boa discussão. HABEN SIE TELEPHON?[23]

São umas 3 da manhã e nem eu nem a Heidi conseguimos dormir. Estou (estamos) muito excitadas. Falei de você pra todo mundo, mostrei tuas fotos, e estou com o nosso amando no avião na cabeça; o que eu sinto não é propriamente desejo, mas vontade de te ver, te beijar de leve e te tocar bem de mansinho. Não vejo nada, estou escrevendo no escuro. Luiz, por que diabo você me perguntou "Do you know what it means?".[24] Eu fiquei furious[25] com a sua pergunta, juro. O que você pensou, hem? Que eu não sabia nada sobre --- how could I say it?[26] sobre reações físicas? Juro que eu não entendi tua pergunta e fiquei muito alterada por causa dela. Quer me explicar faz favor? É estranho ser sincera a esse ponto numa madrugada londrina... Minha cama é macia demais, não é boa para dormir nem para fazer amor (não gosto dessa expressão — it looks like french or english or italian)[27] (vamos achar outra --- perhaps[28] orgamar ---) estou rindo sozinha da minha intensa preocupação. Eu não queria te orgamar agora, só dormir coast to coast[29] e te ter ao lado --- sem tuas costas contra as minhas I can't sleep, you see.[30]

Amor,

<u>Dia 19, manhã</u> está muito engraçada a parte da carta escrita hoje de madrugada. O estilo é cafona e eu estou tão admiravelmente sem máscara dizendo que queria encostar em você no verdadeiro sentido e sentir tua pele junto da minha --- a insônia foi a primeira reação nervosa. Eu e Heidi não podíamos parar de falar em inglês, francês, português, alemão, e ríamos como loucas. Nosso assunto eram assuntos, especialmente nossos amores --- acabamos de ter reunião sobre jornais londrinos e à tarde vão falar sobre a Situation in Britain --- Por que essa impressão que você fugiu? A gente se tocava, se aproximava, se encantava. A gente estremecia todo. A gente querendo ser junto

e a gente abrindo e fechando os olhos sem esconder as mínimas nuances de não percepção. A gente nem sabia, a gente nem ao menos percebia direito.

Mas pra consolo a gente existia com o sentido da gente em dois, se abrindo como asas de borboleta para abarcar o mundo, pedir deus emprestado a deus, navegar chorar sonhar descortinar. Era assim: a gente se beijava e ao se beijar se universalizava. Amor em amor se fundia. VIDA.

Eu tinha escrito tudo no presente ---

Tinha procurado sorver tuas cristalizações que me sobrevoavam, intocáveis.

Quão pouco sei amar --- e eis que de novo o mundo recomeça, foi-me dada a novidade de todas as coisas para que dela me ressuscite contigo. Não fugimos. Antes, de viver em viver tua figura e a minha se recolocam. Perscrutar cada gruta de teus mistérios é desdobrar o encanto destes sorrisos em conjunto. Às perguntas dos gritos que nos rodeiam, embora sem resposta, juntos nos levantamos e caminhamos. Os grupos de olhos que nos querem aprisionar não sabem do segredo maior. E sem mais palavras inúteis, nossa andança é amor, é puro amor se estremecendo ---

    LUIZ
        z
           z
              z

Londres é sempre nublada ---

Recebi um cartão do pessoal de casa. Diz: APROVEITE BEM A SUA VIAGEM

NÓS AQUI VAMOS FAZER O MESMO!

vem pra cá, vamos nos amar de novo aqui em Britain ---
Heidi toca violão --- é lindo aqui ---
Ich liebe dich, love you, j'aime te, te amo, te amo, te amo, ti ammo

↪ 1 Ana se instalou numa casa familiar em Ashburnham Road, 69, na cidade de Richmond, a treze quilômetros do centro de Londres. ↪ 2 "Sem palavras". ↪ 3 "Mas, sabe, é delicioso. Não consigo pensar em português. Soa falso, entende?". ↪ 4 "Assim que comprar uma câmera, vou te mostrar o que não consigo escrevendo". ↪ 5 *Alma brasileira*, título do *Choros n. 5*, para piano solo. ↪ 6 "Uma personalidade forte e enérgica, percebe?" ↪ 7 Abreviação de "for instance", "por exemplo". ↪ 8 ICYE: federação internacional de intercâmbios criada em 1949, ligada à Igreja evangélica. ↪ 9 "Nem sequer meu, meu senhor, meu amo", referência a *Romeu e Julieta,* de Shakespeare. ↪ 10 Referência ao soneto "A Carolina", de Machado de Assis. ↪ 11 "Ele não consegue sobreviver sem aquele dar-e-receber cotidiano". ↪ 12 "Segunda-feira, 18 de agosto de 1969. Editor detido pela polícia brasileira: Buenos Aires, 18 ago.: A polícia brasileira deteve neste fim de semana o sr. Hermínio Sacchetta, editor do vespertino paulistano *Diário da Noite*, pela publicação do texto integral da transmissão radiofônica de um grupo castrista de guerrilha urbana, emitida por uma estação local. Foi o único jornal paulista ou carioca a reproduzir a mensagem gravada por Carlos Marighella, ex-deputado comunista procurado pela polícia política. Marighella convocou o povo brasileiro a se juntar à luta armada para derrubar o regime militar. Outra evidência da intensificação da linha dura foi o julgamento de 37 ex-oficiais do Exército em Porto Alegre (estado do Rio Grande do Sul), acusados de ameaça à segurança nacional". ↪ 13 O Brasil vivia sob o estado de exceção instaurado pelo AI-5 em dezembro de 1968. O guerrilheiro e ex-deputado Carlos Marighella rompera com o Partido Comunista para fundar a Ação Libertadora Nacional (ALN), grupo armado responsável pela invasão da Rádio Nacional em São Paulo, em 15 de agosto de 1969, para transmitir um manifesto da organização. Três semanas depois, a ALN sequestrou o embaixador norte-americano no Rio. No processo militar a que a notícia se refere, 39 ex-oficiais da PM gaúcha foram acusados de recusar obediência ao comando golpista em abril de 1964. Todos foram absolvidos. ↪ 14 Entre 12 e 16 de agosto de 1969, numerosos confrontos de rua entre católicos republicanos e protestantes unionistas eclodiram em Belfast e outras cidades da Irlanda do Norte. Oito pessoas morreram e centenas se feriram. O Exército britânico interveio. O episódio deu início a três décadas de violência separatista na região, formalmente encerrada em 1998, com a dissolução do grupo terrorista IRA. ↪ 15 "Noiva". ↪ 16 "Fora, wogs", termo pejorativo aplicado aos imigrantes, especialmente das ex-colônias britânicas na Ásia, como Índia e Paquistão. ↪ 17 "Cordeiro". ↪ 18 "Um dos documentários da BBC: *Ascensão e queda do III Reich*". ↪ 19 "Então, os judeus estão condenados". ↪ 20 "Eu lhes disse que meu namorado está na Alemanha como intercambista do ICYE. Sintonizador alemão, diz a TV. Querido, meu (?), amante, mel, bebezinho, pouco a pouco estou caindo num buraco". ↪ 21 "Onde posso conseguir uma passagem para Aachen? Há cartas para mim? Quero um quarto duplo para dividir com você". ↪ 22 "Desculpe essa mudança de ilhas". ↪ 23 "Você tem telefone?". ↪ 24 "Sabe o que isso significa?". ↪ 25 "Furiosa". ↪ 26 "Como posso dizê-lo?" ↪ 27 "Parece francês ou inglês ou italiano". ↪ 28 "Talvez". ↪ 29 "Costas com costas". ↪ 30 "Não consigo dormir, sabe".

cartão-postal — 19/8/69

Amor, vendo na BBC TV uma peça do Somerset Maugham, pensando na loucura que está a programação de teatro e concertos aqui, me sentindo tonta por causa da beleza de tudo, do ar puríssimo e dessas pessoas tão pessoas, da perfeição momentânea, parece que o casal se beijando no vídeo e o John esperando a Viviana se amaram sempre e vão se amar sempre. Estou anestesiada, entorpecida. Há pouco o John apertou a cintura da Viviana e ia começar uma inveja dela. Olhei pra escada, quem sabe você ia chegar por ali? Meu estado devia ser desesperador: é amor sem esperança. O que aconteceu? As loucuras gerais me estulticaram.

cartão-postal — 20/8/69

Dia 20 — acabou a conferência de orientação, fomos pra casa da Margaret. Ela, eu, o alemão e um cara. Passamos pelo centro de Londres, senti a angústia de não poder estar contigo por aqui. É tudo loucura essa Londres. Almoçamos num restaurante grego, eu perguntei pro alemão se ele conhecia Aachen, e aí você veio à tona, à flor da pele te viram, em todas as minhas rugas teu rosto transpareceu, subiu de novo aos meus olhos um gosto seco de uma ira há muito acumulada, transpirou pelas minhas orelhas uma luminosidade dolorida e eu estava amando, e Londres me despertou amor e saudade e esperança que St. Albans não engoliu.

cartão — 21/8/69

Recebi teu cartão hoje e dele saí com os meus eu-te-amo por sua vez se atropelando uns por cima dos outros em desacordo e sem ao menos caberem num cartão outro outro tão melancólico outro. Fiquei pensando na parada brusca no corte abrupto neste coração sem adjetivos e plurificado por ti (és meu) (meu) (meu) (meu) meu (tiro os parênteses sem medo) MEU e agora não sei não sei meu Deus que eu não fique nunca como esse inglês aí do lado à espera à espera à espera

Luiz esse sol-chuva inglês me desmoronou de saudade como nas andanças cantadas. Me levem nevoeiros britânicos. Interjeições. Quero chover com você Luiz. Olha vamos pular essas cataratas. Eu não posso entender essa ausência de pétalas Luiz Luiz nem essa parábola mais que imensa. (Eu doo todo amor, amor)

De tantos suspiros ignorados minha sobrevivência sem te sobrever é fantasma

carta — sem data

Rhoose-Wales — primeira viagem com os teus tiamos comigo, em mim, contra mim, meus. Primeira viagem, para uma conferência da United Nations. Tema: Pattern for a changing world. Programa: Liberation Movements (mozambique, vietnam etc.), nuclear disarmament, chemical and biological warfare, China (the giant awakes), UN's international service, co-operation in Europe, 2001 progress or...[1] Sem falar nos jogos, debates paralelos, cinema, festa, teatro, viagem programada ("a tour through the beautiful countryside of South Wales"),[2] e os papéis e folhetos distribuídos sobre guerra de guerrilhas, Mao, África, Europa, Ciência... Descobri uma porção de coisas aqui. E me angustio de saudade.

Descobri que eu nunca soube inglês. Descobri que a gente esquece de puro amor, ama de puro esquecimento. Descobri que o meu medo de te chamar meu (LUIZ, LUIZ, LUIZ, LUIZ) era menos que um medo, eram as coisas me sufocando. Descobri de repente a primeira verdade deste ano. Doeu.

Resolvi dar um passeio pela cidade sozinha. Rhoose é exatamente o cartão, e tem mais um mar, e um vento que não para nunca. Eram 8 horas, a tarde estava silenciosa e branca. Levantei a gola enrolada do suéter até as orelhas. E então eu estava absolutamente só numa esquina, numa rua, numa cidade, num vento, numa ilha absolutamente estranhos. Eu nem ao menos sabia a língua do país (welch), não tinha um penny no bolso, se nevasse eu ia morrer ali mesmo no chão e ninguém ia saber. Voltei para o colégio da ONU, fui até o meu quarto pelos corredores escuros e frios, o quarto parecia uma cela: nu e seco, crepusculando dentro do cinza geral. Me deitei e nem ao menos uma lágrima. Secura, saudades secando, primeiros ocos, insensação nunca antes sentida. Luiz, me leva. Dói te escrever, eu não queria ter estilo nenhum te escrevendo, eu não queria me revestir de lápis e estilo, eu não queria tentar nada, eu queria te escrever como se eu te beijasse, o tempo caiu. Eu queria te escrever como se eu te mandasse um cartão de uma paisagem mágica cheio de tiamos. Eu te amo, eu te amo, eu te preciso, eu te sou, tento. Eu queria te escrever (LUIZ, LUIZ, estou soletrando em desconsolo) duas linhas, ou uma palavra. Eu não quero lembrar de nada, não posso te pensar como uma lembrança. Mas quando eu esqueço as minhas contenções e racionalizações e colocações e proposições e estou deitada de bruços esperando o sono como se te esperasse, aí eu te lembro devagar ou em tropelia, aí eu tento fingir que estou deitada de bruços te esperando, aí eu. Não posso, não posso te escrever. EU NÃO POSSO ESCREVER ESSE MEU AMOR. EU NÃO POSSO TE AMAR POR ESSAS CARTAS. Eu te amo todo, toda. Me sinto anormal e manca nestes dias enormes. É, o tempo caiu, perdi o tempo.

Vamos nos ver um dia, Luiz. Tem férias no Natal, na Páscoa e no verão. Eu queria te ver no Natal, a gente podia se ver mesmo se a gente se decepcionasse com a gente mesmo. Você chegava, eu chegava, depois eu não sei, não sei, e estou com raiva outra vez. Nós não podíamos estar em nenhuma outra situação. Mas que é essa? Duas coisas me deixam muda ou raivosa de perplexidade: Deus e nós na situação em que estamos. Se a gente não soubesse escrever, como é que iam acontecer essas cartas? E ainda assim eu ia te ficar amando (perplexa).

Depois do encantamento dos primeiros dias, eu agora me desencantei inteira, não quero me aproximar de pessoas nem tocar pessoas, as pessoas me desencantaram. Eu queria cantar, mas o quê?

Estou me lembrando e me encantando, lembra a gente naquela salinha redonda do Municipal se beijando (nós estávamos fugidos).
NÃO POSSO!

Tem um cara aqui careca, vermelhão, com voz fina, que resolveu simpatizar comigo, e vem se sentar e falar sobre alta filosofia (é gênio) (é um chato), me dizer que o maior filósofo desde Kant é Mao, que Luther King combinou muito genialmente a lógica hegeliana e o cristianismo. Imagina um fresco com violento sotaque inglês te explicando a sua concepção extradimensional do ser humano aplicada à religião e ao universo em geral. Não, ele não é fresco, mas tem voz fina e cara de filho único perseguido pelos pais, e agora eu vim pro refeitório escrever, ele está ali, andando pra lá e pra cá, posso gritar um palavrão? Cruzou as pernas, está limpando os óculos, droga, eu nem consigo escrever um palavrão! Antes disso eu fui jogar sinuca (numa mesa mesmo), ele veio atrás jogar comigo! E agora pegou um livro! Pegou um livro! Está sentado na mesa em frente com um livro! Ah, Luiz.

Ah.

Tá doendo tanto essa falta de tudo.

Tem um gramado esverdecido em frente deste colégio, eu estou precisando de um luar em cima deste gramado.

Tem um lugar qualquer numa europa qualquer, eu estou precisando te pegar a mão num lugar assim tão qualquer, e te viver de novo, e me completar de novo, eu não quero tocar nessas pessoas!

Hoje porque não tinha água quente nos chuveiros eu tive de tomar banho no lavatório do meu quarto (inclusive a cabeça).

Roí todas as unhas. Acabou-se o tec-tec-truc que eu fazia na mesa quando fazia ela de tambor. Meus dedos estão velhos e duros.

Uma porção de barulhos: o telefone desesperado desandou, as mulheres pondo a mesa para o café de amanhã, o grupo ouvindo na sala discos, o voz-fina fungando, os passos duma mulher para atender o telefone, ela atendeu, eu ouvi nitidamente: "não é não, senhora". Esquisita essa pré-sensação de estar enlouquecendo.

Minhas mãos estão frias de novo. Será a Nadia Cathouse[3] cantando? Os primeiros acordes de um concerto de Grieg. O telefone. Ouvi uma mulher falar pra outra: "o telefone, aí". Foi atender, disse: "alô, pronto?".

Luiz! Nem...

As pessoas estão passando e eu não sei te contar casos. Talheres, talheres retinindo. Amor, eu falo.

Não tenho nada pra ler: se eu não quiser escrever nem jogar sinuca nem ver TV nem passear nem conversar (é de noite, não tem conferência), então eu fico de boca aberta em cima de um buraco enorme. Lá dentro infâncias, memórias, coisas coisas e eu fora (?) insentindo.

Quero voltar pra Londres, pra casa da Margaret. Lá pelo menos a casa era atapetada aconchegante aquecida tinha um colchão de pena (?) e um saco de plástico com água quente pra eu pôr nos meus pés e um cachorro felpudo uns pais mansos um pôr de sol único umas flores úmidas (eu me desvirgulando são 9 e 15 escureceu) LUIZ, LUIZ, LUIZ, LUIZ, Luiz Augusto, estou escrevendo devagar teu nome entre vírgulas enquanto eu não <u>te chamar de novo meu que-ri-do</u> escrevo teu nome devagar (entre vírgulas).

Suspirei, suspirei sem querer! Não estou tão insentindo. Num estado anterior ao pré-choro de saudade pura. O telefone outra vez.

↪ 1 "Modelo para um mundo em transformação. Programa: movimentos de libertação (Moçambique, Vietnã etc.), desarmamento nuclear, guerra química e biológica, China (o gigante desperta), serviço internacional da ONU, cooperação na Europa, 2001: progresso ou..." ↪ 2 "Uma viagem através do belo interior do sul de Gales". ↪ 3 Nadia Cattouse, cantora britânica nascida em 1924 no Belize.

carta — 26/8/69

Rhoose, 26-8-69

Começou. Há dias me dói a cabeça de vez em quando. Meu amor ponto sorri ponto meu amor ponto (ALÔ, ALÔ, ALÔ DOIS) PARÊNTESES PARENTES TESES se eu soubesse definir esse meu sofrimento em termos de sofrimento --- eu nem sei escrever uma carta de amor --- nem um cartão de amor como você sabe --- nem usar reticências — Olha, Luiz, me manda teu telefone. Os Beatles cantam: All the world is free, give peace a chance.[1] Eu queria (é tudo que eu sei dentro e fora desta carta, eu queria, eu queria, eu queria no imperfeito) saber te acarinhar por carta, e te dizer uma porção de carinhos, te escrever minha saudade sem subterfúgio. EU NÃO SEI! Teu ombro, preciso. Entrou alguém no refeitório, perguntou pro voz-fina: YOU CAME HERE FOR QUIET? Ele disse: PARTLY.[2] Perguntaram pra mim o que eu fazia, eu disse alto: escrevendo pro meu amor, e agora?

    Meu Deus, eu preciso de você Luiz eu não sei como te ter como repartir sem palavras com você os meus desertos (LUIZ ESTOU SOZINHA)

↪ 1 "Todo o mundo é livre, dê uma chance à paz". Versos da canção "Give Peace a Chance", lançada em single por John Lennon com a Plastic Ono Band em julho de 1969. ↪ 2 "Você veio aqui pelo sossego? Mais ou menos".

cartão-postal — 26/8/69

Eu não queria ter te escrito, me doeu; mas talvez sem te escrever mesmo assim eu não conseguisse disfarçar essa minha gana de ir embora e te encontrar junto de um pôr de sol NÃO! junto duma lua azul, a gente numa rede a noite inteira (é o único cenário que não me dói, a gente nasceu em Pedra Sonora). Faz tanto tempo que eu não te espio nem te toco meu, faz tanto tempo que eu estou sem esperas e sem futuros. Acho que o meu coração está em espiral, espiralando dentro, o que quer dizer isso? Minha cabeça também, está tudo espiral lá dentro, eu te amo, eu te amo, num cartão eu te amo, eu não posso, não posso! Rodopio meus olhos estão ardendo me repito. Minha nuca sente a falta da tua mão quente minha cabeça está rodando me desvirgulei outra vez é fácil sair luz luzes talheres LUIZ

carta — 1/9/69

P.S. (1 set. St. Albans)
de volta de Wales
descobri milhões de coisas e me aconteceram milhões de coisas em Wales
não recebi nenhuma carta mas hoje o meu host-father[1] telefonou dizendo que vem me buscar amanhã e que tem uma porção de cartas pra mim na casa dele
Luiz, estou toda expectando
(amor)
)amor(
depois de Wales passaram aquelas solidões enormes mas não passou o te-preciso te-amo Luiz Luiz Luiz
essa carta é só de (amor) amor por isso não tem muitas palavras não tem estilos não demorou muitas horas
espero para ler qualquer coisa tua Luiz,
aí eu te escrevi uma carta dizendo coisas menores (também)

Ana

→ 1 "Pai-anfitrião".

carta — 5/9/69

Hoje hoje por favor querido meu tente escrever com menos sofreguidão (não ouse fazer trocadilhos com a palavra) eu estou perdendo tuas palavras tentando decifrar tentando tentando tentando eu tento NINGUÉM PODE ME CULPAR eu tentei e cada passo cada carta cada beijo não dado EU TENTAVA

5.6.69 → estou na minha casa em Richmond ouvindo a suíte dos "Planetas" espetacular de Gustav Holst.[1] NA minha frente a minha irmã de 15 anos estuda a segunda guerra mundial, meus irmãos menores leem ou pululam no jardinzinho, minhas mãos estão enrugadas de tanto lavar louça panos meias calças roupas que existem ou não almas sujas de saudade LUIZ LUIZ LUIZ LUIZ (meu Deus, eu também, meu inglês é um cocô, não existe carnaval nenhum, te repito: como sou burra)

Passei duas semanas que me viraram aos avessos — desde a última carta de Wales me sofri e eu preciso de você. Lembra que eu falei de um tal careca de voz fina que andava me seguindo? E entre os corredores frios e escuros do Colleg Y Fro[2] onde nasceram as primeiras solidões começou a surgir um nojo do tal tipo e ele me seguia, durante as conferências (ótimas) vinha sentar perto de mim, no refeitório guardava lugar pra mim TÃO GRUDOSO E PEGAJENTO de noite convidava eu pra passear com ele EU REFUSSAVA e ia dormir cedo, única no mundo. Ele tão asquerento mas era só ele que fazia perguntas inteligentes. Esse Gustav Holst eu nem sabia é gênio sobre o Brasil e era bom politicamente mas GRUDOU GRUDOU GRUDOU. Como ele me considerava "matura e diferente" resolvi ser imatura e indiferente e fui me perder em fumos drinques papos passeios com a inconsistente juventude inglesa. ATÉ QUE o grosso do careca HORÁCIO, veja só, chegou pra mim e disse que eu não era tão matura assim MAS no dia seguinte eu ri verde ao ver de novo a droga do cara me seguindo. Quinta-feira eu resolvi bancar a grossa e não olhei pra ele. De tarde teve um passeio com o grupo todo pelo litoral de South Wales em dois ônibus, ele se mancou e foi no outro que não o meu. Wales é lindo carneiros campos verdes casinhas fábricas montes planuras saudades LUIZ onde o meu amor tirei 20 slides coloridos das praias e dos mundos de gala. Meus irmãos vieram fazer modelagem para junto de mim. Stephen com 11 anos está na fase de odiar garotas (ele queria que eu fosse menino), é lindo e a única mulher que ele beija é a mãe (no fim do ano ainda vou conseguir um beijo dele). Fomos todos até uma praia em Wales que parece Torres[3] com aqueles penhascos e ventos e areias infindas. Escrevi teu nome na areia em letras gigantescas (foi mais que uma afirmação, foi um testemunho ao mundo inteiro que eu te amo te amo te amo LUIZ). Aqui em Richmond tenho um quartinho sozinha e posso decorar à vontade. Já colei mapas e cartões e desenhos e recortes e uma armação escrita LOVE só pra eu pôr as tuas cartas (já tem duas) (uma do dia 24 outra do 28) e o teu retrato está na parede (tenho ciúmes da parede). E depois de ver o mar de Wales que nem cabe em poesia de palavras mas talvez caiba no nosso ato de amor fui tomar chá das 5 com bolinhos creme geleia com dois rapazes ingleses; voltamos nos ônibus (Horácio longe) eu descabelada melancólica tirando fotos das pichações nos muros: WALES FREE FROM ENGLAND — FREE WALES[4] — Aí nós paramos num pub eu tomei suco de laranja e batatinha e passamos o resto da meia-noite nas areias enluaradas e estreladas de Wales ao redor de uma fogueira. O pessoal cantava hinos com letras sujas eu só entendia metade e sem entender não ria das piadas. HAVIA LUA! COMO ser INFELIZ com ESSA LUA enorme? E então veio um garotinho e resolveu me amar mas ele já tinha cinco cervejas no bojo (aqui não é Alemanha mas cerveja tbém é água) e veio me agarrando Ô DROGA; então eu disse que isso era muito bom mas só quando a gente se amava e que eu não amava ele e que eu amava você aí o burro emburrou e não falou mais comigo e eu me livrei de um bêbado e voltei pra casa sem o consolo da lua cheia. Eu sabia que ninguém ia chegar do mar nem ia me levar daqui.[5]

Passei ontem o dia inteiro escrevendo cartas e cartões — Meu Deus, e o meu dinheiro?

Na sexta fui à excelente biblioteca do colégio da ONU e estava quase feliz com a descoberta de tantos bacanas livros QUANDO algo pior que o Horácio aconteceu: esbarrei a mão num... cactus e 300 minúsculos espinhos se instalaram na minha tez manual e eu passei uma TARDE INTEIRA tirando UM a UM com uma pinça. Perdi duas conferências e testei minhas frágeis paciências já esgotadas. No dia seguinte que por acaso era sábado, fui ao aeroporto comprar jornal. E QUEM? Quem resolve vir comigo, ou melhor atrás de mim? Ele mesmo, o Horace. Meu Deus, eu não merecia nem isso — Minha mão estava TODA lambuzada de creme contra infecções por causa dos espinhozinhos da véspera, aí a besta disse: "Since your hand is hurt and I can't hold it..."[6] e me DEU o braço! Depois de uns segundos de iradaenojada reflexão eu virei e disse "please don't hold my arm because my hand is aching..."[7] (Entenda-se) Ele pediu desculpas (tão delicado) e teve de ouvir na porcaria do meu inglês (ida e volta do aeroporto) eu falando de você, do meu amor, da minha saudade, e que eu queria ir à Alemanha... À NOITE teve uma festa de despedida com danças e jogos e o desajeitadíssimo Horácio. Meu Deus. Tive o maior choque da minha viagem: fui eleita miss United Nations Association 1969. Chocante, deprimente.

Domingo foi a longa volta para Londres (NÃO HÁ FOG em Londres nessa época, só no inverno) (estou apaixonada por uma cidade inteira). Na casa da Margaret dissolveu-se a angústia as decepções que não chegaram a existir a impressão que os ingleses não são tão bons a chateação e entrei na paz (como é possível tanta poesia) e na loucura e na lindeza de St. Albans me amando e eu amando os cantos de St. Albans. Terça à noite meus pais vieram me buscar.

SÃO bárbaros minha mãe lembra a tua ri muito, fala muito, cozinha muito, é carinhosa, faz umas geleias E sabe muita História; meu pai trabalha na Christian Aid que ajuda na libertação de países subdesenvolvidos mandando dinheiro.[8] É ótimo. É lovely (estou apaixonada pelos cinco e louca por você) (LUIZ, eu nunca pensei que tua ausência me despertasse tantos gostos tristes na boca e que eu fosse uma parte tão tua). Falei de você, eles se interessaram, com a mansidão inglesa em sol maior, queriam saber tudo de você e o que você estava estudando e ficaram horrorizados (desculpe o uso da palavra tão antiestética ABAIXO A ESTÉTICA vivam VIVA as incertezas as flores Londres os campos eu vi, LUIZ amor eu vi nos campos de Richmond veadinhos soltos correndo e carneirinhos e gentes se amando e aí fecho parênteses com esforço) com o nº de matérias que você tem de estudar disseram que isso é muito alemão que é um absurdo poor old Louis[9]. Na quarta fui (é chato) convidada (ser) para (importante) almoçar com o pessoal da Christian Aid. Eles querem lançar um projeto no Brasil através da ISAL[10] mas não sabem bem o quê. Me fizeram milhões de perguntas sobre realidade brasileira e perguntaram o que eu achava deles ajudarem o Brasil AÍ (... ... ...(espaço para palavrão) de inglês meu) (J'ai besoin de parler français)[11] (não esqueça o francês) eu tive que ser agressiva (eu tentei ser objetiva e fria, não consegui, mas eu tentei) eu disse WE DON'T WANT CHARITY WE WANT JUSTICE[12] e já chega de Alianças (com desculpas da palavra) para o Progresso,[13] se eles querem ajudar é mandar dinheiro para projetos de conscientização (descobri que cristianismo = totalidade, promove a revolução TOTAL, eu tentei dizer) (acho que esse ano vai ser uma redescoberta dessa fé que enterraram e desentenderam tanto)

Na volta de Londres (depois de ver lojas em Chelsea, ver gente, ver coisas lindas) para Richmond fui SOZINHA no underground[14] (eu estava) (emocionada) que vai mais por cima que por baixo, por cima de parques flores casas flores verdes flores loucuras flores e estava um desses dias enormes, azuis, desnevoados, o sol era um só (te repito) (te amo) e eu te amei como nunca nos jardins atrás do sorriso da Hilary vi o teu o céu era você a cidade era você o balanço do subway era tchutchithu você eu só te via você você. A cidade me despontuava me descabelava mais uma vez e cheguei em sobressalto à estação de Richmond, tomei o 2º andar de um ônibus avermelhado e COMO VOU AGUENTAR TANTA POESIA? As gentes de Richmond vão com as suas espreguiçadeiras pras margens-grama do Thames[15] tomar sol, há verde e cheiro de verde por toda parte. Em casa janelas me esperavam. Entardece diferente em Londres os céus vão baixando devagar o sol se reparte em dois mil sóis se delineia no voo de um pássaro uma esperança novíssima —

Semana que vem começam as aulas, vou para o 6º ano (minha irmã está no 5º) e posso escolher três matérias. Acho que vou com inglês, francês e história econômica. Além tem ginástica, aulas extras à noite para quem quiser e talvez eu consiga assistir às aulas de alemão no 4º ano (é o começo do alemão) que tem um curso intensivo. Tenho ainda quatro dias para morrer ou renascer em parques castelos livrarias teatros cinemas barcos se eu não cair de bruços num desses bosques (as crianças vão colher framboesas e voltam sujas e vermelhas) (meu Deus, é a fantasia virando em cada esquina londrina) (estou viva ou nunca cheguei a) (existir) e enlouquecer de vez LUIZ sabe o que eu sonhei ontem? Eu estava numa floresta de eucaliptos aí a Eliane chegou correndo e disse que você estava mal e eu nunca corri tanto aos prantos cheguei perto de uma casa e você estava na beira da estrada deitado no chão chorando e soluçando alto eu chorava alto também cheguei e sentei no chão e pus a tua cabeça no meu colo VOCÊ CHORAVA tanto, a gente se pranteava junto, nunca tive um sonho tão real tão sofrido tão sentido. A minha família aqui tem amigos em Neuss, perto de Düsseldorf, que me hospedariam talvez na Páscoa. LUIZ, me manda teu telefone! Nas cores desta terra (que não são só quatro) cada manhã eu Minha mãe trouxe um mapa da Europa e me mostrou Neuss, é uns 65 km de Aachen e eu estou guardando dinheiro AMOR, cuidado para não ficar menos louco com tantas químicas físicas biologias te espreitando (estou com ciúmes) não se perca no trono do Carlos Rei[16] me espere (não feche um parêntese sobre mim) Vamos descer o Tâmisa e o Reno num barquinho vermelho VALENTINE'S DAY é 13 de fev.[17] Vamos nos amar numa cabine numa cama dentro de uma noite por baixo de um céu sem as nossas velhas estrelas, mas com outras mais velhas ainda, e de manhã você de chapéu de marinheiro eu tentando desancorar nossos corações vamos tomar chá ou cerveja ou salsichas ou feijão enlatado e ninguém vai colocar ilhas milhas entre nós --- É o milésimo suspiro desta manhã. Estou desprevenida ausentes avenidas não me ferem as linguiças TCHITCHITCHI fritam vou ouvir a "Pastoral" de Beethoven. Retorno ao azul desta caneta, o céu londrino é branco, o tempo é seco, minha casa tem lareiras onde se aquecem meus pés, meu amor, você não cabe em céu nenhum mas talvez eu consiga, chorando com você ou passando a mão na tua cabeça, te fazer dormir e olhar teu sono enquanto o sol se põe sem nos olhar quem sabe se entreolhando. Duas cartas tuas me olham, olho teu horário novamente em desconsolo, e te mando o meu que inclui o domingo:

	seg.	3ª	4ª	5ª	6ª	sáb.	dom	outros dias da semana
manhãzinha	LUIZ	LUIZ	LUIZ	LUIZ	LUIZ	LUIZ	LUIZ	LUIZ
manhã	LUIZ	LUIZ	LUIZ	LUIZ	LUIZ	LUIZ	LUIZ	LUIZ
tardes loucas	LUIZ	LUIZ	LUIZ	LUIZ	LUIZ	LUIZ	LUIZ	LUIZ
tardezinhas	LUIZ	LUIZ	LUIZ	LUIZ	LUIZ	LUIZ	LUIZ	LUIZ
primeiras noites	LUIZ	LUIZ	LUIZ	LUIZ	LUIZ	LUIZ	LUIZ	LUIZ
altas noites	LUIZ	LUIZ	LUIZ	LUIZ	LUIZ	LUIZ	LUIZ	LUIZ
tempos fora do tempo	LUIZ	LUIZ	LUIZ	LUIZ	LUIZ	LUIZ	LUIZ	LUIZ

Esse é o meu programa. Não tenho provas. Tento pintar quadros e praticar esportes para esquecer dores violentas. Os gramados de Londres não são frios e a chuva de Aachen me deixou molhada e risonha. Ao longe vejo árvores (ciprestes mágicos) e casas de tijolinhos vermelhos. Um parque na minha frente. Um mapa do continente me tenta me desespera. Essa família mal sabe, o sofá está de cabeça para baixo, eu não posso mais te escrever, te escrevendo eu sou obrigada a sentir mais dor que de costume, essa saudade, me escreve de manso, me faz perguntas, as minhas perguntas vão nas entrelinhas, eu te amo, não tenha ciúmes de Londres, manda um retrato teu no teu quarto ou não sei, e na próxima carta eu te mando um meu sem comentários, me cerca, me perde, Luiz, vamos nos casar, eu inexistente, essa paz londrina, um carrinho de sorvete passa tocando uma valsinha pra me chamar, eu não atendo, eu te amo, vamos tomar sorvete num café em Paris ou andar de motocicleta por Luxemburgo (meu querido)

AS PERGUNTINHAS EXPLÍCITAS:

AS PERGUNTINHAS IMPLÍCITAS:
e a tua saúde?
e como é a tua escola?
o teu café da manhã?
escreveu muitas cartas e cartões?
para quem?
você se sente à vontade na tua família?
qual foi a reação deles por teus presentes?
qto. você ganha? eu ganho 12s = 6 mil cruzeiros[18]
por semana

→ 1 Compositor inglês, arranjador e professor. → 2 Coleg y Fro, colégio da Associação Cristã de Moços (YMCA) em Rhoose, País de Gales. → 3 Ana C. conheceu a praia gaúcha em 1964, quando viajou com a família, de carro, até o Uruguai. → 4 "Gales independente da Inglaterra — Gales livre". → 5 Alusão aos primeiros versos de "Lua cheia", canção de Chico Buarque lançada em 1967: "Ninguém vai chegar do mar/ Nem vai me levar daqui". → 6 "Já que sua mão está machucada e não posso segurá-la...". → 7 "Por favor, não segure meu braço porque minha mão está doendo...". → 8 Entidade beneficente sediada em Londres, mantida pelas Igrejas católicas, protestantes e ortodoxas do Reino Unido em prol da erradicação da pobreza, do desenvolvimento sustentável e do apoio à sociedade civil em países pobres. → 9 "Coitadinho do Luiz". → 10 Internal Savings and Lending, sistema de microcrédito comunitário desenvolvido para comunidades carentes. → 11 "Preciso falar francês". → 12 "Não queremos caridade, queremos justiça". → 13 A Aliança para o Progresso foi um programa internacional lançado pelos Estados Unidos em 1961 para promover o desenvolvimento econômico e social da América Latina através de empréstimos e cooperação tecnológica, criticado por seu viés geopolítico. → 14 "Metrô". → 15 Rio Tâmisa. → 16 No século IX, Aachen (antiga Aix-la-Chapelle) foi a capital do Império Carolíngio. → 17 Dia dos Namorados, comemorado na verdade no dia 14 de fevereiro no Reino Unido. → 18 Aqui Ana C. se refere ao cruzeiro, extinto em 1967.

carta — 7/9/69

Acabando de voltar de uma igreja metodista igual a todas as igrejas metodistas do mundo +++ Hoje é dia 7 de setembro (abro um parêntese — minha última psicose — e não sei o que dizer) e ontem recebi duas cartas tuas, uma escrita durante aulas de matemática (meu Deus) e outra é um suspiro só (eu sem fôlego). Fui ver Londres com a família — troca de guarda, Buckingham Palace, Westminster Abbey, Hyde Park, St. James's Park, St. Paul's Cathedral, Big Ben, torre e ponte de Londres, a porta da casa do primeiro-ministro e mais umas quinhentas igrejas góticas e parques úmidos e hippies adormecidos e prédios de 900 anos e fortalezas romanas e entre meus olhos e a cidade tua carta me trouxe um silêncio e uma tristeza únicos. A nossa correspondência anda desencontrada (se integrando no desencontro geral). Não sei te escrever. Perdi as palavras de amor os sonhos de cada sono o teu cabelo sendo carinhado o teu peito me cobrindo os teus olhos me enlouquecendo a tua boca (eu louca) me aquecendo (em mim) (comigo) se dando LUIZ não sobrou nada, pisaram na minha paixão, eu falei: eu te quero e a cidade imensa me abotoou. Tuas quatro cartas e o teu retrato (vestígios teus, meus) por cima da minha cabeça estão me perguntando mais uma vez por que minha cama está vazia por que meus corações estão estultificados por que a Elizeth deixou de embalar a nossa rede por que as coisas do mundo não são mais nossas ESSA MÚSICA, DEUS, O QUE É QUE ESTOU FAZENDO? O mapa da Bretanha caiu da parede e ficou pendurado por uma tachinha, abandonado. O tapete do quarto tem flores e a Florinda Bulcão me encara do *Pasquim*. Esses violinos, esse avião! --- um suspiro --- *The monthly magazine of the Richmond Methodist Church*.[1] Luiz, eu estou ficando louca. Não a loucura passageira dos amantes das grandes cidades, não a loucura inútil dos ouvintes de violinos, não a loucura em prantos dos mais ou menos desesperados. Eu estou ficando louca por não entender a sobrevivência destes corações. Eu estou ficando por não conseguir compreender essa minha vida entorpecida, vida sem a tua (Deus, Deus). Eu estou (o chão treme com os violinos impressionistas) por receber uma carta tua e a tua universal declaração de amor e não entender nada (meus corações galopeando) e não poder chorar (meus corações diminuindo) e não poder dizer EU TE AMO para ventos e planetas passantes e ter que viver sem o te-amo que eu via nos teus passos. Meu, eu digo, meu. Amor, eu estou dizendo, meu. Não posso reaprender a falar sozinha. Outro suspiro. O Brasil e os acontecimentos políticos brasileiros[2] são manchete principal nos jornais, deu até documentário na BBC. Abro os olhos outra vez, é. Com que dor te chamo querido, com que dor os violinos se calam e eu só ouço o ranger da caneta sobre o papel. A minha loucura é: "My love for Heathcliff resembles the eternal rocks beneath Nelly, I am Heathcliff! He's always, always in my mind — not as a pleasure, any more than I am always a pleasure to myself, but as my own being. So don't talk of our separation again. It is impracticable, and –" Catherine fala do seu amor Heathcliff no livro de Emily Brontë *Wuthering Heights*.[3] Fala como se estivesse ficando louca também. Amor, não sei mais. Eu preciso da tua presença como se precisasse da tua presença. LUIZ AUGUSTO, eu escrevi (gritei). E fiquei olhando o meu próprio grito como quem não sabe mais fazer comparações. Meu olhar está seco e desastrado, teu cabelo brilha ao sol dessa separação impraticável. Esqueci como se escreve cartas de amor. Estou apaixonada como quem cai de um banco e fica sozinho no meio da neve. (tua boca esvoaça; eu podia sair correndo pelos campos e me perder entre constelações astrais). Minha carta não tem tema nem voltas a não ser você, meu tema e minha volta. E viver sem tema eu não entendo, tenho um ano para não entender e me afundar em desespero ou em cartas ou em velhas fotografias ou nessa impossibilidade de aceitar substitutos ou nessa incapacidade de escrever direito. EU NÃO ENTENDO. LUIZ, olha, nem posso fazer o que você fez, você escreveu uma carta sobre a gente ou sobre o passado da gente, e aí nós ficamos perplexos (de mãos ou cartas dadas) por cima (ou por baixo) do passado da gente, e ninguém sabia. Não sei se essa família está percebendo que quando eu sento na mesa pra comer eu quero teu gosto, perto do fogo eu quero me aquecer em ti, escrevendo cartas eu quero morrer em você, de noite deitada eu quero ter você comigo, e aí vem de novo aquela sensação que eu nunca existi ou então eu não sei mais nada. E a família é suave e Londres é bela, e por mais que eu tente me achar nessa suavidade e nessa beleza, (SUSPENDO NO AR A FRASE INACABADA).

Quando você receber esta folha não faça nada, não responda perguntas inexistentes, mas você pelo menos você sabe que um dia eu te amei todos os dias eu te amo e mais eu te amo mais não sei chorar, não sei morrer ou nascer, meu amor.

Fui colher amora ou framboesa (proeza) no campo (nos espinhos) desta ilha (me humilha). 4 shillings e 170 dólares é tudo o que eu tenho mas amanhã eu vou ganhar 5 shillings lavando as janelas (vitrais) desta casinha e vou à polícia de Richmond me registrar e vou tomar banho como se eu pudesse lavar essa alma suja há tanto tempo pela Ausência para esperar as aulas começarem e mais mundos despencando.

7 de setembro, Luiz, eu te quero, eu te quis, eu te queria, eu te vou querer, eu ia te querer, não sei quem me deu este sono, esta lentidão ao escrever, estas vírgulas pausadas, e este desconhecimento, esta falta, Luiz, eu de só te olhar me satisfazia, de

só te tocar me satisfazia, de só te ouvir me satisfazia, de só te assistir, de só te ter devagarinho (mas viver dessa espera, viver de colher amoras entre espinhos, viver de voltar para casa toda picada entre o riso da mummy e o riso da Hilary, viver assim eu não entendo).

Se a gente sobreviver, se acabarem os absurdos e os incompreensíveis, se acabar essa entorpecida tarde londrina, se a gente um dia de mansinho se encontrar sem saber o que fazer, então mais uma vez eu não sei, mas eu te amava, mas eu estou te amando sem saber nem entender.

Aqui está-se sempre falando de você, como "your boyfriend"[4] ou "Louis" mas eu não posso me contentar com lua cheia nenhuma, com cidade nenhuma, com estrela nenhuma, com lareira com mummy com Hilary com beleza com catedral nenhuma (entrei no monumento da Westminster Abbey — que raiva, Deus, que raiva de ver tantas coisas tentando me fazer feliz e inchada; nada sabe que não é de Londres que eu preciso)

Ando suspirando, custando a pegar no sono, cansada, com enjoos súbitos, súbitas vontades de vomitar, desabitada e sem fôlego mais uma outra vez, me repetindo em redundâncias e circunlóquios, com raiva deste papel que é o único que eu tenho, pra te escrever, amanhã vou comprar um bloco novo (a você o bloco) (meu) (LUIZ (LUIZ (meu)))

Eu fico esperando. Lembra quando um dia a gente se tocou pela primeira vez a gente éramos tímidos e pequenos e como sempre você menino eu menina depois disso nunca mais nós deixamos de nos tocar, tímidos e crescendo mas sempre menino e menina, e eu olho pro teu retrato, mas antes eu olhava pro teu perfil no cinema e ficava admirando o teu nariz que rimava com o teu nome e se um dia a gente tiver um filhinho vamos pôr nele o teu nariz reto e a tua boca macia e os teus olhos enormes (meu Deus, eu estou enlouquecendo, eu não quero um filhinho parecido com você, eu não quero nenhuma imitação ou compensação, é você, meu homem, meu menino que eu quero)

Lavei a louça do lanche e Stephen me encheu a paciência quando devia me ajudar. Elizabeth é uma manhosa e Hilary é ótima para brincar etc. Luiz, Luiz, esses suspiros que me elevam ao cubo, essas moedas, Brahms me despertando sentimentos eterníssimos, e eu sei, esse concerto de Mozart era nosso muito antes, e agora estou solitária e tremendo, não é de frio, é de paixão por você que me sacode este concerto, velhíssima instância de uma, muitas noites de amor sonhado, e quem sabe, a materialização da angústia saudade dor necessidade prisão loucura sono melancolia (violões que se transformam em Apolo 11) (tuas cartas passando a fazer parte de mim, eu com a cabeça no teu ombro, ou sobre o teu peito adormeci de repente, nunca como nunca tive um sono bom) (agora nós somos) (nós existimos completos) (nos temos) (podemos dormir ou adormecer) (podemos nos amar por inteiro) (podemos nos descobrir) (nunca te conheço por inteiro) (cada dia te vejo um pouquinho) (te entrevejo pouco a pouco) (e o teu sorriso Luiz tem nuances diferentes cada dia) (o teu nome é menor que você e você é maior que o teu nome) (te amo e hoje não é 7 de setembro de 1969, eu não estou em Richmond no meu quarto depois de ter ido à igreja — almoçado — colhido amoras no campo — ceiado — lavado a louça) (não sou mais uma indefinida-inexistente) (não preciso mais te escrever, embora às vezes eu arrisque, puro diletantismo) (posso dormir com você acordar com você nascer com você morrer com você, com você sou onipotente, com você sou mitológica e você é semideus seminu cobrindo o rosto sobre a pedra para não sair na fotografia mergulhando como um pássaro na única piscina do mundo voltando da guerra sem caranguejos as mãos vazias como eu gosto me abraçando eu te mexendo no cabelo como quem descobre um tesouro novíssimo e depois a nossa

retirada para as montanhas ou para os mares e depois de ter dado um ano para esses europeus fazerem o que não fizeram a gente passa um ano só se descobrindo ou redescobrindo e como nós somos fortesfracos e como nós sabemos e como nós possuímos e nos possuímos! A nossa vida é em infinitas dimensões, não há limites de cores nem ausência de cores, e por mais que eu diga você nunca há de acertar nunca há de derramar o chá na xícara e eu não vou saber se foi você ou o teu fantasma se foi uma cópia ou você que baixou em Richmond me tonteou me baqueou me fez ficar louca e extenuada e trêmula e flâmula e com sede e em zigue--zague em espiral em mudez em surdez em cegueira paralítica)
(MEU AMOR) ——————————————————————

→ 1 "Revista mensal da Igreja Metodista de Richmond". → 2 Em 31 de agosto de 1969, o presidente Costa e Silva sofreu um AVC e ficou incapacitado. Uma junta militar formada pelos ministros do Exército, da Marinha e da Aeronáutica assumiu o poder. Cinco dias depois, o embaixador americano no Brasil, Charles Elbrick, foi sequestrado no Rio por guerrilheiros da ALN e do MR-8. Depois da soltura de quinze presos políticos, em 7 de setembro, Elbrick foi libertado. → 3 Trecho do nono capítulo de *O morro dos ventos uivantes*. Na tradução de Julia Romeu: "Meu amor por Heathcliff se parece com as rochas eternas. [...] Nelly, eu *sou* Heathcliff! Ele está sempre, sempre em minha mente. Não como um prazer, assim como eu nem sempre sou um prazer para mim. Mas como eu mesma. Por isso, não fale mais na nossa separação. Ela é impraticável e..." → 4 "Seu namorado".

carta — 12 a 14/9/69

Dvořák[1] acabou a sua sinfonia do mundo novo e o meu pai conta a história de uma moça que foi à praça de S. Pedro em Roma cantar uma música sobre a pílula chamada: "Are you sure God told you to say that?"[2] O papa se retirou e ela foi presa.[3]

Dia 12 de setembro, eu te amo, eu ontem estava deitada tentando adormecer quando o teu nome me sacudiu: LUIZ AUGUSTO me sacudiu eu terremoto de repente você era muito mais que uma lembrança e imaginação de repente você ERA! A tua existência meu Deus o que a gente está fazendo? Acabei de passar pelo choque da primeira semana de aulas na Inglaterra; estou cansada excitada decepcionada; não consigo adormecer logo, meus sonhos são nítidos e minipesadélicos (essa noite nós dois estávamos no cinema e a gente não podia namorar por todos os lados havia conhecidos espreitando; na outra noite eu estava conversando com você marcando um encontro em Paris aí eu perguntei alto pra mamãe: É verdade que as tuas amigas francesas me ofereceram o apartamento delas em Paris para eu ficar uns dias? Aí a minha tia me chamou num canto e me deu a maior bronca QUE NEGÓCIO É ESSE DE COMBINAR ENCONTROS EM APARTAMENTOS? Aí eu inventei a maior mentira; na outra noite foi que as nossas relações eram formais). O que é isto, eu falando falando sobre os meus sonhos --- LUIZ qual é o teu telefone? a tua casa tem gravador? olha, eu falei com o meu pai aqui sobre o absurdo de você estudar física, química, matemática etc. e ele, que já foi diretor do ICYE, disse que isto está errado, que você precisa mudar de escola, que você precisa se comunicar com o comitê local da Alemanha ou falar francamente com a tua mãe! São onze e quarenta, estou no meu quarto pronta pra dormir e NÃO POSSO, Luiz, eu vou sonhar outra vez com você, e eu quero chorar com você, não quero ter outros pesadelos maiores! Assisti na BBC TV daqui a uma série de filmes mudos de Chaplin, Buster Keaton, Hardy & Oliver e todos os outros, e eu fiquei eufórica e qdo. fui lavar os pratos botei morros de sabão na pia, fiz guerra de espuma com a Hilary. Que euforia triste. Teu triste cartão chegou, cartão-longe e a mesma solidão de Wales. O que nós estamos fazendo? E o colégio, o colégio! Vieram com um horário de aulas e puseram por cima do meu horário (sem horas, sem tempo) verdadeiro LUIZ LUIZ eu não sei mais escrever: eu te amo. Olha o que me fizeram ou o que eu me fiz:

modern history	—	french (language)	modern english lit.	french (literature)
—	—	modern history on the TV	modern history	—

INTERVALO →

music appreciation	modern engl. lit.	—	french (language)	current affairs
modern english literature	singing	—	classical english lit.	—
french (language)	gym	classical english lit.	—	—

almoço (horrível escasso estou emagrecendo) →

french (literat.)	—	—	—	GAMES
french (literat.)	classical english literature	general science	—	GAMES
—	modern history	—	—	—

Modern History é a melhor aula. Só tem quatro alunas e as outras três não sabem nada. A prof. parece ser muito aberta e nós vamos estudar todo o séc. XX, Europa, guerras, Revolução Russa, Revolução Chinesa, Mao, Vietnã, USA etc. Quando eu perguntei cadê a África e América Latina, ela disse que não sabia NADA sobre as duas. E foi a milésima pessoa a me perguntar se eu falava espanhol no meu país. A ignorância era tanta que ela acabou me convidando para, um dia, dar uma aula sobre o Brasil.

A prof. de literatura inglesa moderna é horrível mas nós vamos ler livros ótimos, entre Huxley, George Orwell (*1984*) e Graham Greene. E mais poetas modernos muito bacanas. A prof. de literatura inglesa clássica também é fraca mas não tanto e nós vamos ler (na classe, linha por linha) *Hamlet*, *Henry IV*, e *Troilus and Criseyde* de Chaucer, em ininteligível inglês medieval.

A prof. de francês é mais ou menos e a aula se baseia exclusivamente em tradução do francês para o inglês do inglês para o francês. Já a de literatura francesa é a maior droga do século, só fala inglês e joga em cima da gente datas e reis e introduções sem O MENOR TRABALHO CRIATIVO! (Luiz, não me deixa eu ficar assim com esse olhar de parede londrina, me escreve, eu preciso) (amor, meu querido, o que está acontecendo eu não sei, mas a gente precisa reagir contra essas professoras escarlates se meio-envelhecendo por cima de nós). E vou ler Racine, Beaumarchais, Maupassant, Anouilh e Camus. General science é ótimo, são debates sobre ciência e tecnologia em geral. Current affairs são discussões sobre os acontecimentos do dia; deve ser ruim porque é a diretora quem dirige.

O melhor mesmo da escola são os GAMES. Cada aluna tem o direito de escolher entre os seguintes esportes o que quer praticar: vôlei, hóquei, tênis, net-ball, um outro lá que eu não sei o nome, ping-pong, natação, e agora vem o melhor... PATINAÇÃO no GELO e... JUDÔ! Já viu. Vou entrar em aulas de patinação e de judô! É a única coisa que me entusiasma no colégio.

De resto, somos obrigadas a assistir todas as manhãs a um revoltante serviço religioso onde NÓS TEMOS DE AJOELHAR NO CHÃO! Eu não ajoelho, me agacho. E nos tempos vagos temos de ficar na biblioteca estudando. Isso é ótimo, estou lendo bastante, especialmente história da Europa. E as minhas colegas são muito compreensivas e me ajudam na hora de mudar de sala e não perguntam nada sobre o Brasil e eu estou sozinha tentando compensar os buracos nos meus corações tapando outros no cérebro e que metáfora horrível e hoje recebi três cartas falando da mesma coisa (o rapto do embaixador americano no Brasil) e eu já sabia de tudo porque semana passada éramos manchete nos jornais e deu até editoriais excelentes e documentário na TV sobre a nossa terra (que expressão horrível) e eu me lembro de que já dormi e sonhei com você e foi um sonho chato e burro e já acordei já tomei chá já lavei a louça e hoje é o aniversário do teu irmão (eu queria dizer: meu cunhado) e é sábado e o tempo está palidamente outonal e não recebi carta nenhuma de você e estou suspirando e com dor no pescoço e com saudade da tua figura me envolvendo e faz um mês que estamos longe de verdade e meu relógio está pulsando depressa e tem um teddy bear sentado na minha frente que parece você e a minha mãe fez um prato chamado "rãs enroladas" que na verdade são salsichas com não sei o quê, e sabe, Luiz, nunca como nunca a música me emocionou tanto, e por favor vê se você ouve o concerto para piano de Beethoven nº 4 opus 58 naquele concerto eu estava apaixonada com vontade de chorar eu ouvia e me espiralava outra vez e fechava os olhos como se esquecesse do resto e você crescia, crescia com os violinos e a minha loucura. LUIZ AUGUSTO. Eu estou tentando dar esta carta para você, e não fazer dela uma catarse. LUIZ, é difícil te escrever sem me afundar, ou não me afundar sem te escrever. Que sábado branco meu Deus. Que saudade de um sábado não branco em Pedra Sonora eu queria tanto uma luta nas boias na piscina estou despertando não se eu despertar vou sofrer muito mais não posso me lembrar muito nem pensar muito em você em Pedra Sonora eu tenho que te pensar depressa e meio vagamente para não sofrer nem morder o lábio com violência nem escrever catarses nem começos nem fins UM ARCO-ÍRIS invisível por sobre as minhas sobrancelhas NENHUMA mágica para desafiar o horizonte e te mandar para mim ou me mandar para você em câmera lenta nós tiquetaqueando como loucos OU na aceleração única dos filmes menos mudos e mais sem palavra NEM UM nevoeiro sub-reptício NEM uma tempestade subentendida NEM uma violência cósmica NEM um gesto súbito e sem propósito para nos atirar em lances mais e menos desempoeirados pelos cometas NEM um maremoto para nos lançar a grandes profundidades submarinas NEM uma planície qualquer uma ondulação qualquer uma tarde qualquer que nos veja completos e como é que eu vou sobreviver com essas consolações intelectuais essas consolações afetivas essas consolações shakespearianas essas consolações lutando judô patinando no gelo NEM uma água cor-de-rosa cheia de peixinhos que seja mais que uma água com peixinhos E VOCÊ peixe, leão, pássaro, meu, teddy bear, amor, desaparece no fundo de Aachen enquanto eu me perco em Londres, apaixonada e tonta.

↪ 1 Antonín Leopold Dvořák foi um compositor tcheco. ↪ 2 "Tem certeza de que Deus lhe pediu para dizer isso?". ↪ 3 Em 1968, o papa Paulo VI editou a bula *Humanae vitae* [A vida humana] para reforçar a posição da Igreja contra a contracepção, condenando a pílula e outros métodos de controle de natalidade.

carta — 15/9/69

15.9.69

Ah a tristeza desse céu ah, Deus, por que você botou essa tristeza tão acinzentada e calma nesse céu, você não precisava encher o espaço entre esse céu e essa terra com essa névoa entristecida. Ah Deus nem pôr entre o Luiz e eu essa lonjura que não dá nem para a gente entender as coisas direito Ah vê se você ajeita esse céu essa terra essa tristeza essa lonjura ah mém

Luiz. Recebi nada de você, recebi carta da minha mãe dizendo que a tua mãe disse que você havia dito que você estava chateado com Matemafisiquímicetc. Recebi carta da Eliane perguntando por você e pedindo pra você escrever pra ela de um jeito ou de um outro jeito. Escrevi carta pra Eliane dizendo que eu amo você, Luiz. Luiz, estou dolorida e seca e solitária nesse colégio, nesses rostos. Tive aula de apreciação da música é tão bom a professora é humana e risante e inteliGente. Ela toca uns discos na vitrola ela vai dar classicismo romântico séc. XX pop música jazz e tudo que a gente quiser. Ela vai pelo itinerário DISCO → ALUNAS → COMPOSITOR. Luiz você sabe? você é? você está? você parece? que eu estou apaixonada e você é meu. E até quando eu vou me conter nem o Tâmisa nem o Reno nem o rosto barrigudo da menina em frente sabem. E os meus pais aqui de Richmond me contaram a seguinte história: ele estava fazendo serviço militar; depois ele estava sendo pastor metodista; e nem num nem noutro ele podia casar com ela. Aí eles esperaram dez anos para se casarem (até permitirem que pastores metodistas se casassem) e nesses dez anos com a guerra e a Guerra por cima, eles ficavam meses sem se ver.

E agora a professora de literatura francesa entrou e que sono súbito.

Que inexistência a minha, meu, e tão saudade.

E agora a professora está ditando Ditando DITANDO a vida de Racine ó ó ó ó eu não posso copiar isso, é contra os meus princípios e fins mas eu fico pensando em você nas aulas que tentam te cansar te desesperar te desumanizar sob pretexto de ensinar ciência; Luiz por favor vê se muda de colégio desse diretor grosso dessas ciências grossas que estão querendo te fazer e me fazer qualquer coisa que eu tenho medo de perceber. LUIZ por favor você fala com o comitê da Alemanha fala com a tua mãe ou pelo menos pede dispensa das aulas burras e desses colegas indiferentes. Where he was to prepare himself for an ecclesiastical post these plans seemed to have been abandonned and he was back in Paris in 1662.[1] DROGA DROGA DROGA — A DITAÇÃO DE RACINE. INTERferindo a minha carta de amor e de amor. Tudo interferindo o nosso amor e conspirando como ratos no escuro.

Fui visitar o palácio de Windsor, fortaleza de 1200, fui ao Richmond Park e me enfurnei em bosques outonando e vi veadinhos e esquilos e carneiros e árvores cheias de nozes e tomei sorvete inglês e joguei futebol com a família e roubei o sapato da Hilary e discuti o ICYE com o pai. E fui almoçar em Forest Hill com um irlandês que é meu conselheiro e eu disse que estava interessada em conferências em encontros em acampamentos em viagens em trabalhos e disse que você também estava e ele me prometeu te convidar para aqui um dia (Meu Deus)

os planos vão planando, Páscoa visitar a Bretanha, férias de verão visitar o continente mas entre o colégio, a solidão, as tuas cartas que não vêm, e o outono triste, e as famílias, e o resto todo, e essas férias, nossa separação é dor e burra, eu queria ajuntar. Mas talvez não seja tão burra assim; é o tempo da gente ver rever o tempo pensar repensar o espaço sofrer de saudades e crescer de saudades e ficar firme por causa das saudades e voltar e recomeçar ou retomar a nossa mútua descoberta (eu te amo, Luiz, eu te amo, LUIZ). E a nossa timidez e o nosso medo dos outros vão ser engolidos pelo ano de saudade. E a gente vai poder se amar e todo mundo vai saber e nenhum outro ano vai ousar nos pôr em Aachen e Richmond-upon-Thames separados.

(Meu Deus, eu estou racionalizando este ano? eu estou racionalizando a nossa dor? eu estou racionalizando a nossa saudade?
E essa mulher continua ditando o resumo dos resumos da peça de Racine pelos períodos duplos?
E eu estou te escrevendo, LUIZ, LUIZ, e ninguém está vendo a minha raiva e o calor desses muros e o barulho irritado das canetas no papel e um olhar meu de calor e irritação e RAIVA?)

Dois versos de Racine me bateram os olhos; chuva alguma vem calar a dona ditando as aulas intermináveis; que dor nas costas; que paixão por você, que coração disparando; Oreste becoming insane with remorse and grief;[2] que vontade de chorar, essa aula, essa falta, esse amor --- e o coração acelerado sempre; e o estilo macio que eu perdi e falava de melõezinhos e de você comigo e de uma rota rôta trazia a própria história do coração acelerado sempre e tédio testa teto MEU DEUS A CAMPAINHA TOCOU!
Acabaram as aulas por hoje me soltam para eu poder possuir a tua imagem sozinha.

Do 2º andar de um ônibus vermelho — passou um cachorro levando um homem, e tinham a mesma cara e as mesmas olheiras.

Chove fino sobre o mundo. LUIZ, você é um gênio? Está nevoando sobre o rio e que lugar esquisito e que beleza esquisita.

Minha garganta também dói. E eu vou chegar em casa e nem 4 horas da tarde vão ser.

É à noite que acontecem (entre uma cuurva do 2º andar do ônibus vermelho e outra, e pulos) minhas maiores saudades. Ontem era domingo e eu no meu quarto te amando te lembrando (LUIZ!) Eu talvez te achasse no meu sono. Deitei com a preguiça de sempre, havia um inadvertido frio debaixo dos cobertores; te achei em sonhos precipitados precipícios sonhados (te vi) (antes mesmo de cair)

lembra uma vez Pedra Sonora era verão; você foi dormir cedo só de calção e subiu, deus, os andares do beliche e se afundou numa insônia só; aí eu não podia ficar sem te ver sem te pressentir; o salão era vago sem os teus olhos; aí eu fui te buscar (ou me buscar) e sempre se acha uma cama para fazer no mesmo quarto em que o amor se perde em insônia; e aí eu fui fazer uma cama no mesmo nível em que você insoniava; eu fiz e refiz e você disse "oi" e ficou ali deitado com as pernas cruzadas e com calor e com dor de cabeça e eu nunca arrumei uma cama tão bem tão devagar na minha vida; e aí os meses se passaram e nós nos amávamos; e aí os meses se passaram e eu estou te amando; e no inadvertido frio (eu atrás do teu calor) não sou mais que um suspiro perdido numa noite de setembro; e nenhuma noite de setembro me engole melhor do que esta que tem sotaque de antes do inverno; e essas paredes não têm gosto; e se junta à falta tua a falta de um sinal mais vivo que me antecipe visões voos teus e me traga uma mínima verdade de você, que eu amo; e vou me despersonalizando (sem ti aos poucos)

"à procura da exata palavra que traga a impressão exata dos momentos mais convulsos. no espelho em busca do rosto depurado em verdade. Na boca um hálito oco, no olho uma secura. Não há espaço para se fechar em desespero. Nem se pode chorar os mais ausentes. Na própria linha do quarto uma linguagem de esquecimento. Adormecem as palpitações de amor e a linguagem de amor adormece. De insônia em insônia, a parede fria e os estalidos das coisas não humanas."

>   mas eu
>   ainda e sempre TE
>   AMO
>   Ana

→ 1 "No local onde ele estava para se preparar para um cargo eclesiástico esses planos aparentemente foram abandonados, e em 1662 ele voltou a Paris". → 2 "Orestes enlouquecendo de remorso e tristeza".

carta — 18/9/69

Luiz, Luiz, até os espíritos estão contra nós.

18 de setembro 69 recebi depois de uma noite vaga e pouco dormida onde nos meus sonhos interruptos as coisas todas me escapavam das mãos recebi tua carta de Nuremberg, tua carta. Uma carta de sangue gótico solidão solidão e que não foi escrita mas vivida ou soprada ou respirada ou expirada e tua carta foi no meu bolso pelo ônibus cheio e abafado eu ia te tentando ver pela neblina pela londrina a fumacinha hálito afora tua carta me batia pulsações. E eu vibrei com os miaus na reunião Nazi, e vou estudando história e aí vem Hitler, e então eu cheguei na escola entre a névoa de Londres e a tua névoa postal, e sentei em incontinento pra te escrever com uma caneta mágica e uma tinta que eu pudesse entrar dentro mas antes antes de repente no pescoço de uma menina minha colega o símbolo sem palavras a cruz suástica me olhou sem trocadilhos; e eu não pude conter um How dare you manso ainda que. E a guria começou a contar a long long story[1] de como o fantasma de Hitler apareceu para a turma dela no colégio e mandou todo mundo usar um sinal de que ia seguir Hitler para o resto da vida ou da morte, e quem não usasse ia ter o resto da vida encurtado por uma ou duas mortes na sexta-feira que eu não sei se era 12 ou 14. E a menina correu e pôs a cruz sem palavras no pescoço (e ela acha Hitler um monstro terrestre ou aéreo, mas que ele não ouça) e saiu por aí à mercê dos teus miaus e nem uma polícia interveio. E não ficou nisso, e uma menina outra que se recusou a seguir Hitler apareceu

decepada na sexta-feira! E ele apareceu mais duas vezes, para o grupo e para ela. E agora exatamente neste minuto que eu não consegui segurar nem te dar, entrou a prof. de literatura inglesa moderna e começou a falar sobre Dylan Thomas ou melhor começou a ler a biografia dele e são 9h30 min e eu te amo, Luiz, meu LUIZ mais-que-maiúsculo. E se tem uma coisa que eu acho horrível é uma mulher com a boca cheia de batom vermelhão, lembra Nurembergue dos becos e dos lugares mais tristes, mas eu sei, eu sei, Nurembergue tem um sol também e teve você por uns dias e se Nurembergue é feminina eu não sei se eu posso ter ciúmes; talvez ela tivesse ciúme de mim ao te ver no albergue; como foi que ela te viu sem enlouquecer? Ainda não percebi na prof. um olhar de raiva sob a criatura que escreve pro amor e esquece esquece; LUIZ;

Pê esse em carvão vermelho: nossa próxima invenção tem de ser tirar as palavras dos lugares delas e botar em outros, transformar as palavras de amor em energia em saltos desequilibrados
---

e acabei de ter uma consoladora aula de história, e eu sou a única na sala que falo, mas como sou burra, eu tentando explicar a crise de 1929, eu sabia, mas mas mas e eu sei, as colegas não gostam de mim, estou fracassando no contato humano, não consigo contactar com as colegas, o que é que eu vou fazer. E me desespero com Dylan Thomas, é genial, eu sei, mas eu não entendo nada! "<u>I am a draper mad with love. I love you more than all the flannelette and calico, candlewick, dimity, crash and merino, tussore, cretonne, crepon, muslin, poplin, ticking and twill in the whole Cloth Hall of the world. I have come to take you away to my Emporium on the hill, where the change hums on wires. Throw away your little bedsocks and your Welsh wool knitted jacket,</u>

<u>I will warm the sheets like an electric toaster, I will lie by your side like the Sunday roast.</u>"[2] Dylan Thomas conseguiu escrever a declaração de amor que eu queria te declarar! É assim esse meu amor: eu amo mas não entendo nada, eu estou draper mad with love, mas o que é draper? E vamos nos aquecer nos tostar nos amar no Emporium no alto da única colina indevassável do mundo, e esquecer o welsh e dançar de amor, e fazer erros de português não no papel, mas no nosso linguajar que ninguém entendia. E eu chupo uma bala de bola e chupo os rios que o trem imita mas não, não vou adivinhar nada e se o copo de cerveja não tem sentido, entrou na sala a prof. de lit. inglesa clássica e por mais que o nazismo te puxe a perna, meu amor, ignore essa porta de feno ou de ferro e nós agora fazendo tradução do inglês medieval para o inglês moderno (meu Deus) e eu, parte do nós agora fazendo, te amando, Luiz, te amando. E a professora falando do amor medieval, e vamos, vamos nos livrar de qualquer concepção de amor, vamos nos sacudir dos resquícios dessa civilização desse ocidente contaminado de concepções tardias demais, encerradas demais em palavras em paredes demais, Luiz, ou ou me interrompo saio correndo como louca pelos corredores passo pelo auditório, há um disco de Mozart será? tocando e ninguém sabe que eu estou com raiva com dor de garganta e na aula de francês fazendo tradução do inglês para o francês (que confusão) (meu Deus) Ponto

E que interessante, agora nós temos de nos descrever em francês ou é em inglês? eu não vou dizer Je suis blonde de taille moyenne aux yeux vertes ou bleus[3] nem vou inverter a irrealidade da minha situação e machucar o ar e o intempero deste sol ausente com um Je suis rousse châtaine de la couleur de noisette.[4] EU vou falar a verdade vou gritar para ela que minha letra é fora da linha e Je suis amoureuse et passionée[5] mas pra que que eu quero saber que brunâtre rougeâtre grisâtre verdâtre é brownish redish greyish greennish e os MEUS CABELOS GRISONNANTS dissonantes cantantes que qdo. eu for 64 nós vamos ser casados ou amantes para sempre.

5 para meio-dia

E a professora inventando assunto: Que sorte de personne êtes-vous? Calme vaine, fière, enthousiastique, tranquille?[6] Eu vou dizer com uma cara feroz: IRASCIBLE! terrível, terrível. E lá vou eu pulando outra vez é tempo livre, livre eles dizem, livre, Deus, como é que pode abusar dessa palavra dessa forma! Livre para pôr uma cruz suástica no pescoço sob ameaças do fantasma, livre para reunir com o NPD sob a besta do von Thaden,[7] livre para ir à biblioteca sendo obrigada a estudar! Não vou, não vou estudar. Vou ler TINTIM e que se dane a dor de garganta.

ALMOCEI depressa, ávida. E não vamos nos casar em igreja gótica não, os séculos falam nas igrejas góticas e nem um café nos consola; nem em igreja renascendo, porque a gente tem de se casar num lugar em que o tempo seja mudo e completo e bom com lua e com pão de ló. E eu te quero sujo de Nurembergue cansado de respirar o ar as máquinas o medieval o pôr do sol de Nurembergue. A polícia reprimia a manifestação do NPD ou a de vocês combatendo comandados por um guerrilheiro azul (meu amor, meu amor). Meu amor, recebi teu momento de apreensão, recebi em cada palavra do papel azul da letra apaixonada um pedacinho do teu rosto e um momento que nós não soubemos resgatar; quando a gente era junto, a gente vivia os momentos de apreensão; e agora, nem a apreensão eu consigo viver por inteiro, nem nas fumaças rumo ao céu num ritmo de trem de terra de roda nem nas vozes dos primeiros ingleses dos últimos alemães nem na desorganização universal de cada beijo dado minhas mãos minhas mãos minhas mãos não estão sozinhas — eu repito tão cética quando as vejo magras e frias e sem as tuas que são meio gordinhas e brancas e me cobrem e me descobrem como eu posso sem as tuas mãos sem as minhas mãos, sem você LUIZ e a tua carta azul (204314) termina (sem números) em (sendo a quinta que eu recebo, sem contar os dois cartões e meio) dois pontos, e sempre que eu te deixava eu sabia

Um pê esse em giz vermelho; adivinha o que estava escrito em todos os rabiscos meus
---
que havia dois pontos me assegurando a tua volta, e um colega folheia uma revista *32 pages of* REAL *loving!* como é que eles têm coragem de imprimir 32 páginas com as mistificações que nós, amantes, rejeitamos, e nós, que enchemos mais-que-páginas e muito mais que 32, nós sabemos que é mentira, com ou sem o tigre de Nurembergue LUIZ nós temos a certeza instintiva e pura embora não tenhamos vencido nossas intangibilidades que nos limitam ao infinito de Richmond e Aachen; com raiva de tanta pressa e com fome de tanta raiva eu ouso tirar as aspas da tua língua e sem aspas nem asas possuo a tua carta e o teu cheiro de mar ou de vento da montanha ou de Luiz no diminutivo aumentando aumentando entre horizontes não veio nela mas as tuas partículas que me alcançaram esboçam um consolo para quem vai ao cinema sozinha *Who's afraid of Virginia Woolf*[8] isto é se eu conseguir economizar 5 ou 6 shillings e sobretudo se eu não te posso beijar ou te ver dormir todo encolhido são quase 2 horas da tarde e uma pessoa faz tricô outra conta piadas e professores na Inglaterra não usam quadro-negro quase e o rádio canta uma guitarra balada e nos impercebidos sons das palavras de amor eu

vi o sol inglês recusar ser inglês e me chamar com uma cara de namorado da neblina e eu não atendi chamado nenhum, e hoje à tarde eu preciso fugir até a Alemanha nas ondas sonoras do teu chamado que é selvagem eu preciso esconder na neblina os meus suspiros e tocar uma gaita triste sentada no meio-fio ou reger uma orquestra com a sonata mais sonata de B. e inventar um estilo uma caligrafia lenta e que não tente te imitar nem imitar o voo das andorinhas mas me leve a você (que eu amo) tremeluzindo em incertitudes em aldeiazinhas uma a uma conquistadas eu cavalgando o vento entrei a galope em Aachen e eu não sabia se te raptava ou me entregava, e a nossa luta e as nossas mãos estremeceram todas ao sentir o contato quente com o mundo e nós nos amando e ninguém saberia terminar a carta com três pontos

São 10 pras 10 da noite o dia a noite é setembro e dezesseteamo Eu preciso dormir cedo, tive um dia comprido, discuti com professores, me chateei e fiquei perguntando pra minha mãe por que que você não escreve mas aí eu me lembro do teu cartão da tua viagem de nove dias e eu conto os nove dias e é de noite (é setembro) e cadê você, Luiz;

 Eu cheguei num semiponto de insegurança, olha: é o ponto em que as coisas que eram novas e lindas porque novas vão despencando em rotina e aí começa uma onda que eu só pressinto o meu coração reduzido reduzindo e eu cada vez mais convencida queteamor, e é noite, é tarde, setembro, minha cabeça doendo meu pescoço doendo de fazer ginástica meu pijama burro azul e tonto e o mesmo movimento de todas as noites, de todos os dias se fundindo em outono, em chuvinha, em solzinho, em LUIZ, LUIZ, LUIZ, LUIZ; o mesmo movimento de te procurar, e toda hora eu lendo as tuas cartas e tem uma particular de que eu gosto mais, é uma carta descabelada e começa assim: Descobri que nós fizemos uma grande besteira. E LUIZ, eu nem sei, não descobri menos mais nada, é outono, eu te amando no outono intemporal, um pôr de sol esquecendo tua voz, e o movimento de novo, de te escrever qualquer pedaço de tempo (mais que o tempo, não há tempo, o tempo engoliu a caligrafia), e o movimento de novo, de ficar olhando para os teus retratos e um particular de que eu gosto mais, que está na parede, e você está louro como um sol mais que perfeito e eu não sei chorar e o teu nariz está reto e a tua boca meio entrefechada não me olha e entre os óculos que escorregariam e você todo eu me desintegro de amor eu só vejo você meu corpo todo dói é tão tarde é tão dolorida a noite e na minha frente as tuas cartas a tua letra existindo no papel quadriculado e LUIZ eu faço força para não te escrever durante as aulas, no ônibus, em casa, na cama como agora, no pôr do sol, no Tâmisa que devagueia, porque eu te vejo te quero te amo com todas as dores de Londres, e estou dolorida de tanto te amar, e eu não quero parar, Luiz, são 10h15, é setembro, és meu amor.

São 11 horas da noite e mais quinze minutos e eu não consigo dormir MINHA cabeça é um turbilhão e pesa e você passa nela e repassa e eu não sei o que fazer com essa insônia sintomática de um pré-desespero qualquer e quanto mais escrevo mais quero escrever qualquer qualquer que me tire do cotidiano sem você e me ponha em você me leve até você sem línguas sem insônias sem camas moles demais como essa minha e é tão tarde eu estou tão exausta os olhos olhos olhos repetidos e sem imagens pra te colorir e me exaustificaram sem escrúpulos e eu fiquei sem poder dormir Nem sei te dar uma carta, LUIZ AUGUSTO entre as minhas maiores insônias tu és um ser espacial que veio de poeiras celestes ou nuvens ou florestas ou és és você LUIZ de tratamento infinito de olhos infinitos se expandindo como uma metáfora reinventada pelos séculos. Mesmo nas minhas repetições LUIZ surgiste subliminar e a paixão, a paixão, a insônia, o avião, a carta, LUIZ. LUIZ, sabe, eu deito e tento relaxar o rosto e não pensar em nada e esquecer memórias vivas e semivivas mas aí LUIZ ( ) eu começo a me lembrar primeiro de você da gente da incompreensão da dor nas costas e da dor de um ano incompreensível e depois eu lembro de um tio meu que morreu e outras pessoas que morreram e de repente todo mundo morreu. Eu estou sozinha num quartinho em Ham num outono perdido ninguém sabe por onde numa noite misteriosamente desaparecida, e o pré-desespero da tua ausência, da incompreensão, da insônia, do cansaço, da dor, dos gestos de pessoas que não me falam mais, e são 11 e meia, faltam sete horas e meia pra eu ter de levantar, e LUIZ, toda noite é a mesma coisa, a mesma efervescência na cabeça, e todo dia eu te amo sem entender nada e sem poder evitar (SONO, SONO) me repetir e dolorir e ter medo de te fazer sumir de motocicleta, cabelos, olhos, bocas, pernas, corações ao vento, vida debaixo do braço, eterno, gigante, meu amor e insônia.

↪ 1 "Como ousa" e "uma longa longa história". ↪ 2 Trecho de *Under Milk Wood* [Sob o bosque de leite], peça de radioteatro escrita por Dylan Thomas para a BBC em 1954, no qual o vendedor de roupas Mog Edwards se declara à costureira Myfanwy Price. Em tradução livre: "Sou um caixeiro louco de amor. Eu te amo mais que todas as flanelinhas e chitas, bordados, lençóis, viróis e lãs, sedas indianas, cretones, crepons, musselinas, popelinas, forros e sarjas de todo o grande Mercado de Roupas do mundo. Vim para te levar para o meu Empório na colina, onde o troco zumbe nos fios. Joga fora tuas meias de dormir e teu casaco de malha de lã galesa, porque vou aquecer os lençóis como uma torradeira, vou me deitar ao teu lado como o assado de domingo". ↪ 3 "Sou loura, de altura média, com olhos verdes ou azuis". ↪ 4 "Sou ruiva castanha da cor de avelã". ↪ 5 "Estou enamorada e apaixonada". ↪ 6 "Que tipo de pessoa você é? Calma vaidosa, orgulhosa, entusiasmada, tranquila?". ↪ 7 O Nationaldemokratische Partei Deutschlands, partido neonazista alemão fundado em 1964, era presidido por Adolf von Thadden. Em setembro de 1969, às vésperas das eleições parlamentares, dois comícios do NPD reuniram milhares de pessoas em Nuremberg, cidade-símbolo das grandes paradas hitleristas, onde também houve protestos violentos contra os neonazistas. ↪ 8 *Quem tem medo de Virginia Woolf?*, longa-metragem de 1966 dirigido por Mike Nichols, com roteiro adaptado da peça de Edward Albee.

carta — 24 a 28/9/69

O hálito vira fumaça na manhã de Londres, eu querendo te namorar nas mãos frias da manhã, no rosto frio da manhã, no branco virando azul da manhã, no ônibus que não vem da manhã, e tem uma fila em S sussurrando em silêncio sussurrando em silêncio, What shall we do with the drunken sailor, hooray up she rises early in the morning,[1] chegou o vermelho, as mesmas caras com sono ou sem sono eu não saberia dizer, lendo o *Times* e ninguém de chapéu-coco, nunca vi um chapéu-coco, dentro do ônibus SANDY LANE é quente é bom e eu não preciso escrever em cima da palma (24 de set.). Meus joelhos rabiscados minhas orelhas ressabiadas e ao meu lado a Hilary com um rosto branco como o céu virando azul como o céu. TV encouraging violence, says U.S. report.[2] Só a TV? E eu, eu estou toda violenta, não adianta o Thames me abrir as margens, e essa professora de canto RIVER LANE está me betraindo sem saber BUS STOP e eu estou alienada angustiada sozinha anormalizada tentada pelo Thames NÃO SEI FALAR INGLÊS NÃO VOU ESCREVER NUNCA MAIS W

(28.9.69 → esqueci o que eu ia dizendo)

É noite LUIZ eu preciso saber que estou escrevendo pra você LUIZ ô LUIZ Estou de pijama mas deitada na cama vazia da Elizabeth no quarto da Hilary (que estuda violão) Com o cabelo molhado Com o corpo todo dolorido de lutar judô E eu não devia te escrever a essa hora porque quando eu te escrevo minhas insônias são maiores Ontem fomos viajar pela Inglaterra, Winchester, Bradford-on-Avon, Bath, quantas ruínas romanas humanas pré-históricas góticas que campos que casinhas parecidas conosco Vamos morar numa casinha dessas com telhado de colmo e paredes de trepadeira criar vacas Nos amar Eu queria estar te amando LUIZ LUIZ LUIZ Piqueniquei no alto de uma colina com vista sobre campos céus e Salisbury E com as tuas cartas junto de mim (Deus) Uma delas é irada é irada me irou também (como eu estou desmoronada). A outra eu quero você de meia de lã vermelha eu quero aprender alemão pra te amar melhor eu quero te ver praticando esporte com muitos pontos de exclamação e discutindo a Revolução Francesa que você manja paca e no teatro de Aachen e em Munique e na Áustria. E eu sou vibrada pelo teu estilo que eu detesto eu amo eu odeio eu adoro. Não vá a Israel, é tão mais longe de mim LUIZ LUIM Tenho escrito pra todos os mundos O que é que você escreve pra tua casa? Qual é a intimidade com o teu pessoal? E eu não mando lembranças tuas pra ninguém viu O meu pai Waldo vem à Inglaterra dia 10 de outubro Você conta certas coisas pro José que você não conta para os outros ou como é? O teu estilo nas cartas pro Brasil é como? Você tem muito dinheiro? LUIZ LUIZ LUIZ LUIZ LUIZ LUIZ LUIZ

Eu preciso me convencer LUIZ você fala na monotonia da rotina daí POR QUE você não muda de escola? Você TEM de estudar ciência? Você já entende fisiquimatematetc? Por que você dorme de tarde? Eu queria te ver sem óculos dormindo de tarde. Eu queria te ter, Luiz, meu LUIZ, LUIZ, inconvencida. Passei para o último ano no colégio onde as meninas são da minha idade, mas continuo indo a aulas no penúltimo. As prof. de francês me desesperam. No colégio eu sozinha ando pelos cantos cansada atrapalhada (tropeçando no meu coração) delirando as tuas cartas discutindo discutindo com TODO mundo é tão difícil falar de verdade com as pessoas. Como é ruim o meu inglês. Que. Não fiz nenhuma amiga no colégio. Todos são gentis demais, digo, todas. Tenho lido tanto, me convencido que sou ignorante, eu não sou burra, eu sou ignorante a um extremo doloroso, amando Shakespeare, Chaucer, Anouilh, Dylan Thomas e Graham Greene não é mau de todo. Já fui uma noite fazer baby-sitting. Dei mamadeira, troquei fraldinha. Não sei o que fazer com você. O teu retrato continua lindo e imóvel. Eu pressinto você. Você é o meu homem, LUIZ AUGUSTO eu escrevi. Não tenho coragem de te telefonar.

↳ 1 Citação de "Drunken Sailor", canção popular inglesa. Em tradução livre: "O que faremos com o marujo bêbado, hurra! Ela se levanta de manhã cedo". ↳ 2 "A televisão estimula a violência, diz um relatório americano".

carta — 2/10/69

Meu querido, recebo a tua carta com a fulminante ordem: "ESCREVE-ME IMEDIATAMENTE". Estou escrevendo, Luiz. Vou escrever certo como você está escrevendo. Tua carta sempre azulada mas não tanto quanto a minha me traz chuvas de Aachen, sem lágrima. E eu, aqui o sol passeia o dia inteiro, que tempo tão antinglês. Eleições aí também é nosso assunto, a prof. de história moderna é excelente e o que a gente mais estuda e discute é a Alemanha. Hoje a gente viu um documentário na BBC TV sobre a Segunda Guerra, e no fim o locutor sugeria que Hitler tinha sabido explorar a agressividade latente no ser humano, ou os alemães são iguais a todo mundo e o que aconteceu lá podia acontecer aqui. Desligada a TV, começou a discussão d'eu com ela ou dela comigo, e sabe o que ela me perguntou no fim? Se eu era maoista, partidária da revolução perpétua. E não só perpétua, Miss, total também. É fogo, Jesus Cristo. E eu descubro que o cristão é inclusive maoista. Você é maoista? Eu inclusive sou inclusive. Tanto sol, eu pluviosa de tanto te amar. Aachenizada. E o que foi que o cínico do seu travesseiro respondeu pra tua pergunta "por que a Ana não escreve?". Se ele deu qualquer resposta, ah que raiva que ciúme do travesseiro é burro ou burra. Então eu não escrevo? Não escrevo mais:

Desisti de não te escrever mais. Fui ao cinema com a Hilary ver um bom filme *Oh que delícia de guerra*.[1] A única restrição, palavra horrível, é que é metade transposição teatro-cinema, teatro filmado. A peça devia ser ótima. E eu não vou ver *Hair*[2] tão cedo; vamos juntos. Tem de reservar lugar com três MESES de antecedência, e que preguiça. Você entendeu o *Vento nos ramos de sassafrás?*[3] Como está o teu alemão? E a tua barba? E a tua barrigudinha barriga? (Eu te amo) (He, he, he, só senhoras alemãs He, he, he, risinho sádico). Você com dores de futebol, eu com dores da tua ausência, da tua violência, do judô (tai-toshi e tzurigomigoshi eu já sei), de pular na cama de elástico, que aparelhamento bacana o de ginástica. Falta de exercícios físicos é o que não existe nas escolas inglesas, te plagio; nas europeias, generalizo. Me leva para um passeio na tua moto, eu seguro firme na tua barrigudinha barrilzinha barriguinha (hi, hi, risinho sá-di--co) e a gente se perde nas atmosferas universais arco-irisando, me arqui-irando o constante cadê você, meu? Me manda um retrato teu na nova Mantel. O que é uma nova Mantel? Por que se chama Mantel? Quem é essa tal de Mantel, por falar nisso? E a Bélgica? Quanto ponto.de.interrogação. (?¿?¿?¿¿) VIVA VIVA MEU AMOR VIVA (o que era mesmo que eu estava vivendo? Ah, ah, ah, enfim livre das minhas rivais fisiquimatemetc. Ou não? Deus livre o meu homem dessas coisas.)

Estou tão entusiasmada com a *Antigone* do Anouilh,[4] e a deficiência da prof. é suprida pelo excelente ensaio que vem junto com o livro. A porcaria da dona de francês tem uma pronúncia nos erres, que errada (EU não podia DEIxar de fazer esse) acho que vou passar a comprar livros em francês Cocteau Salacrou Camus Luiz Augusto. Um a cada duas semanas, que tal. A tua monotonia passou, hem. Eu estou tão apaixonada. O que é Gott sei Dank. Thank God. O que você acha do Brasil, hem? Pena de morte etc.[5] O que você toma de café da manhã. Me manda o prospecto. Que palavra feia que você desencavou. Hoje baixaram em Londres dois primos meus (um casal), fui tomar... CHÁ! com eles, que chat... Conversei em português, que esquisito queer odd what o meu português, Luiz, o meu português entremeado de WELL... e SORRY... Revoltante. E o teu, hem. No fim do chá com o casal meu primo ou os meus primos casal sabe? Sabe?

Sabe? Sabe o que eles me deram? Uma nota de 5 libras! 50 contos assim, de mão beijada (beleza de expressão)!!!→!! Eu andando no trem-underground-tube-metrô londrino, o sol despencando tão antigravitante meu deus esse pôr do sol de Londres esse céu esse amor eu sou tua, Luiz Augusto.

Teu fim de carta — é noite mais outra vez, 10h –

Eu ri com ele no ônibus, eu ri com você, te pertencendo. Te amoamoamoamo. E nem sem com as palavras de grandiloquenciamar. Quer saber uns palavrões em inglês? Quem te tem escrito? Vê se você gosta desse poema do Stephen Crane:

I saw a man pursuing the horizon;
Round and round they sped.
I was disturbed at this;
I accosted the man.
"It is futile", I said,
"You can never –"
"You lie", he cried,
And ran on.[6]

E o meu pai? Qual? Olha, eu olhei pro céu de Londres e não vi nem o Caetano Gil nem o Gil Veloso.[7] Olha, Luiz. O Waldo é mesmo. Ele escreveu dizendo que ia ficar do 26 ao 2/10 em Munique, e no dia 7 ao 17 em Londres. Depois ele escreveu que ia ficar perto de Munique do 26 ao 2, e no dia 4 em Londres. Entenda-se. O endereço: Evangelische Akademie Bayern 8+ 3 2 Schloss Tutzing am Starnberger See Telefone Tutzing 666

Como dá pra ver, ele está em Tutzing, não em Munique. E afinal fiquei sem saber se ele não vem ou vem. Vem fazer um café da manhã pra mim, vem. Um trem Londres-Paris custa 12 libras, que inferno. Como é que você toma banho aí? Tem chuveiro? Tem aquecimento na casa? Como é a casa?

Eu tenho vontade de ficar a noite inteira te perguntando, te pegando, te escrevendo em amor, me esquecendo em você, meu querido, estou tarde e aquecida pela tua lembrança, estremecida pelo teu beijo, e nem você nem você nem você. Me vem, Luiz.

[invertido] Mais uma vez eu me viro toda pra poder te escrever direito. Te escrevi direito?

→ 1 *How I Won the War* (1967), dirigido por Richard Lester. → 2 O musical da Broadway, estreado nos Estados Unidos em 1968, estava em cartaz no Shaftesbury Theatre, no West End londrino. → 3 A comédia western de René de Obaldia, estreada em Paris em 1965, foi montada no Rio de Janeiro no começo de 1968, com direção de Paulo Afonso Grisolli, no Teatro Dulcina. → 4 A tragédia inspirada em Sófocles estreou em Paris durante a ocupação nazista, em 1944, e foi adaptada para a TV pela BBC nos anos 1950. → 5 Em 5 de setembro de 1969, durante o sequestro do embaixador americano no Rio, a junta militar decretou o AI-14, que instituiu as penas de morte e de prisão perpétua para civis em "casos de guerra externa psicológica adversa, ou revolucionária ou subversiva". No mesmo dia, o AI-13 criou a pena de banimento para "o brasileiro que, comprovadamente, se tornar inconveniente, nocivo ou perigoso à segurança nacional". Os dois atos foram revogados em 1978. → 6 Poema sem título publicado em 1895 em *The Black Riders and Other Lines*. Em tradução livre: "Vi um homem perseguindo o horizonte;/ Ambos corriam sem parar./ Aquilo me deixou perturbado;/ Então o abordei./ 'É inútil', eu lhe disse,/ 'Você nunca conseguirá —'/ 'Você mente', ele bradou,/ E seguiu correndo". → 7 Gilberto Gil e Caetano Veloso foram detidos pela ditadura em dezembro de 1968, acusados de subversão, e se exilaram em Londres em julho do ano seguinte.

carta — 3/10/69

Vim lendo a tua carta pelo ônibus e quando eu acabei me deu uma vontade louca de sair correndo e dar um mergulho no Tâmisa, na minha frente. O Tâmisa ficou sem mim eu fiquei (com você) e querido, querido. Tua carta é tão grande, por que você escreve dos dois lados? assim eu não posso pôr tua carta na parede. Ah, as as paredes. Eu sou de você ou sou você ao som de baladas ou gritos ou filmes ou professoras ressonando as paredes.

    Eu sou de você porque você é de mim, mas eu tenho medo de desmoronar. Você não vai mais a Israel, eu vi um anúncio aqui no colégio (estou no colégio) de um cruzeiro pelo Mediterrâneo, Espanha, França, Itália etc ilhas ilhas mar Turquia Israel Israel incluindo e Egito e outras áfricas. Por apenas 65 libras (650 novos cruzeiros). Nunca o cruzeiro foi tão valorizado. Mas eu não vou, eu não vou a cruzeiro nenhum, que vontade. A gente (eu sempre te plagiando, você em cada gesto em cada nota) num barquinho pelos mediterrâneos do planeta, vamos, Luiz, Luiz. Ontem fugi do colégio saí pelas ruas de Richmond sobre o Tâmisa achei numa loja vi um disco do Louis com a Ella nós ouvindo o Louis e a Ella antigravitando debaixo de um guarda-chuva se fizer sol ou debaixo de um guarda-sol. As exposições da velha Aachen esse cheiro de velho um espelho mais que velho me revelando verdades discutíveis Luiz não se perca nos objetos estranhíssimos dessa terra, eu tenho medo ainda que. Teus elogios, Luiz, teus elogios. Estou hoje servindo de inspetora. Enquanto o pessoal canta hinos faz oração lê a bíblia eu fico numa salinha ao lado do auditório anotando quem chega atrasada. Good morning Miss

Thompson hino 445 um avião passando um trecho qualquer em solenismo o Pai Nosso o Amém avisos avisos poslúdio fim. A manhã está branca, acinzentando de tão branca, meio morna. Nos dias abertos o frio é mais frio. Você é gênio? Eu tenho cara de gênio (amém, ouço, Our father which are in Heaven[1] etc). Como é namorada em alemão? E namorado, meu namorado? Você é meu namorado? Os nossos segredos segredados tuas costas contra as minhas e ninguém chegou atrasada hoje. Eu não sei se eu me normalizei. Nós dois juntos, há quanto tempo, uma ode só, passou a estudante de Lille, eu não sei o que a arte é, cadê a arte? a desarte? O piano tocando a mesma música de sempre de sempre, acabou a assembleia passos e vozes, a diretora de túnica preta que ridícula e os meus sonhos já se derretem em creme e sangue. Stets gut informiet Durch den ansagedienst der Deutschen Bundepost. MEIO-DIA.[2] Passei a manhã toda na biblioteca fazendo deveres quilométricos. 130292. Eu te amo mais que 130292 vezes, com uma força maior que 130393. Matei a aula de Current Affairs, que é a diretora fazendo propaganda do regime inglês, falando contra comunismo, racista, moralista, delicadista. Daqui a 15 min. vou ter aula de francês com a porcaria da pronúncia horrível da Miss. O meu pai Eric telefonou pro meu pai Waldo e o Waldo disse que vem no domingo dia 5. Hoje dia 3 é aniversário dele. Ele vai ficar aqui até o dia 17 ou 18. Escrevi um ensaio de história "Account for the failure and downfall of the Weimar Republic in Germany",[3] estou cansada e seca e dura e digital e tic-tac ping-pong pic-nic e vou ter aula de judô hoje depois do almôço e vou descarregar na execução do Tai-toshi, do Tzumigomigoshi e do Tomishi sei lá o quê todas as minhas irazinhas reprimidas. Mas não, eu não estou tão irada assim. O tempo está bom eu estou aprendendo montes de chuvas as gentes daqui não me machucam. Deus! Eu preciso de você, Luiz. Luiz: a tua carta era doce e aquela parede de tijolinhos com um céu por cima com uma árvore por cima, lembra que um dia nós nos éramos antes que fôssemos, um dia nós nos fomos antes de sermos, um dia nós seríamos depois de termos sido. Eu vi você não sei em que horizonte, de calção azul e preto de helanca e uma cicatriz grande na perna que eu manequim guerrilheiro você vamos vingar em amor e tristeza, eu vi você Luiz, as mãos com as minhas dentro, subindo numa ideia alada e mergulhando inteiro (comigo) na piscina na piscina na piscina azul de amaralina, e o encantamento virou a campainha tocou, me soergo em heroísmo, sou uma heroína, você, e você, você, meu, você é o meu herói. MEIO DIA E MEIA. Estou na aula de francês, descabelada. A prof. é quase careca. Entregou de volta as traduções, as minhas estão todas corrigidas em vermelho, os lábios, os lápis dela. Luiz, sabe o que eu resolvi? Não dar bola para as professoras ruins. Eu sempre queria abrir a boca na classe, dar palpite, discutir, falar qualquer coisa. Mas por que fazer isso com essas coisas? Virei uma aluna comum, não falo nada nas aulas burras. É também por causa do inglês, mas a razão mesmo é a preguiça que eu sinto. Que preguiça, Luiz. Acabei de levar uma bronca indireta da prof., por comer na sala e falar com a vizinha. Que fome. A prof. insistindo com as alunas: Argue! Argue![4] Luiz, não me deixa ficar entorpecida por essa gente enlouquecida essas mulheres burras e irritantes e tão delicadas. She sank without leaving any trace.[5] Essa pronúncia dos erres franceses como em inglês me dá náusea. Luiz, meu amor, poeta, herói, guerrilheiro, não me diga que você merece um beijo, o nosso amor é muito maior que merecimentos e recompensas, e eu quero te beijar só por te beijar, molhada das águas do Tâmisa, batizada pela saudade de todo dia, esquecida do resto todo, te amando, todinho meu.

Luiz, o que você acha que é a arte burguesa e balouçante? Me manda uma lista de artes-merdas.

→ 1 "Pai nosso que está no céu". → 2 A frase "Stets gut informiert durch den Ansagedienst der Deutschen Bundespost" [Fique bem informado pelo serviço de anúncios dos Correios Alemães], que Ana reproduz com deslizes ortográficos, era estampada por carimbos mecânicos nos selos das cartas postadas na Alemanha. → 3 "Considerações sobre o fracasso e o colapso da República de Weimar na Alemanha". → 4 "Questionem! Questionem!". → 5 "Ela afundou sem deixar nenhum vestígio".

carta — 10/10/69

Richmond county school for girls 10-10-10-10 SEXTA (6ª). Enfim É A VIDA. Como dizia. É. O tempo branquíssimo, enevoadíssimo, as coisas se escondendo atrás do nevoeiro frio e pesado. O tempo pesa. Fugi da assembleia "religiosa", a biblioteca está vazia e tranquilizada. Tua carta sobre a mesa. Vai acabando a semana com o Waldo — ele chegou domingo, segunda fomos ao cinema e compramos três ingressos para *Hair*. Terça nos perdemos no centro de Londres, atrás dos grandes suspiros da cidade, que se deu para a gente sem se reter, monumentos, prédios, museus, ruazinhas, praças, espaços, passos, fomos a uma galeria de montagens de fotografias de um artista alemão — a maioria sobre Revolução, capitalismo, guerra, nazismo. Comunicação imediata, impacto visual etc. etc. Nem uma sobre o nosso amor. Ah essa névoa, e o nosso amor. Que sonolência muito primeira. Nem sei falar o teu nome. Ninguém gritando ao longe. Branco. E veio quarta, fomos a Oxford, visitamos os vários colégios da universidade, pisamos nos séculos, o tempo bom e a cidade boa nos acolheram. O Tâmisa em Oxford corre por túneis de árvores, há gôndolas, folhas de outono na água. Nos deslumbramos — para cada lado que você se vira há um prédio velhíssimo, uma torre aparecendo, um gramado, uma parede coberta de flores, um céu azul, ah, ah, Oxford. Faltei ao colégio para me dar a Oxford. Tudo me denunciou, me denuncia que eu te pertenço. Pontuo os espaços em lentidão, estou cansada e sonolenta. Luiz. Ontem foi quinta, fomos fazer compras: roupa de inverno aqui é barata demais; compramos um casaco para cada pessoa da família — uma japona espetacular para a mamãe, uma jaqueta pro pai, e dois blusões acolchoados e forrados de pele para os meninos. Eu fiquei sem casaco, fora da família. Acabou a assembleia, a biblioteca se encheu de meninas de que eu tento não desgostar. Que fracasso no contato humano, eu repito sem acreditar muito, sem ter vontade de me mover. Minha cabeça não fica em pé (?) sozinha, precisa da mão perto da orelha, o cotovelo na mesa. Hoje, hoje. Luiz, eu estou tentando viver esse hoje. Mas essa escola tem um cheiro de guardado, os meus suspiros se misturam com esse cheiro de guardado, as pessoas passam pelas escadas fazendo barulho com as bocas e com os pés, alguém toca piano, eu não ouço, e nessa escola guardada você não é ausência nem presença, Luiz, você eu te querendo nos perdendo em anacolutos eu tenho medo de te encontrar, vai doer, nós vamos ter de nos livrar de tanta coisa pegajosa, e vamos ter que saber nos amar com as aderências desse ano todo, Luiz, é difícil ser. Eu ontem tive a impressão exata de que nós somos condenados a ser, tive pela primeira vez a sensação definida, não era nada pressentido, nada intelectualizado, nada racionalizado, era a mensagem de um momento — condenada a ser. Afastei a mensagem com um gesto de coragem, sem querer ter rimado. Hoje. Hoje é sexta, vim ao colégio para ter judô, vou daqui direto para Londres para ver *Hair* às 5h30. Comprei um livrinho com a semana de espetáculos em Londres, é uma loucura. Segunda quero ver *Under Milk Wood* (a peça espetacular que nós lemos — quase enlouqueci de ler a peça, metade das palavras são inventadas). Quarta vou ver *Henry V*,[1] Shakespeare no cinema. Amanhã SÁBADO vou de novo me sumir em Londres com o papai, domingo ele vai para uma conferência aqui mesmo nessa ilha, em Swanwick (acho que o teu pai já esteve lá), de uma semana. E depois acabou. Olha, não me pergunte, a vinda do papai não me entusiasmou, mas quebrou o meu equilíbrio aqui, e isso é bom de vez em quando. Ele dorme no meu quarto, eu durmo no quarto da Hilary sobre três sacos de dormir — ou de não dormir. Na volta de Oxford encontramos por acaso um brasileiro, autor de um livro sobre movimento estudantil, *O poder jovem*,[2] na estação do underground. Falei português sem maiores dificuldades, já estou aqui há quase dois meses e ainda não sei falar a língua pátria, ontem discuti com a prof. de francês sobre a pronúncia da palavra "flânerie". Ela acentuava o FLÂ, eu o RIE. A mulher ficou furiosa, sarcasticamente furiosa.

E a tua carta, a tua carta. PERDEU, PERDEU A BARRIGA!!!!!! Aonde? Aonde? Aonde? O meu amor sem barriga, quem diria. E o teu inquérito me disse coisas e coisas e eu não entendi a tua declaração de que você teve um "violento acesso de riso" num certo ponto do interrogatório e por que você achou que a minha carta era interrogatório? Ou foi retórica? E também os planos da viagem. Não sei como nós vamos, não tenho a menor ideia de como vai ser essa viagem. Como é que a gente pode ir à Áustria, Hungria, Itália, Suíça? Eu não quero ir à Itália, eu prefiro a Espanha você sabe disso. Hospedagem na França eu tenho, mas como é que você vai também? De repente as perguntas em branco e preto voaram e de rios de mares de outras águas surgiram respostas em cinerama de cinco dimensões, você eu e você por cima de tela, virando todas as cores, virando a Europa sem lenço nem documento nem dinheiro, nos beijando no meio de Paris no meio do meio eu te amo, e a máquina de projetar pifou mais uma vez, nós dois juntos-sozinhos (Luiz). O que foi que aconteceu com nós dois juntos-sozinhos. Que vontade de estar com você num restaurante de Paris comendo um filé-mignon. Que vontade de te ter numa pedra do rio de Pedra Sonora, num sol num calor você irresistível no teu calção azul e preto, ah, eu sou maluca por você no teu calção azul e preto e de qualquer jeito também. Você queimado do sol, o nariz vermelho e o cabelo molhado sobre o rosto e as orelhas. Não, não, não, não. Eu preciso ter coragem e apalpar agarrar o hoje sem a menor hesitação. Um dia nós estamos de novo em Pedra Sonora.

Querido, por que, por que você está "bastante preocupado com a situação no Brasil"? Que eu saiba o Brasil nunca esteve melhor em toda a minha vida. (Não, não peça divórcio)

Os sorvetes aqui são sorvetes de verdade. Todo dia recebo cartas. Até o fim de novembro tenho pelo menos uns cinco encontros sendo um com o Grupo de Ação Política de não sei o quê. Estou cansada de mim, estou cansada de mim sem você, eu sem você sou monótona, estou cansada. As tuas cartas não bastam pra minha Saudade, eu precisava ter você e eu tenho medo, e o que é que nós vamos fazer, não responda nada, o silêncio de antes da gente se encontrar era melhor, pelo menos era secreto e não secava almas e não almas, mas agora, esse silêncio e essa brancura de nós longe é insuportável, e eu começo a escrever, sem contar, dias passados dezembros janeiros fevereiros passados e antes e depois e agora é difícil, é difícil ser, é difícil te escrever, é difícil.

Eu devia estar menos contraída, afinal o nosso amor é muito mais óbvio que eles pensam, muito menos óbvio que nós pensamos, o nosso amor é, o nosso amor está. Mas eu sou irracional obscura inóbvia burra faminta apaixonada. Irracional mais que tudo. E não vou acabar essa carta não.

INSÍPIDO BOLETIM da IGREJA de 14 de setembro

O Boaventura nos casou outra vez. Botou dois n em Ana. Escreveu "respectivamente". Será que perceberam a sutileza do "Ana" (Anna) Cristina e Luiz A. RAMALHO?

> Dia 19 - Alencar Nevea do Valle - Paulo Cesar
> Dia 26 - Lisaneas Maciel - Arthur Carijó
>
> B Designar uma Comissão, tendo o Presbítero Lisaneas como relator, para rever os Estatutos do CREI e para encaminhar o processo de seu registro em pessoa Jurídica.
>
> C Dar início novamente às Consultas e debates com a Congregação, no sentido de sentir o interêsse da Comunidade para com o projeto de reforma de nosso imóvel e verificar a possibilidade de um plano financeiro para a Construção. Ficou assentado, que no ultimo domingo deste mês, dia 28, consagrássemos o tempo da Escola Dominical para êsse debate e consulta.
>
> D. Atender ao pedido que lhe faz a Igreja Presbiteriana de Praia de Botafogo para que lhe oferecermos a colaboração do Pastor, para atender, uma vez por mês, ao
>
> 1. Interêsse por aquilo que Você está fazendo.
> 2. Disciplina pessoal em relação às responsabilidades que Você assumiu.
> 3. Cortesia para com aquêles que estão envolvidos no programa que seu grupo organizou.
>
> EM VIAGEM:
> Nosso companheiro Dr. Amauri Costa, para os Estados Unidos, onde se demorará cerca de um mês e meio, num programa de Estudo.
>
> Rev. Domício de Matos, pastor da Igreja Praia de Botafogo, também para os Estados Unidos, no gozo de uma Bolsa de estudos, no Union Theological Seminary, N. Y.
>
> Anna Cristina e Luiz A. Ramalho já se encontram respectivamente na Inglaterra e Alemanha, levados pelo Programa de Intercâmbio Internacional de Estudantes Cristãos.
>
> COMISSÃO EXECUTIVA DA I.P.B.

[anotações manuscritas: INSÍPIDO BOLETIM da IGREJA de 14 de setembro; e que boletim chato. Igreja é um lugar chato. Triste. Limitado. etc.; "respectivamente". Será que pertencerão a natureza do "Ana (anna)Cristina e Luiz R. RAMALHO"; não estamos em viagem! Que ilusão; em lua de mel; eu quero virar "Ramalho"; não, eu te quero]

Nós estamos em viagem? Que ilusão

em lua de mel
Anna Cristina e Luiz A. Ramalho já se encontram ~~respectivamente na Inglaterra e na Alemanha, levados pelo Programa de Intercâmbio Internacional de Estudantes Cristãos.~~

eu quero virar "Ramalho"; não, eu te quero

e que boletim chato. Igreja é um lugar chato. Triste. Limitado. Etc.

↪ 1 Adaptação da tragédia histórica de Shakespeare estreada em 1944, dirigida e protagonizada por Laurence Olivier. ↪ 2 O livro de Arthur José Poerner foi publicado em 1968 pela Civilização Brasileira.

carta — 19 a 25/10/69

1969, 22 horas de outubro 34 min dia 19

Eu me apaixono por você no meio da cidade de Londres. Eu caio amorosa por você. Eu caio em amor com você. Consultando com ar sério (sem mastigar chiclete) uma gramática francesa em inglês. Com as músicas do IV Festival Internacional da Canção Popular do Rio[1] na cabeça (chegou um disco, medíocre). Baby-sitting no vizinho: a casa está silenciosa, vazia, aquecida, atapetada, acortinada, isolada, e você estando do meu lado Luiz eu não falava nada, eu nem sei. Pie[2] Waldo partiu ontem depois de um pôr do sol, e estar em Londres é assim: eu levo o meu pai ao aeroporto e volto para casa encontrando três ônibus vermelhos e encontrando uma senhora desconhecida que está voltando de Munique toda entusiasmada, de repente eu estou contando pra ela que eu estou louca por você que mora em Aachen mas esteve em todas as Monitas Buniques da Alemanha, e aí eu prego um mapa da Alemanha na minha parede e sublinho Aachen três vezes, te amando, te chamando, e não adianta, aqui estou eu de novo baby-sitting no vizinho, os bebês dormem, eu sento, há uma lata de coca-cola, acabei de ler o nº 13 e o nº 16 do *Pasquim*, descobri uma coisa engraçadíssima numa entrevista com o João Saldanha, ó:

[recorte de jornal]

> JOÃO — Tenho uma boa tese que defendi e, em linhas gerais, foi aprovada. O negro é um produto do meio dele. Se você agarrar uma clã, uma tribo de negros e levar pra Suécia, num

prazo histórico determinado — não sei de quanto, vinte, dez, cinco mil anos — vão ficar todos louros de olhos azuis, mesmo que não haja nenhuma interferência de outra raça. E se você fizer o inverso e levar os suecos para a África, principalmente na zona equatorial, eles vão ficar todos pretos de carapinha.

[à esquerda do recorte]
(foi o maluco do meu pai Eric que colou. Daí a porcaria)

[à direita]
se lembra disso?

Você está. Você está. Em tudo que eu leio, do *Hamlet* ao *New Christian*, de *Antigone* à *History do XX Century*, em tudo que eu penso e faço tenho e não tenho e vejo e desvejo e imigro e emigro e exporto e importo e não importa eu gosto de repetir o óbvio ou deixar o óbvio suspenso em doze pontinhos datilografados e suspenso no outono londrino, que é geral, completo, embaciado: LUIZ AUGUSTO, LUIZ, LUIZ, LUIZ, eu............

RETOMADA: roí depressa todas as unhas e quebrei a caneta BICando a extremidade. Comprei sapatos azuis de veludo para substituir piobinhas e outros. Eu te quero, de unhas roídas e pés de veludo azuis, baby-sitting eternamente, e toda dolorida de lutar.

Este samba vai para Dorival Caymmi, João Gilberto e Caetano Veloso alô alô realengo alô alô torcida do Flamengo Chacrinha comandando a massa e balançando a pança alô moça da favela todo mundo da Portela todo mês de fevereiro aquele passo meu caminho pelo mundo eu que traço a Bahia já me deu régua e compasso todo o povo brasileiro o Rio de Janeiro continua lindo o Rio de Janeiro continua sendo e buzinando a moça e dando ordens de terreiro alô alô Teresinha alô alô banda de Ipanema graças a deus quem sabe de mim sou eu pra você que me esqueceu o ma iaô não preciso dizer que estou ouvindo o Gil ele está aqui em Londres sim senhor e há inclusive um ar de brasilidade nesta porta encabulada, tem a máscara de índio arregalando os lábios e o pratinho da Djanira e o Alberto Nepomuceno minha última loucura musical e o único ouvido que eles discaram

21.10.69

Você ficou uma semana em Munique e foi espetacular. E eu ontem só adormeci às 3 da manhã tendo deitado à meia-noite. Amanhã vou a um concerto com a Margaret no ALBERT HALL (em homenagem ao Nepomuceno) e hoje em vez de ir pra cama fico te escrevendo ao som do Gil, ah, ah, Luiz, eu tenho vontade de chorar chorar chorar em você eu estou embranquecendo de saudade. Dilacerantes tardes noites infinitas. Insônia infinita. Greve dos trabalhadores do underground. O pastor Neirel e você em Düsseldorf, tratando de passaportes e vivendo. Como foi a conferência em Wuppertal e o baile onde ao som da música caipira a gente se descobria sem a menor angústia atrás da Pedra Sonora? Você ainda está dirigindo motocicletas, olhos e cabelos ao vento. O telefone tocou. Saí correndo. Minha cabeça ardendo de sono, eu teimosa burra doendo por você. Palpito, desfraldo, lacraiante.

Com uma pontada — 24.10.69 — Luiz, recebi teu cartão ANA?!!! Eu também, eu estou gritando ANA?! porque eu nem sei o que vai por mim. O dia está tão azul, quase às 9 horas da manhã parece que são 7, vem um pequeno sol, sonhei com você outra vez de outras vezes, estou com o gosto triste do sonho: eu queria ler umas coisas que você tinha escrito, você não deixava, então nós nos brigamos ridiculamente e eu acordei com o gosto de desesperinho, e no meio do meu gosto de desesperinho chegou o teu cartão ANA?!!!, e o que eu podia fazer senão me juntar ao teu grito, chamar por mim ao chamar por você, chamar por você ao chamar por mim? Voltei como sempre à tua carta que chegou há uma semana e eu não respondi por estar perdida no meio do meu pai Waldo, de insônias, de ensaios, de desesperinhos. Eu queria te escrever sem Waldo, sem insônia, sem ensaios... mas sem desesperinhos eu não sei. Voltei à tua carta, me aconcheguei nela com mãos geladas e compridas. No colégio, eu sozinha e a tua carta, de você, que eu amo. Você achando o alemão difícil. E para mim é um pouco pior, eu pensava que inglês era fácil e me atirei com a confiança dos grandes patetas. E vivo frustrada por não saber alemão nem tampouco inglês. Acho que só vou conseguir falar correntemente no ano que vem, se. E as professoras, gentis ou não, continuam. Em história, estudando Revolução Russa, temos tido discussões interessantes. Mas estudar Revolução Russa é mais frustrante que não saber inglês. Entrei para a biblioteca de Richmond, me enlouqueci lá dentro, descobri Maiakóvski: peguei um volumão de poesias e desenhos dele, com biografia, ensaios etc. É frustrante. Stálin e até mesmo Lênin perdendo a vida, perdendo Maiakóvski. O suicídio dele foi o suicídio da Revolução. Descobri que ele foi o precursor do pôster-poema: nesse livro também tem uns cartazes que ele desenhava junto com a poesia. E estou lendo Maiakóvski em frustração e deslumbramento, em parte porque estamos dando R.R., em parte porque eu vi o livro, mas a razão mesmo é que foi você que me falou nele e lendo ele eu talvez consiga chegar perto de você — veja como eu estou.

    Como está o seu horário no colégio? E os professores outros que não os não outros? O que é arte burguesa? (Não aceito nem entendo o teu exemplo). Você vendo Andrzej Wajda e Köln.[3] Eu vou a uma demonstração (pacífica) e vou ver *Outubro* do Eisenstein[4] com a prof. de história. Da estada do Waldo eu já contei, o pessoal do Brasil não tem planos a não ser casar a Eliane com o José e a situação política está Scheiße.[5] Sabe qual a diferença entre o Costa e o novo "presidente"? A burrice do Costa era incomensurável, a do novo presidente "mé-di-ci".[6] É essa a situação no brasil. O B maiúsculo afundou há muito. O *Guardian* dá notícias de torturas em prisões brasileiras. Você discutia sobre Revolução, eu durmo na aula de francês. O prof. de história é fraco ou fresco? Rocinha ou rainha? A aula de religião aqui também é uma coisa; resolvi desligar; não discuto religião com a diretora por uma questão de princípio. Na última aula uma das alunas desafiou a dona e disse que existência de Deus é um dogma científico. A diretora ficou se repetindo, e eu disse para Deus: o "ateísmo" da aluna é muito mais decente que o "cristianismo" da diretora.

Acabei de confundir todas as cucas: estou lendo um livro chamado *UNYOUNG UNPOOR UNCOLOURED*[7] (uma análise do inimigo); prova tranquilamente que não violência é palhaçada e que os evangelhos e a civilização ocidental deturparam a verdadeira personalidade de Jesus, que devia ser um homem "violento", profundamente político e envolvido em conspirações. Enfim, desmistifica, prova, arrasa, se diz cristão, e me funde.

Recebo carta de casa: mamãe, Flavio, José Ricardo e Eliane andam saindo juntos. Foram ver a peça de Brecht, *A selva da cidade*.[8] Segundo a mamãe, José e Eliane "nem se olhavam". E a peça parece ser arrasantemente genial (argh). Recebo o *Pasquim* e consegui vibrar.

Você pede um *Times*, mas eu não vou te mandar o *Times* porque é o jornal burguesão, conservador, tipo *Jornal do Brasil*. Por isso vai o *Guardian*, que é o jornal socialista, que publicou editoriais sobre o Brasil excelentes e porque é o jornal que eu leio. O que você lê de jornal? A rotina continua? Luiz, Luiz. Sou só tua.

Ana

25-10-69, ao som do Novo Mundo

Estou em férias de uma semana. Pilhas de dever e livros pra ler. Ontem fui a uma reunião com o pessoal do ICYE, ótima, conversei com os outros bolsistas que estão aqui, estão em escolas piores que a minha. Hoje vou à manifestação na Trafalgar Square, Focus on Famine, e o meu dad me convidou pra eu ir a uma festa com ele de noite. Recebi uma carta em carbono da Eliza. Reuniões à vista. Estou convencendo o meu "conselheiro" a te convidar para uma reunião em dezembro ou para uma na Páscoa na Irlanda do Norte ou qualquer uma que dê para eu te ter por um pouco. Eric Joy e Hilary lutam na escada. A mãe se diz sempre e-xaus-ta entre sorriso e bom humor e com o pai eu posso conversar de tudo e ele me pergunta por você de manso e eu falo de você entre mansa e feroz, entre domada e selvagem, entre ofensiva e defensiva, e tenho dez cartas para responder, da mamãe, vovó, Eliane, Lina, Vânia, Lilian, tio Chico, Gedra, Roseana, Eliana, e fiz uma loucura e de repente comprei o meu casacão de inverno sem consultar ninguém e como é o teu? Você quer uma gravata inglesa? Aqui tem cada uma, enormes e coloridíssimas, o teu cabelo você deixou crescer? Você tem amigo no colégio? Quase perdi minhas lentes hoje. Estou te segurando, estou subindo a torre da igreja descalça e ruça. Acabo de almoçar e comida inglesa é sempre ruim. O que que você come, hein? Muriel parece envelhecida, parece muito mais velha que o Eric, ele é energético e não parece nunca cansado, ela trabalha demais e se exaure. Oh oh Inglaterra. Estou com o coração pesado de quem comeu muito sem gostar muito. Na praça jovens jejuam, eu jejuo sem você. Era preciso achar uma música um ritmo único para poder te escrever sem querer chorar. Fui com a Margaret e os pais a um concerto em homenagem a Gandhi; discurso de amigos do Gandhi, Príncipe de Gales, Harold Wilson, Vanessa Redgrave, se misturavam com dois concertos de

Beethoven (sendo um com o maior violinista do mundo, Yehudi Menuhin)[9] e música indiana que é um espetáculo. Na saída do concerto um grupo fazia demonstração: vocês falam de Gandhi e amam a não violência, mas fazem guerra no Vietnã, na Nigéria etc. A polícia estava ao lado, mantendo a ordem, de modo que os manifestantes podiam manifestar à vontade. Estou no carro, indo para Trafalgar Square. Os Beatles estarão presentes e vão cantar. O tempo está triste, chuvoso, frio. Eu te amo, Luiz. Ana.

capa do programa de *Hair*
Os peanuts ainda são um consolo
Ana

pra quando você vier me ver

↪ 1 Realizado entre 24 e 28 de setembro de 1969, o IV FIC teve Jorge Ben Jor, Wilson Simonal, Paulo César Pinheiro, Egberto Gismonti e Os Mutantes entre os participantes. A canção vencedora foi "Cantiga por Luciana", de Paulinho Tapajós e Edmundo Souto, na voz de Evinha. ↪ 2 Trocadilho com "pai" e "torta", em inglês. ↪ 3 Andrzej Wajda, cineasta polonês, cujo filme *Wszystko na sprzedaż* [*Tudo à venda*] estreou em 1969. Köln é o nome alemão da cidade de Colônia, na Renânia do Norte-Westfália. ↪ 4 O épico soviético de Sergei Eisenstein, lançado em 1928, reconstitui os acontecimentos da Revolução Bolchevique, em novembro de 1917. ↪ 5 "Uma merda". ↪ 6 Emílio Garrastazu Médici foi empossado na Presidência em 30 de outubro de 1969. ↪ 7 Em tradução livre, *Sem juventude, sem dinheiro e sem cor*, escrito por Colin Morris, pastor metodista e escritor inglês, e lançado em 1969. ↪ 8 A montagem de *Na selva das cidades* (1924) pelo Teatro Oficina, dirigida por Zé Celso Martinez Corrêa, estreou no Rio em 16 de outubro de 1969, no Teatro João Caetano. ↪ 9 O concerto comemorativo do centenário de nascimento do líder indiano aconteceu no Royal Albert Hall em 21 de outubro.

Cartaz do musical Hair.

cartão — 27/10/69

Do alto dessas ruínas (pré-históricas), pelos séculos, entre o Tâmisa, delineando a Inglaterra, te amo, Luiz. Só sei suspirar, ser preguiçosa, confundir as cucas com os corações; te amar eu sei?
 a demonstração-monstro em que a Apple[1] ia tocar pifou por causa da chuva — no dia seguinte abriu o maior sol e fui passear pelo país com a família.
 entre paradoxos, te amo; enraivecida e apaixonada, refrão.

→ 1 Referência aos Beatles, que fundaram um selo com esse nome para gerenciar suas produções.

carta — 27/10/69

[no envelope]

> L'âne le roi et moi
> Nous serons morts demain
> L'âne de faim
> Le roi d'ennui
> Et moi d'amour

Un doigt de craie
Sur l'ardoise des jours
Trace nos noms
Et le vent dans les peupliers
Nous nomme:[1]

(Jacques Prévert)

27.10.69

Fico olhando pras tuas fotografias: uma de você cobrindo o rosto sobre a pedra, junto às gentes, irresistivelmente de calção azul e preto; uma de você entre um discurso, Pedra Sonora abaixo, dizendo NÃO TIRA, NÃO BATE; e eu tirei, eu bati, e não me arrependo, mas me deito com uma contorção — Luiz, Luiz, Luiz, eu repito — e o mesmo ranger de sempre, essa mesma Inglaterra rangendo a minha voz, o desejo que eu tenho de me afundar em você e te abraçar debaixo da lua, dentro da rede, e ser abraçada debaixo da rede, dentro da lua_____

é preciso viver — existencialmente — a amargura de cada momento (é preciso? é preciso? eu não posso, não sei, não quero — não vou para cama, fico embromando de pura preguiça de me mover e me deitar, e em vez de pegar o presente e fazer o presente, eu tenho de achar subterfúgios e passados e futuros e projeções e talvez poesias e inventar e arranjar tudo que se possa arranjar e não conseguir fazer o dever nem não fazer, eu de tanta que é a tua ausência, de você meu, meu, meu, eu finjo viver, mas não adianta) a vida é maior que um fingimento, maior que uma página azul rabiscada com dor — a vida se impõe, e me machuca, e eu te preciso, LUIZ!

[no verso, em diagonal]

a desorganização
da minha carta
é latente em
mim: é isso
mesmo: eu ESTOU
ABANGUNÇADA
DE CORAÇÃO
E TUDO

[acima]
inacreditando

EU DARIA O MEU REINO POR UM BARCO
          (eu posso te plagiar te repetir te copiar sem pôr aspas)
"melambólico, sono, vocábulo, melábulo, sono"
(dobrados em quatro e metidos em um envelope casual) (sem)
(aspas)
     Não dá pra eu ir às conferências na Alemanha? ah, não, me
esqueci, eu não sei alemão. Mas eu não quero ir a conferências,
EU QUERO TE VER, homem!

2 de novembro de 1969 — ainda na reunião do PEG-PAG[2]

Discussões ontem até meia-noite sobre sexo-amor-casamento-
-potencialidade sexual — aí eu entrei com o meu binômio essên-
cia/existência perguntando sobre moral & cristianismo e o Foster
Murphy que é meu "conselheiro" (ridículo) destruiu o meu
binômio com o processo. Assim: essência e existência se fundem
no processo filosófico. Entendeu? Nem eu. Hoje dei o maior
vexame (e não liguei). A reunião recomeçava às 9 e eu cheguei às
10 e meia. Está uma chatice. Uma manjação. Love thy neighbour
fight the selfish exploitation of capitalism what else could I be

but a socialist?³ Hi, Hi, Hi. Descobri que o Sigmar não acredita em amor entre homem e mulher. E que esse pessoal ainda está na relação entre cristianismo e política. E que eu estou confusa, burra, acelerada, pressão alta, pressurizada,

Quanto à viagem: eu só tenho 120 dólares ou 600 cruzeiros. Pelos teus cálculos dá. No Natal tem as seguintes desvantagens: os dias são curtos (anoitece às 5 horas) e frios e nem todas as coisas que funcionam no verão funcionam no inverno; as férias são de duas ou três semanas e os professores passam dever; o ICYE não deixa viajar antes de 1º de janeiro (blá, blá, blá) (té-dio).

A gente podia se inscrever nos Youth Hostels (na Europa também tem, digo, no continente) onde hospedagem é barata para estudantes; a gente podia arrumar endereços de pessoas na França (mamãe conhece), na Alemanha (amigos da minha família, estudantes do ICYE), nos outros países (Glória?) (Weil) (Claudius já está na Itália?) (você tem parentes na Espanha) (que carta) Onde você arrumou esses preços? Está barato demais. Não entendi bem as contas 265 ou 465. Eu sou burra etc. etc. Manda a Lili tomar banho e não se meter com o teu cabelo. DSK Bank. O que vale nela é o nome. Genial alguém chamado Lili! Eu acho que a nossa viagem pela Europa devia ficar pro verão. A gente pede dispensa do colégio duas semanas antes de acabar e nos mandamos. Sem frio. Com dias enormes. Sem pressa. E até o verão dá pra gente juntar + dinheiro e fazer mais coisas. Em dezembro a gente podia ir a Grenoble ou ao Polo Oeste ou a Notting Hill Gate ou a nós dois. "Salvação pessoal × evangelho social é uma falsa antítese." Porcaria! Eu te

→ 1 Trecho do poema "Chanson du mois de mai", publicado em *Histoires* (1963). Em tradução livre: "O asno, o rei e eu/ Vamos morrer amanhã/ O asno de fome/ O rei de tédio/ E eu de amor// Um dedo de giz/ Sobre a lousa dos dias/ Escreve nossos nomes/ E o vento nos álamos/ Nos nomeia". → 2 Siglas de Political Expression Group e Political Advisory Group, grupos ligados ao British Council of Churches (BCC). → 3 "Ama o próximo, luta contra a exploração egoísta do capitalismo, o que eu poderia ser senão socialista?".

carta — 28/10/69

[no envelope]
   Ana Cristina Garcia Pereira Ramalho

   (fingers to dig the earth)
   (a roadway between two tombs)
   (but do not forget this hour)

   (suddenly no more shall we want)[1]

A tua carta desprevenida chegou no meio de um prato de corn flakes, o sol, quente, me esquentando tão superficialmente. O corn flakes perdeu o gosto, eu perdi a voracidade de todas as manhãs, o sol virou um mero sol entre tantos outros, meu coração ficou pesado como uma nuvem de chuva, desmoronei mais uma vez. A tua carta ← as tuas palavras somos nós; o quarto está na mesma bagunça de sempre, os dedos estão secando, os fins estariam começando, não fosse essa teimosia do coração carregado. O que mais eu tenho que fazer que repetir as tuas palavras, uma a uma, e me envelopar e me pôr um selo e me mandar para você? Não adianta eu tentar escalar os séculos com o estilo enevoado, com as palavras buscadas; eu repito as tuas palavras e o quarto, o coração continuam a mesma bagunça que sempre foram. Acabei de me desorganizar por completo, outra vez por completo: Não adianta eu mandar cartões, cartões pré-históricos dizendo que eu te amo, porque eu te amo mesmo e o te-amar está tão mais acima; tão mais abaixo; tão mais de todos os lados; tão mais de dentro; tão mais de fora; tão; mais;

Pousei a tua carta com um gesto de desespero minúsculo, repeti as tuas palavras com um gesto de desespero minúsculo, os meus maiores desesperos só acabarão quando a minha cabeça estiver no teu peito. A tua carta caiu sobre a manteiga, ficou uma mancha ou seria uma nódoa? no cruzamento das dobras, que eu estou ficando louco, dizia a mancha.

Estou

fazendo

parágrafos; não é mais permitido atravessar a rua e cair no rio sem divagações muito profundas; afundei, afundei, afundei; não é mais permitido fazer jogos elucubrantes com sílabas e aquecimento central. As roupas brancas secando; tudo virou branco e preto, não sei é o dia. A meia vermelha que eu nunca vi e o Handel sem trema ( ) que eu nunca ouvi; eu nunca vi também a Inglaterra, nunca vi Londres, nunca vi a Torre de Londres, a Ponte da Torre, os guardas reais ridículos, as catedrais de boca aberta, me esperando, nunca vi Richmond, nunca vi a falta de cabelo da professora de francês, nunca vi a capa preta da diretora sorridente, dente, nunca vi o Tâmisa, nunca vi Ham, nunca vi Ashburnham Rd, nunca vi o nº 69, igual a todos os outros, nunca vi o Eric, a Muriel, a Hilary, o Stephen, a Elizabeth; nunca vi o outono, o quarto abafado, o coração sufocante, nunca vi nada sem ter o teu rosto com o meu, sem ter a mão no teu rosto, eternamente, dizia a mancha

Ainda nos emocionamos. Estamos ouvindo música (como se não ouvíssemos, fora de margens e contextos e burrificações diárias) e nos emocionando com a música. Ainda. Nós não sabemos e caímos, e estamos enjoados e entediados e sem comer há tanto tempo.

dois meses, meu Deus. Deus em silêncio. Deus nem ao menos. Sozinhos, sozinhos. Gosto de fim, de poros sentindo e tentando derrubar o que eles não sentem, gosto de choro que nunca soubemos chorar pelos dedos, cotovelos, cabelos. Nunca sabemos chorar, mas estamos vivendo de choro em choro, sem saber. A única verdade indivisível e invisível. Cinto, sinto, cinco, deixei de ser coerente. Cegos, surdos, mudos, gravatas ao vento, documentos, telefones, bebês por quem sentamos, lambretas nas quais fomos para o colégio, gelando. Gelando. Ah Inglaterra, quantas vezes eu disse Ah Inglaterra. Quantas vezes eu me deitei e disse LUIZ tão baixinho que nem a bagunça do quarto abafado, irrespirável, ouviu. Abro a janela e o céu desmaiado, pseudoazul nem entra. Pouco a pouco. Não sentimos absolutamente nada nesse momento. Você tirando as meias amanhecidas ou crepusculares, o Handel sem trêmulos acabando na vitrola, eu dentro da segunda-feira dia (me esqueci) dia dia dia dia dia dia dia dia dia dia dia 27 de ( ) outubro de mil, mil, mil. Mil é o número. Quem me proibia de botar uma vírgula entre sujeito e predicado? Eu, te amo; Eu, te, amo. eu te, amo. Sem vírgulas: eu te amo. Não posso pensar que eu te amo, não posso mastigar que eu te amo, não posso refletir em cima do eu te amo, porque esse amor não posso pensar mastigar refletir racionalizar iluminar explicar escrever analisar sintetizar. [círculo desenhado] esse amor. (outono; é outono; não em mim; não em nós; não pode ser; nosso amor está além de estações e metáforas).

    eu não devia responder a tua carta com essa imediatez caindo o cabelo pelas caras; frustrada, dezessete anos sem saber, Ana Cristina Cruz Cesar infelizmente sem acento infelizmente eu almoço em casa sou da classe média[2] fiz uma pelota com a realidade e chutei para o gol; não importa se eu acertei ou não, eu sou primitivamente, primariamente errada e canhota de pé ou perna; e dissociei verdade de realidade como se há muito não tivessem dissociado, e a carta machucada de manteiga me chama, me mancha, me chamusca. Teus flancos teus olhos enormes teus beijos: dissocio: vamos ouvir a Bethânia cantando Noel e sair Pedra Sonora afora, sem rimar, sem ritmo nenhum, os rios de sangue, costas contra costas, o verão suportável, você contra mim, eu contra (de encontro) a você: associo, assobio, adormeço.

    silenciosamente →
    calmamente → de cada noite que eu sonhei ou de cada hora que eu
        pensei nem um
        indício, nem um. Eu subjetivamente só objetivamente só.
    anestesiadamente →

O que mais a fazer? esse piano longe, essa solidão noturna no restaurante irrespirável, o bater de pernas por Londres escurecendo, penumbra, barulho. O que mais a fazer senão repetir todas as tuas palavras, copiar uma a uma sem sofreguidão, inteiras, manteiga e tudo, só, copiar os teus momentos (talvez ASSIM eu não saiba, eu saiba)

    absoluto.
    ônibus.
    passos sem adjetivo.
    outubro, 1907.
    Simulação.
falta.
perda.
    merda.

Para isso fomos criados. to recall and be recalled, to weep and to cause to weep, to bury our honored dead — Therefore our long arms for farewells, hands to catch what was given, fingers to dig the earth. So this is always our life: an afternoon to forget, a star ending in darkness, a roadway between two tombs — therefore we need to hide, to speak low, to tread soft, to see night sleeping in silence.[3]

Não há muito a dizer e a face da morte nunca foi tão mascarada.

Vinicius virou o coração, e as palavras secam (uma a uma, mais uma vez)
　o que é o inevitável?
　o que é a arte burguesa?
　o que é esse medo leve, ladrão de sono, outono?
　o que é essa falta de poesia?
　o que é que nós estamos fazendo?
　Luiz, eu também, eu vou resistir como sempre. Esperando pelos teus pedacinhos que eu não posso reler muito, os teus pedacinhos, espalhados pelo céu, já são meus e não haveria razão para desesperinho. Vou continuar a contar os meus (nossos) suspiros, a acarinhar as minhas dissociações e associações de todo dia — você comigo, com a mesma pressa de sempre.
　Luiz, eu também. Ontem à noite depois de um banho de banheira triste e frustrante, segurei todas as tuas cartas, reli as tuas cartas, tentei, tentei não sei o que eu tentei. Papel de fichário e papel azul. Com a de hoje são doze cartas. E mais cinco cartões-postais. A de hoje mais uma vez me desmoronou.
　Luiz, eu também choro sem lágrimas e pergunto ao outono por você, e não brigo com Deus por que eu nem sei. Eu também espero pelo dia quando nós vamos parar de escrever cartas um para outro, porque a gente não vai mais precisar, a gente vai nos ter inteiros.
　Luiz, eu também. (Coração em desesperinho). Luiz, me dê coragem.

→ 1 "Dedos para cavar a terra/ um caminho entre dois túmulos/ mas que essa hora não esqueça/ de repente nunca mais esperaremos". Versos do "Poema de Natal", de Vinicius de Moraes (*Poemas, sonetos e baladas*, 1946), traduzidos para o inglês por Ana. → 2 Citação de "Infelizmente" (1933), de Lamartine Babo e Ari Pavão, gravada por Nara Leão em 1968. → 3 Trecho do "Poema de Natal", de Vinicius de Moraes, traduzido para o inglês por Ana. No original: "Para isso fomos feitos:/ Para lembrar e ser lembrados/ Para chorar e fazer chorar/ Para enterrar os nossos mortos —/ Por isso temos braços longos para os adeuses/ Mãos para colher o que foi dado/ Dedos para cavar a terra.// Assim será nossa vida:/ Uma tarde sempre a esquecer/ Uma estrela a se apagar na treva/ Um caminho entre dois túmulos —/ Por isso precisamos velar/ Falar baixo, pisar leve, ver/ A noite dormir em silêncio".

cartão-postal — 29/10/69

29.10.1969 QUASE ME JOGUEI NO MANCHA

Fomos ontem visitar Kent, o condado mais perto do continente: enlouqueci com a fortaleza do séc. XI de Rochester e com a catedral magnífica de Canterbury, uma mistura de estilos, gótico e romanesco, pinturas medievais que lembram Chagall, vitrais tão bacanas que eu sentei no chão colorido pelo sol e abri a boca, sem querer me mexer (foi onde o Becket foi assassinado).[1] Canterbury é cheia de casinhas estreitinhas e baixinhas de 1500, e tem a igreja mais antiga da Inglaterra, do ano 500. Seguimos depois para Dover e Folkestone. Subimos até o alto do castelo de Dover, entardecia, o céu estava manchado de cinza e laranja, vinha um vento antigo e frio do mar, pisávamos nos séculos X e XI sem leveza, eu corria pelos corredores e escadas e gramados com o coração pesado e ressecado. Voltamos apertados no carro, cantando, cochilando, brincando, conversando, entre lua cheia, céu estrelado e muita neblina. Você não saiu de mim um minuto, cantei de novo, mais uma vez, ninguém vai chegar do mar, nem vai me levar daqui. Tentei viver o minuto presente com uma sofreguidão arregalada. Mas a tua ausência é mais forte do que eu. Desanimo com tanto dever, o céu hoje está azul e há tanto sol. Discuti teologia com o Eric, recebi um convite para uma conferência em Swanwick sobre alcoolismo, homossexualismo, drogas, prostituição etc. Não consigo viver nem sentir direito. Não sei de nada. LUIZ, LUIZ, LUIZ, LUI
 [acima]   (meu querido, eu grito pela janela)

→ 1 Ana se refere ao assassinato do arcebispo Thomas Becket, em 1170, a mando do rei Henrique II.

carta — 1/11/69

1º de novembro — Estou sentada numa sala numa casa numa Londres em reunião do Political Advisory Group do British Council of Churches Youth Department.[1] Há vinte pessoas sendo três mulheres e dezesseis homens. Agora funciona a sessão plenária, depois de discussões em grupos. Eu estava no PEG-PAG, ou, political expression group of political advisory group. Os outros grupos são: World Poverty, Race Relations, Theological não-sei-o-quê. Desisti de prestar atenção, não quero prestar, estou indiferente, incapaz, desinteressada, cansada, sonolenta, pensando no dever que eu não acabei, com raiva de ter dever (não é muito, mas eu sou burra). Pelo menos há gente aqui de toda parte e inclusive um professor de geografia sul-americana que me pediu umas informações sobre o Rio; vou ver se alguém me arranja de eu assistir a umas aulas num College ou numa Universidade. Francês! História! ou um acampamento de trabalho, ou um curso maluco para eu sair da quadradice escolar. Ao meu lado um cara dentuço desenha bruxas e perfis, do outro lado uma dona gordíssima faz flores e frutas no papel. Tem um tipo com cara de ganso, parece o Gansolino. O estudante do ICYE da Alemanha está aqui também. Ele disse que lá em Munique o pessoal nos colégios são políticos paca. Aqui é uma porcaria. Na parede um quadro impressionista. As costeletas vesgas o tapete viscoso and I haven't the foggiest idea[2] dois veados em cima da lareira, 5h30. Fui ver a melodramática sentimentaloide superprodução (Walt Disney) *Vinte mil léguas submarinas*.[3] Fui ver um desenho animado do mesmo Walt espetacular chamado *Winnie the Pooh*

and the Blustery Day.⁴ Mistura o livro, o texto do livro, as letras, e os desenhos (a chuva chove e o texto derrete, o vento venta e as letras saem voando; e o Winnie é um ursinho com uma barriga à la Snoopy. Burro e Bom.). Aqui tem escoceses e irlandeses e gauleses e até ingleses. A mistura de sotaque é gorgulhante. No princípio da reunião um homem deu o maior esculacho na reunião. Veio com uma história de "o cristianismo vem antes da política!". Vai vai vai vai. Descobri que as velhíssimas me amam. Encontrei uma octogenária na parada do ônibus que vai de Ham para o centro de Richmond, o tempo estava gelado, céu sem uma nuvem, loucura. Ela veio com comentários sobre o tempo. E foi comigo até a estação de Richmond, e pegou o mesmo trem que eu, e saltou em Victoria na mesma estação que eu, e aí se despediu me dando o endereço dela: apareça! apareça! Boa tarde, como vai, minha querida? Entre, entre, não repare na bagunça, cuidado, não tropece no gato, é o Mijjy, coitadinho, com febre há três semanas, com licença, vou e já volto, quer chá, querida?
BRASILEIRA FEROZ ASSASSINA POBRE DAMA!

E agora estou discutindo que não é necessariamente verdade que o evangelho social se apresenta intelectualmente genuinamente ante aqueles que pregam salvação individual. Está escuro e perdi o dia; vou parar de fazer catarse. O importante é GET INVOLVED IN THOSE SOCIAL ISSUES OF THE GOSPEL! Taí. Taí. Taí. Let's be more specific.⁵

Ainda 2.11.69, quase dia 3 (é tarde, é vento, é) — saí da conferência do PAG mais cedo, fui ver *La Voie Lactée*,⁶ vibrei, tremulei, sofreguei, sobracei, preciso ver de novo COM VOCÊ. Cheguei em casa e só foi o tempo de lanchar e apareceram de repente vinte a trinta pessoas de todas as raças e países, amigos do Eric, para discutir relações das super com as sub. Tentei mandar as minhas fagulhas, na base do a ajuda de vocês é um obstáculo ao processo revolucionário, mas apesar a discussão foi de um nível muito bom. Vou ter insônia outra vez. Descobri uma alemã que trabalha num serviço de assistência a refugiados políticos, inclusive brasileiros. Estou lá qualquer dia. De repente com um ímpeto (o vento, o vento nas folhas, no outono) me deu vontade de gritar que eu te amo. Não vou gritar porque sim.

→ 1 Conselho de Aconselhamento Político da Seção Juvenil do Conselho Britânico de Igrejas (BCC). → 2 "Não faço a menor ideia". → 3 A adaptação cinematográfica do romance de Júlio Verne estreou em 1954, com direção de Richard Fleischer. → 4 *Ursinho Puff e o dia chuvoso*, animação em curta-metragem lançada pela Disney em 1968, baseada nas histórias de A. A. Milne. → 5 "Envolver-se naqueles temas sociais do Evangelho. Sejamos mais específicos". → 6 *Via Láctea*, longa de Luis Buñuel lançado em 1969.

carta — 3/11/69

Como sempre o *Pasquim* continua grande. Li e gostei da entrevista do Caetano Veloso.[1] É engraçado a volta que a entrevista deu: saiu daqui, foi pra lá, voltou praqui. Aí ele fala no disco dele. Ele fez o disco porque deu vontade de repente, ele achou bacana, e decidiu fazer por fazer por fazer, sem comentário nem nada, com a mesma depuração com que eu sentei na catedral e fiquei olhando pro vitral de boca aberta. Era assim que eu queria te escrever: como se eu tivesse te olhando os olhos, com a linguagem pura e enxuta de quem tem tanta coisa para falar que não pode se perder em virações. Te mando um pedaço da última carta da Lina pra você ler o último parágrafo. Ela conseguiu dizer. Como eu te sinto assim! E mais ninguém. É difícil entender esse amor que não se renova existencialmente de vez em quando, mas me rasga transcendentalmente o tempo todo. A única realidade no duro mesmo é o meu próprio corpo e a minha própria sensibilidade. O resto não é realidade suficiente. Você não é realidade, você é uma verdade dilacerante. E como separar o real do verdadeiro? Nem as insônias são reais. Estou vivendo uma mentira. Não, estou desvivendo. Estou amarrando o sapato, me levantando para andar e para tropeçar. Eu falo Luiz Augusto, Luiz Augusto, Luiz Augusto, tento ouvir o teu nome e a realidade sensível das sílabas do teu nome. Inacreditando. Hoje de manhã eu sonhava que nós tínhamos nos casado (ou não?) e estávamos nos amando num quartinho miserável de um hotel. A Hilary me acordou logo no início do sonho. Todos foram passear (frio-nublação) e eu fiquei fazendo um ensaio sobre Shakespeare, estudando

Chaucer, interpretando Priestley. Ou pelo menos devia. O fato é que é meio-dia e meia e eu só fiz escrever cartas. Se a gente abre a porta da rua, o ar gelado faz o nariz doer. Preciso tomar banho. During his boyhood the prosperity of his father declined. Late in 1585 he left Stratford for London. It is not known how his connection with the stage began.[2] Minha mão faz sombra (fria) sobre o papel, a luz neste quarto está toda errada. Eu sinto que meu coração está prestes a. A ponto de. Eu precisava te ter como uma realidade, dilacerante ou não. O trabalho de te esperar é longo e difícil de entender. O trabalho de te esperar não se explica e não se vive; é assim: você é, eu sou, e o que é isso. É-se e fim. E não se pode perguntar muito nem racionalizar demais. Eu posso escrever a data e assinar o meu nome cem vezes. Eu posso ter mãos frias e dor nas costas. Mas eu não posso te amar. Te amar agora não tem nada a ver com possibilidades e circunstâncias. Eu te amo e ponto-final. Você me ama eu não digo quando sinto insensível e dura e dilacerada e medíocre. Você me ama eu digo a partir dos sonhos das cartas das memórias dos pressentimentos. Você me ama eu posso dizer, eu te amo eu não posso porque é tão inexplicavelmente dilacerante. Assim como eu não posso dizer. Esqueci tudo de repente. Minha caligrafia é burra e rápida, o papel se enrola, a sombra persiste. Quero uma meia vermelha. Um cachecol vermelho. Luvas vermelhas. Quero vestir uma camisa listrada e me atirar cega num mar de amaralina. Isso tudo quer dizer: eu te quero. E nem Deus eu entendo.

Luiz, meu, olha: vamos nos encontrar no Natal. Vamos à Suécia. Ou à Escócia. Ou à Lua de Pedra Sonora. Estou ab-so-lu-ta-men-te incapaz de ser pragmática.

2.11.69

Para fazer inveja ao mundo: fui ver o genial (...) filme (não! não! filme genial outra vez!) de BUÑUEL *LA VOIE LACTÉE*! Um troço, um troço. Preciso discutir contigo, Luiz Augusto meu amor, este filme.

31.10.69

Halloween Day

↦ 1 *Pasquim*, edição 23. Entrevista de Caetano em Londres pela atriz Odete Lara, por seu empresário Guilherme Araújo e por sua então mulher, Dedé. ↦ 2 "Durante sua infância, a riqueza paterna declinou. No final de 1585 ele se mudou de Stratford para Londres. Não se sabe quando começaram suas relações com o teatro".

carta — 7/11/69

[no envelope]
    Eu queria um maxi casacão
    La petite Antigone
    (9 pence ou 50 centavos alemães é tudo que nos resta de consolo)

Escrevendo da horripilante aula de francês (o que eu não devia fazer — você é o meu amor, e não adianta). Vamos, vamos à Polônia! Eu achava que a nossa viagem pela Europa Ocidental era melhor no verão, e eu queria achar um outro lugar pra te encontrar. (Eu tenho medo, o medo de quem está apaixonada sem entender) E pra fazer só turismo não dá porque durante o Natal chegar pra ficar hospedado em casas é chato e etc. etc. Mas se a gente tem um lugar fixo (como seria o caso na Polônia) (ou não?) é outra coisa e não tem problema com o ICYE. Vê se você consegue d'eu ir. E se precisa de visa pra ir à Polônia, e quanto que vai custar, e o endereço, e se é muito frio lá, e tudo, eu vou, eu vou, eu vou. É isso: eu não gosto de te falar por carta, é limitado, não expressa o que eu quero, dá uma ideia burra do que eu sinto e quero e penso e não penso. Eu sempre pensei que eu viesse a saber escrever um dia, mas escrever pro amor não tem nada com saber, e eu nem sei.
    O frio chegou. estreei minhas botas, os prédios do lado de dentro são tão burramente quentes, e fora é de novo burro e frio, e chove, e há dias em sol e céu visível, e todas as manhãs os gramados estão brancos de tanta geada. É bom usar botas. O ato

de pôr as botas é concentrado, os passos batem o chão, o ato de tirar as botas é displicente. Um lenço esvoaçando pelo vento. 5 de novembro foi Guy Fawlkes (?), o São João daqui. Muitos fogos e bombas e foguetes. A noite tinha estrelas. Nessa mesma noite fui baby-sentar no vizinho até 11h55. Estava lendo um livro apaixonante *The Origins of the 2nd World War*.[1] Desmistifica Hitler e diz que em matéria de política externa ele não fez nada de novo e nada de horripilante como todos fazem questão de dizer para se defenderem. Aí por acaso resolvi ouvir rádio, por acaso sintonizei a França, por acaso começou a tocar "Aquarela do Brasil". Tive um arrepio. Era um programa só sobre música brasileira, e o artista da noite era o Simonal. Tocaram milhões de músicas dele. Pela primeira vez escutei o Simonal com atenção. Quando o programa acabou mudei de estação e por acaso sintonizei a Alemanha, e por acaso começou a tocar "Aquarela do Brasil". Não tive um arrepio, mas uma revelação. Era um arranjo grandioso, e a letra em espanhol. E eu de repente descobri o que vou fazer quando voltar pro Brasil: estudar a fundo espanhol. E viva a revolução latino-americana. Fui ao judô. Eu sei que eu sou desonesta. Eu deixei se formar uma ideia de mim que eu sou ferocíssima em judô. E as meninas fingem se apavorar ao lutar comigo por causa da minha compostura psicológica. Dégoutant.[2] Agora estou na biblioteca de Richmond de onde tirei um livro *A History of Postwar Russia*.[3] Acabei de ler *Antigone* do Anouilh que dava cinco noites de discussão incompleta e eu tenho de dizer que é genial. Estou lendo irresistivelmente *1984*.[4] Estou resistindo à tentação de não pensar na Rússia stalinista. Mas é igual demais. Eu sei, eu sei, é uma alegoria que a civilização ocidental tem de engolir, e muito mais profundo que uma mera adição à Guerra Fria, mas o Orwell podia inventar outras coisas, é Stálin demais. O Big Brother parece Stálin. De qualquer forma é um livro pra ser lido e relido. Acabei de ver de onde estou um livro sobre o

Brasil. Aliás vários. Até um chamado *Drums in Bahia*.[5] Outro sobre os índios: *Brazilian Eden*![6] Um dos capítulos: "Tauarú is O.K.". Peguei um chamado só *Brazil* de um Andrew Marshall com fotografias sensacionais. Uma greve de 1956 de operários: "a greve é legal, a fome é ilegal" — "Estamos solidários com o bravo povo cubano — fora de Cuba assassinos yankees". Ah! decepcionante! "The mission of Castelo Branco government and all successive governments is to arouse in Brazil's millions a new sense of destiny and purpose and to bring cohesion to this vast and socially divided land".[7] Não me contenho e escrevo a tinta no livro um desmentido categórico. Rabisquei o livro todo com palavras revolucionárias. Ah, Luiz.

Volto à tua carta: Marburg, Marburg. Como é que você vai conseguir assistir a aulas na universidade? Quando eu perguntei pra Muriel se eu podia ela riu: Você pensa que pode arrumar conferências de graça assim? Sem comentários. E não sei de LP novo dos Beatles. E estou com raiva. E mande o nome dos livros bacanas que você ler pras tuas discussões das segundas. E eu também queria destruir não só o português mas todas as línguas e te beijar sem palavras. E eu detesto anis e reli a tua carta muitas vezes. E são 4 horas e eu precisava ir para casa fazer as montanhas de dever que também são minhas. E não consigo me comunicar, não falo inglês fluentemente, tenho preguiças periódicas, ando mais sozinha que não, e às vezes a Hilary me irrita. Ela se ofende facilmente, ou finge que se ofende. Vive me criticando. Eu vivo com fome o dia inteiro e na hora do chá não tenho vergonha de ser voraz. Pus 50 mil pastas no pão e ela: mas que desperdício! O dinheiro não é seu e você fica desperdiçando. Taí o tipo de grossura. Não liguei, ela é uma possibilidade de comunicação, e por causa dos meus incentivos deu pra escrever poesia, e saem umas coisas bem boazinhas, e ela me mostra e nós discutimos junto a interpretação da poesia. But there is something rotten in

Denmark,[8] digo na Hilary (estou ainda lendo *Hamlet* — como são lentas na escola. Cinquenta aulas pra cada livro. Estou cheia. História é a única coisa que presta). Eu anteontem não aguentava mais por não te ter ao meu lado, aí eu tentei me comunicar com ela nesse sentido, mas um só olhar dela e eu senti um inexplicável: ela não me entendia, e não parecia interessada. Era um ar leve de zombaria e eu disse baixinho: Don't dare to joke about it.[9] E ela ficou sorry. É isso: as pessoas parecem não estar muito interessadas em mim. Quando alguém mostra um interesse sincero, eu me agarro ao interesse com fome e frio. Mas também a preguiça. E que mais a fazer, senão sentar como a petite *Antigone* na mesa e olhar pela janela toute seule[10] a fumaça saindo das bocas e dos narizes das criaturas humanas. E que mais a fazer senão sentar rija na biblioteca e se inclinar sobre as epístolas de Paulo enquanto os minutos praguejam contra mim. E que mais senão ter dor nas costas e na nuca e abotoar as botas e dobrar esta carta em quatro e meter num envelope sem buracos (e mandar aí pra você com um suspiro sanguíneo os longos dedos para esburacar a terra.)

→ 1 *As origens da Segunda Guerra Mundial*, livro de 1961 escrito pelo historiador inglês A. J. P. Taylor. → 2 "Repugnante". → 3 *Uma história da Rússia no pós-guerra*, ensaio de 1966 escrito pelo historiador galês Roger Pethybridge. → 4 Romance de George Orwell lançado em 1948. → 5 *Drums in Bahia: Travels in Brazil* (1960), de Karl Eskelund. → 6 De Andrea Bayard, publicado em 1961. → 7 "A missão de Castelo Branco e dos governos que o sucederão é despertar em milhões de brasileiros um novo senso de destino e propósito e dar coesão a este país vasto e socialmente dividido". → 8 "Há algo de podre no Estado da Dinamarca", citação de *Hamlet*, de William Shakespeare, na tradução de Millôr Fernandes. → 9 "Não ouse brincar com isso". → 10 "Sozinha".

carta — 11/11/69

[no envelope]

    Manda o teu horário
    um retrato teu

    (A tua) ANA

11.11.69

São quase 8 horas da noite, o rádio chora *Tristão e Isolda* de dentro de mim, estou de pijama debaixo de três cobertores e um edredom, dom, dom. Cheguei em casa depois de perambular pelas lojas à cata de um feitiço mágico, de um sorvete gelado, de um francês sem sotaque, de coisinhas enfileiradas na minha lista interminável. Cheguei em casa com ciática, cólica, pontada na garganta, no ouvido e na cabeça, nariz entupido, e com gosto seco de quem não encontrou a mágica procurada, mas a atmosfera frustrante e burra do Natal: cartões burros, cartazes burros, enfeites burros, eu detesto o Natal capitalista. Cheguei e entrei pelos fundos — e entre as minhas dores no chão o envelope de sempre — meu. Não abri logo, fiquei olhando com incompreensão e não sei se deslumbramento ou pacificação, e ali está nos dedos presa a carta, a caligrafia pela primeira vez em caneta tinteiro, o eterno selinho de 50 cêntimos. As tuas cartas todas antes de abertas têm um mistério e uma atração delas mesmas (tua). Durante as leituras rápidas e repetidas (eu leio depressa uma porção de vezes) uma porção de coisas faciais e infaciais. Depois, da parede elas não enxergam, eu queria você não elas mas a espera recomeça. Agora mudei de estação e peguei as notícias das 8 (?) na Alemanha. Entendo palavras: Fidel Castro, Cuba, Che Guevara, capitalismus, dien zar vajen resultat und material weil Stalins prestige grotesque italiene communisme Stalins lässen ich zoreit Ulbricht september oppositiones Bonn gutuzu orderissen negative critica Grand Institut en Rome Kreml London English jornalist positive jan nicht international.[1] Talvez nem seja alemão seja holandês ou dinamarquês ou inglês ou mesmo português mas eu disse: — seja alemão! e assim talvez eu ouça o que você ouve com a incompreensão absoluta de quem distingue sons estratosféricos e só, como ondas abstraídas da linguagem — é bonito escutar a língua "pura", só a forma, conteúdo nenhum, espelho — espelho que não reflete nada — a língua deste meu amor querido mudo de estação depressa será ainda o *Tristão e Isolda* se despedindo em Amsterdam com um beijo menor que a ventania da tarde sem saber as ciáticas que os esperavam num acorde final, bongos, bongos jamaínos "Fire Ballet"[2] (Stravinski) jamaicanos perdi o fôlego para colocar o ponto interrogacional da diferenciação perdi a coerência que eu nunca achei (eu te amo eu queria poder dizer). The small, scorching ordeals which fire one's irresolute clay[3] — um ou um e meio versos soltos de poesia e resta o rádio apitando interferências mariclaramachadianas — descobria que o Eric Jay já trabalhou em teatro amador e fez comédias e tragédias e é um ator shakespeariano ou não e tanto (ou não e tanto) (??) (primeiro fôlego perdido) (Hallo, Hello, Hillo, Hollo, Hullo). Descubro no teu desenho — você está de bigode?

[desenhos e rabiscos]

Comprei o meu casacão — é o tipo mais barato que existe, esporte com um gorro nas costas forro de pele morro de ti corro sem ter e comprei meias vermelhas até o joelho e um lenço vermelho para amarrar ao vento pelo pescoço — da Alemanha vem um pianíssimo quase infantil, interferido, paralelessência, pigmibolinha.

Eu quero ir à Europa no verão porque o clima é melhor os dias duram o dobro mais lugares estão abertos. Resta saber se vai dar tempo, quando é a home-going conferência aí, quando a gente volta, quando começam as férias de verão — ninguém parece saber o importante não é a rosa, cala-te, Alemanha. Para a tua elevação espiritual dó ré mi mu mu mã mã: MUCK (+- merda); PISS OFF (uma coisa assim como cagar); BLOODY (adjetivo saudável para ser usado quando se referindo a professoras ou: bloody cow, bloody day, bloody radio, bloody bloody) (tudo aqui é bloody); um outro que eu me esqueci que quer dizer to make love. As minhas conversas com a Hilary SÃO interessantes. O que me impressa é a dialética kafkaniana dos cartões pendendo da tachinha suja, do primeiro ato de *Hamlet* que eu não entendo nada

> *O, that this too too solid flesh would melt,*
> *Thaw and resolve itself into a dew!*
> *Or that the Everlasting had not fix'd*
> *His canon gainst self-slaughter! O God! God!*
> *How weary, stale, flat and unprofitable*
> *Seem to me all the uses of this world!*
> *Fie on't! Ah fie! 't is an unweeded garden,*
> *That grows to seed; things rank and gross in nature*
> *Possess it merely. That it should come to this!*[4]

queria poder Dizer). The small, the scorching ordeals that which fire
one's irresolute clay — uma ou um e meio versos soltos de poema e
nesta o rádio apitando interferências marcelomachadianas — descobria que
o Eric Jay já trabalhou em teatro amador e fez comédia e tragédias
e é um ator shakespeariano ou não e tanto (ou não e tanto) (??) (1º
fôlego perdido) (Hallo, Hello, Hillo, Hollo, Hullo). Descubro no teu
desenho — você está de bigode?

Comprei o meu casacão — é o tipo + barato que existe esporte com um
fôrro nas costas fôrro de pele mesmo de ti como pôde ter e
comprei meias vermelhas até o joelho e um lenço vermelho para
amarrar ao vento pelo pescoço — da Alemanha vem um pianíssimo
quase infantil, interferido, paralelessência, pigmibolinha.
Eu quero ir a Europa no verão porque o clima é melhor os dias duram
o dobro e mais lugares estão abertos. Resta saber se vai dar
tempo, quando é a home-going conferência aí, quando a gente volta,
quando começam as férias de verão — ninguém parece saber o importante
não é a rosa, Cala-te, Alemanha, Para a tua elevação espiritual
dó ré mi mu mu mã mã: MUCK (± merda), PISS OFF (uma coisa assim
como cagar), BLOODY (adjetivo saudável para ser usado quando se referindo
a professores ou: bloody cow, bloody day, bloody radio, bloody bloody)
(tudo aqui é bloody); um outro que eu me esqueci que quer dizer to
make love. As minhas conversas com a Hilary SÃO interessantes. O que
me impressa é a dialética kafkaniana dos cartões pendendo da
tachinha suja, do 1º ato de Hamlet que eu não entendo nada
O, that this too too solid flesh would melt,
Thaw and resolve itself into a dew!
Or that the Everlasting had not fix'd
His canon gainst self-slaughter! O God! God!
How weary, stale, flat and unprofitable
Seem to me all the uses of this world!
Fie on 't! ah fie! 't is an unweeded garden,
That grows to seed; things rank and gross in nature
Possess it merely. That it should come to this!

Então eu disse: o perfil de Dylan Thomas há qualquer coisa de muito humano nesta Mrs. Gale de boca vermelha cheia de dentes e línguas. He grinds his night-teeth, closes his eyes, climbs into his religious trousers,[5] a capacidade absoluta de se desinteressar de repente das coisas mais interessantes. De repente me dá um sono horrível, um desinteresse profundo, mesmo que eu tenha te prometido nunca usar a palavra lavatório na presença do prefeito de Aachen. Nada existe dentro do desinteresse. Pedi para ser dispensada das aulas de francês. Muito dever. Mentira. É preguiça eterna. N.E.P. O nariz sangrando de chuva e cinza e azuizinhos. Dormindo de leve para não acordar a morte. De botas e casaco de forro de pele. Será de carneiro, de ovelha, de corvo, de leão de PPPPPPPPPOOM [ilegível] GGGY

Recebi uma carta da tua mãe e do teu pai em resposta a uma minha em resposta a uma deles em resposta a um cartão e um apelo de mistério. Jether diz: "estamos todos muito preocupados com o seu judô e a fome do Luiz. Fome, fome, eu também tenho fome o tempo todo. Como é a tua fome, hem, bem? Tua mãe Lucilíssima disse que eu sou a quinta filha dela. Eu sou. Minha mãe escreveu: jogamos vôlei e nos lembramos dos tombos de você e do Luiz. A QUEDA DOS AUSENTES FAZ FALTA. A sermon on the innocence of men.[6] Eu caio no vôlei porque é uma forma de mostrar ao mundo meu desequilíbrio por você; e tocar rolar na terra que você tocou e rolou e me ferir na terra em que você se feriu o menor esforço me cansa o menor vento me esfria PMB 22 8D a tua falta maior tão muito maior as veias estalando pelas narinas obstruídas ah esse "Capricho espanhol" do Korsakov ah esse plano de cinco anos do homem chamado Stálin ah a poesia prostituída deliberada irresoluta DO COLÉGIO, aula de educação religiosa: ouvimos um programa metido a engajado, artístico e original. Chato. Depois discussão com a diretora. Assunto: o estado de graça. O TOMBEAU! Um melodrama repartido, a ardência interna, a desorganização ambiente, a armadilha caindo do outono, um apêndice pesadélico entre a cara mal barbeada do Pompidou e o avião ensurdecendo. Vou estudar teologia na Alemanha ou nos Estados Unidos para discutir com a diretora. Não. Não. Situacionista. Que dentadas Antigone vai ter de dar para arrancar o seu pedacinho de felicidade? Apêndice. Abrindo. Silêncio.

Recebi carta da Margaretta que está estudando teologia em Uppsala — disse que Elizabeth Tanaka teve problemas com a família — talvez ela arranje da gente ficar no seminário lá — mas vou tentar ser objetiva 1, 2, 3 como você tentou: 1) duas semanas ou mais se preciso na Europa entre 15 de julho e 5 de agosto; 2) uma semana eu e você na Inglaterra na Páscoa (dependendo da tua conferência); 3) uma semana no Natal num lugar neutro com brasileiros (o teu plano)

Europa: Ou arranjo hospedagem em Paris, <u>Nice</u> e Itália (Claudius). Já escrevi pro Weil em Genebra. Isso é o que eu acho. E VOCÊ? Você está invariavelmente faltando na minha cama todas as noites ao meu lado todos os dias. Tenho baby-sentado. Meus olhos ardem de preguiça. A noite avança em direção à minha saudade.

é isso que eu tenho pra te dar, Luiz meu amor: alguns palavrões *Britannicus*, nove versos de *Hamlet*, as minhas gordas lágrimas que quase vieram com desferrolho, e o meu abraço no teu — mãos nuas — Quase acabando *1984* — ontem foi um BLUSTERY day → vento, chuva, e o sol se pôs entre o vento e A chuva e Orwell e a ventania a tempestade do meu CORAÇÃO afogueado. Vamos nos encontrar nas férias de Natal num lugar neutro — Suécia, Polônia, Tchecoslováquia, ou aí mesmo para a reunião com brasileiros ICYE ideia ótima em frente pode ser na segunda semana ou na primeira de 1970 férias? Ou mesmo logo depois do Natal. GORGULHADAS. O negócio na Polônia mixou? A tua reunião na Páscoa demora quanto? Se for só uma semana talvez dê pra você vir aqui pela outra semana de férias. Ou não há?

→ 1 Mistura de palavras e nomes alemães, alguns com deslizes de ortografia. → 2 Alusão ao balé *O pássaro de fogo* (1910), de Igor Stravinsky. → 3 Trecho do poema "Walking Away", de Cecil Day Lewis, publicado em *The Gate and Other Poems* (1962). Em tradução livre: "as pequenas e ardentes provações que inflamam nosso barro hesitante". → 4 Na tradução de Millôr Fernandes: "Oh, que esta carne tão, tão maculada, derretesse,/ Explodisse e se evaporasse em neblina!/ Oh, se o Todo-Poderoso não tivesse gravado/ Um mandamento contra os que se suicidam./ Ó Deus, ó Deus! Como são enfadonhas, azedas ou rançosas,/ Todas as práticas do mundo!/ O tédio, ó nojo! Isto é um jardim abandonado,/ Cheio de ervas daninhas,/ Invadido só pelo veneno e o espinho —/ Um quintal de aberrações da natureza./ Que tenhamos chegado a isto...". → 5 Trecho de *The Milk Wood*. Em tradução livre: "ele range os dentes, fecha os olhos, veste suas calças religiosas". → 6 "Um sermão sobre a inocência dos homens".

carta — 14/11/69

Recebo hoje a tua, a do meu pai, a do Flavio, a da Lina, o *Pasquim*, o programa de uma reunião em Swanwick (?) chamada WITHIN YOU WITHOUT YOU. Estou batendo todos os recordes em preguiça (dormir de tarde, matar aulas, ficar olhando fixo pro teto, perder horas fazendo listas de "coisas para fazer") para poder estar em forma pra essa conferência. Nos dois finais de semana seguintes tenho mais duas reuniões, uma onde eu vou fazer um discurso pra convencer não sei quem da necessidade de ICYizar o norte, a outra é o "balanço do ano" com outros ICYE da Inglaterra (+2). Estou louca para comprar o *Abbey Road* que parece espetacular mas custa 39 shillings ou quase 20 contos. Vou economizar e comprar o dito mais pro fim do ano. Agora estou dentro do trem que vai de Richmond para o centro de Londres. Estou indo com a turma e a prof. de história ao parlamento assistir a um debate. Minhas mãos duras de frio. Há dias uma dor esquisitíssima me pinica na altura do rim esquerdo e eu não posso andar direito nem subir escada nem me mexer demais nem me mover na cama (o mais difícil de não fazer). Acabei de ser obrigada a dar uma corrida para não perder o trem, quase me desanco. O Tâmisa passa debaixo do lombo dolorido, as meninas falam e riem alto. Ontem fiquei até tarde escrevendo um ensaio sobre: "as contribuições de Lênin e Stálin ao desenvolvimento social e econômico da União Soviética". No fim botei uma conclusão épica. É impessoal demais fazer um ensaio sem conclusão épica. Dia azul, branco, sol pequeno, desesperinho palavra-chave. E eu nunca comparei Big Brother e Stálin, eu disse "lembra". Aquela história de botar o retrato do Stálin na primeira página inteira do *Pravda*, fazer paradas com reproduções imensas dele, posters e idolatrações (?) toda parte, o controle absoluto do PC etc. Mas é claro que não tem o menor termo de comparação. Basta ler *1984* e ver as estatísticas enlouquecedoras do aumento da produção soviética durante Stálin. Não dá pé. Mas o fato é que o Orwell sugeriu a política de repressão e massificação do Stálin, e a falsificação do passado, o predomínio do militarismo e do desenvolvimento em função das necessidades militares, LEMBRA ele. Mas qualquer comparação é burrice.

Recebi um recorte de *Le Monde* dentro da carta do papai com uma entrevista espetacular com o Glauber Rocha sobre o Antoniô das Mortes.[1] A prof. de história está lendo e uma estudante de francês de Lille (com quem nós temos conversação em francês) já leu e todo mundo olhou a gente discutindo o artigo em francês.

Às vezes eu acho que o meu francês é menos pior que o meu inglês.

Que história é essa de restrições feitas pelo ICYE e família às viagens? Meu amor, manda um retrato teu de cabelo curto ou comprido mas não corta mais e manda a Lili passear na Floresta Negra com a Hilary. Também tenho de dar presentinhos pra minha família. Que emoção. Vou tentar abordar o Eric e dividir com ele o preço do *Abbey Road* e dar para a Hilary e ficar ouvindo. Acho que estou com reumatismo. Para subir e descer escadas é um custo, correr é impossível. Afinal já fomos ao e voltamos do parlamento, não tinha debate nenhum e manquei pelos corredores suntuosos com o grupo e um guia metido a engraçado. Em vez de ficar badalando por Londres, voltei com a prof. de história e discutimos o problema dos jogadores sul-africanos, que discriminam os pretos e vieram jogar aqui e houve uma porção de demonstrações contra o Apartheid que tentavam impedir o jogo e a polícia vinha e metia o pau[2] e discutimos também o eterno problema da arte para as massas ou da massa para a arte, e até que ela tem umas ideias bacanas sobre o "indiretismo" do artista que não quer ser engolido pela sociedade de consumo e discutimos Godard e Bergman a propósito e concordamos que a missão da Igreja é estar sempre contra o establishment mas como ela nunca está o jeito é cair fora e e e e e. Como vai a tua situação financeira? A minha: continuam os 10 shillings ou 5 contos por semana. Presentemente estou dura e ainda é quinta e só sábado recebo os shillings e nenhuma proposta pra baby-sentar até agora. Ainda estou com o livrão do Maiakóvski emprestado da biblioteca: é uma antologia de 432 páginas com tudo que você possa imaginar e um ótimo ensaio. Tenho a tentação lúbrica de não devolver o livro.

> The streets shall be our brushes
> The square our palettes
> For 150,000,000 speak through these lips of mine
> Bullets-Rhythm
> Rhyme-gunfire from building to building.[3]

Opinião de Lênin sobre esta poesia (isso é só um pedaço): non-sense, stupid, double-dyed stupidity and pretentiousness.[4] Vai ser timbamínimo assim no outro continente. Quanto mais eu leio mais acho que esse livro precisa ser meu. Vou ficar o ano inteiro com ele.

Vou ver se acho o *Mito de Sísifo*[5] em francês. Como é o nome em francês? Mesma coisa? Essa mania de ver as horas. A tua carta os quatro furos da tua carta o lombo a bagunça única o cotovelo sobre o bronze do poeta da Revolução o *Pasquim* com o Tom as calças de veludo amarfanhadas num canto. O céu colorido de inacreditável atrás do pontilhão da igreja, das andorinhas repassando em grupos de seis, da lista de sol que o jato deixou — entardecimento oblongo, enormidade, brandura que finge ser outono mas é o meu amor se cristalizando no voo e nas cores do aberto

LUIZ EU PRECISO ME LIVRAR DAS COISAS ARREGALADAS E PEGAJOSAS E JOGAR COM IRREVERÊNCIA E CORAGEM O "LIXO DOS DIAS" SE ACUMULANDO POR CIMA DA BRANDURA DA TARDE PONTILHADA. A ÚLTIMA NOTÍCIA QUE O DIA TROUXE FOI O ASSASSINATO DO MARIGHELLA SEM DETALHES.[6] A TARDE NÃO DISSE NADA. SAÍ AO VENTO SEMPRE DE BOTAS O CASACO EMPINADO E O LIGEIRO MANCAR COTIDIANO E A ESPERA DE VOCÊ E O 71 QUE PASSA MAS NÃO VEM NUNCA E ESSA AZIA VAZIA ME QUEIMANDO — AS PESSOAS SAEM PARA ENCONTRAR OS AMORES E PARA SUMIR NA TARDE. A TARDE É O MEU LEIT-MOTIF E EU TENHO ESCRITO RARAS POESIAS E UM CADERNO INSONÍACO CHAMADO NÃO SEI O QUÊ DE UMA SOLIDÃO QUE NÃO SERIA UMA TENTATIVA SOBRE O ABSURDO. NÃO CONSIGO ESCREVER PARA VOCÊ COM O ESFORÇO E A DOR DE ANTIGAMENTE. É UMA CONSTATAÇÃO DO APRENDIZADO, MEIO RASGADA MEIO DELIRADA, COM A FALTA DE PROPÓSITO QUE CARACTERIZA A FALTA DE VOCÊ E ESCREVER PARA VOCÊ NÃO TEM PROPÓSITO EU TE AMO ROUBEI ENVELOPES E PAPEL TIMBRADO DO PARLAMENTO PARA TE ESCREVER COM O FRUTO DOS ROUBOS MENTAIS PEQUENAS ÍNFIMAS ESCORIAÇÕES QUE A CIDADE CEGA FINGIU — NÃO HÁ MAIS PONTOS NEM QUADRÍCULOS o enquadramento quase perfeito é o som do violão (do outono)[7] tão impressionista e súbito e quando se abre a porta o jeito é entrar batendo as botas contra os tacos invisíveis — e vem um cheiro de cidade, uma ardência em cada olho menor fechando ante a claridade e o sono desta Espera. As coisas crepusculentes cedem lugar à noite sem o menor ruído.
    as obras de Hilary (entre outras)

<u>To Ana</u>: My best friend and sister
<u>Sonnet in general</u>
(as supplied to high class saloons)
I dare to:
I dare to make a fool of you
        AND THE WORLD
The church has not got any stuffly
              saints
on
on
Principal
My principal is Miss Thomson,
      Her originality is sinful
           Her dog is begging for more dog food,
           Her ears are wagging,
           Something
           I will
           Not
           Tolerate

The blue ness of my hand
amazes me
The dirtyness of… when the saints
go marching in…
Off Course.
I would not DREAM of waiting
for you
When I march OUT

a nightmare rather.

My big toe is itching: so I counter
attack the itch
And get rid of it
Sometimes it persists......
  (please turn to pg 64)
TERRIBLE AGONY! TERRIBLE SUSPENSE!
So I take off my hat to this
great and noble hand.
         Steve
I quite agree I quite agree Hilary
This is perfect, medicated and Ana
     sterilized Marmute
NB for <u>external use only</u> Elizabeth
        Daddy

<u>Ode to Ana's door</u>
Your door surpasses all Father Christmas's
It breaks all tea makers
You've hit the toilet paper –
 (and more toilet paper)
I am in polythene (or plastic) over it.
It's over-cheesing (phew-uhff)
I like its semi-decahedronalness
Its too apple to be true
Your making the world feel muty
a special.
My heart shaves with pipe funes
When I see your door[8]

AMO

→ 1 Personagem de *Deus e o diabo na terra do sol* (1964), interpretado por Maurício do Vale. → 2 Em novembro de 1969, diversos protestos antiapartheid marcaram a turnê britânica da seleção de rúgbi da África do Sul. → 3 Trecho adaptado do poema "150.000.000", de Maiakóvski, em tradução inglesa. Em tradução livre: "As ruas são nossos pincéis/ E as praças nossas paletas/ Porque 150 milhões falam pela minha boca/ Balas-ritmo/ Rima-fogo de edifício a edifício". → 4 "Sem sentido e estúpida, estupidez completa e pretensão", em tradução livre. → 5 Ensaio filosófico de Albert Camus, originalmente publicado em 1942. → 6 O líder guerrilheiro foi assassinado em 4 de novembro de 1969 durante uma emboscada armada pelo Dops, em São Paulo. → 7 Alusão ao poema "Chanson d'automne", de Paul Verlaine (*Poèmes saturniens*, 1866). Na tradução de Guilherme de Almeida: "Estes lamentos/ Dos violões lentos/ Do outono/ Enchem minha alma/ De uma onda calma/ De sono [...]". → 8 Em tradução livre: "Para Ana: Minha melhor amiga e irmã. Soneto genérico (como os fornecidos aos salões da alta roda): Eu ouso:/ Ouso fazer você de bobo / E O MUNDO/ A igreja não tem santos/ estofados/ vamos/ vamos/ Diretora/ Minha diretora é a srta. Thomson,/ Sua originalidade é pecaminosa/ Seu cachorro implora por mais ração,/ Suas orelhas estão abanando,/ Algo/ Eu não/ Vou/ Tolerar/ A ponta azul da minha mão/ me fascina/ A sujeira de... quando os santos/ forem desfilar.../ Sem rumo./ Nem SONHARIA esperar/ você/ Quando eu for dar o FORA// prefiro um pesadelo.// Meu dedão está coçando: então eu contra/ ataco a coceira/ E me livro dela/ Às vezes ela continua.../ (por favor, vá para a p. 64)/ TERRÍVEL AGONIA! TERRÍVEL SUSPENSE!/ Então tiro meu chapéu para esta/ grande e nobre mão./ Steve/ Eu concordo bastante... Hilary/ Isto é perfeito, medicado e Ana/ esterilizado Marmute/ NB apenas para uso externo Elizabeth/ Papai". "Ode à porta de Ana: Sua porta ultrapassa todo o Papai Noel/ Ela quebra todas as chaleiras/ Você acertou o papel higiênico —/ (e mais papel higiênico)/ Estou em polietileno (ou plástico) sobre ele./ Está sobre-perseguindo (puffff)./ Gosto de sua semidodecaedronice/ É maçã demais para ser verdade/ Seu fazer do mundo/ Meu coração se barbeia com fumaças de cachimbo/ Quando eu vejo a sua porta".

carta — 21/11/69

[no verso do envelope]

    Sur les murs de mon énnui
    sur les marches de la [ilegível]
    sur la solitude nue

    (O ma saison mentalle)
    (le colombes ce soir prennent leur dernier vol)[1]

Entrei de repente no quarto, fiquei enjoada de repente de tão frio; liguei o aquecedor, os pés como sempre estão doloridos, estou arrependida de não ter comprado um maxicasacão pelos tornozelos, as coxas e os joelhos ficam rijos de frio; e os olhos sabem lacrimejar ao vento de outono, os rostos avermelhando, arranhados; com a mania de ouvir rádio → BBC-4 agora, um tipo fala sotaque gaulês ou cockney solid wall of sand[2] ← na minha porta eu escrevi VIVE LA DOUTE[3] com uma vesguice descartiana, nas paredes os mapas fotografias cartões recortes olhares ressabiados. Hoje segunda 17 de novembro, depois de um fim de semana chuvoso e tranquilo em que eu ouvi rádio, te pensei, olhei o céu mutando e li a sátira terrível do Orwell, *Animal Farm*.[4] Hoje segunda fez frio comecei a estudar os E.U. em história the crack of a rifle[5] ouvi pop music na aula de apreciação musical a piece of cake[6] copiei o que a prof. de inglês ditou sobre surrealismo risquei a 1ª pessoa do plural como sempre, é mais forte do que eu.

Hoje passei a tarde lendo pedaços do Lagarde-Michard do século XX[7] e acabei de reler *Antigone*. Já estou dispensada das aulas de francês, com a condição (imposta por mim) de ler livros — e já estou com *La Simphonie Pastorale*[8] do Gide e *La Peste*[9] do Camus; depois vem *O mito de Sísifo* e *A condição humana*.[10] Pacificada. (Pseudo) apaziguada. "Corridor" e "restaurant" os ingleses pronunciam engraçado. O dia se abriu e acabou logo, o sol desceu vermelhíssimo e avermelhando a mansidão da tarde. Ontem dormi-não-dormi e num sonho eu senti que eu desmaiava. Foi uma sensação espetacular. eu flutuava, apagava, <u>adormecia SENSÍVEL</u>.

<u>Mon Automne éternelle ô ma saison mentale</u>
Les mains des amantes d'antan jonchent ton sol
Une épouse me suit c'est mon ombre fatale
<u>Les colombes ce soir prennent leur dernier vol</u>[11]

L'Apollinaire e a frase enorme: ô ma saison mentale. Ô ma saison mentale. Les colombes
     ce soir
     prennent leur dernier
               vol
                    o céu repete l'apollinaire
                    eu repito o céu (melanco   lia)

  The surrealism of the movement
  brought
  me
  a taste of dreamy sequences

> The apparent lack of lack
> hurts
> me
> (laziness) (la) (zi) (ness)[12]

quase passou, passou a dor estranha. Mandei cartões de Natal ininteligíveis. mandei um cartão com as casas do Parlamento para o Jether e a Lucília. Estou tremendo imperceptivelmente de frio e sono e fome. Mamãe escreveu dizendo que vem aí um cheque de 35 dólares para mim. Já posso comprar o *Abbey Road*. O *Pasquim* com Paulo Francis grande, Jô Soares grande, os fradinhos grande, Luís Garcia e os americanos, um engraçadíssimo, gozação no imposto sobre a renda das prostitutas. previsão do tempo: neves na Escócia e Gales, e por Londres noite fria, seca, geadeando, o dia frio e claro, 7° e aí? Oh Hell… Bagunça, bagunça geral, bagunça silenciosa, bagunça imóvel. Mil professoras em vários cantos ingleses fazem greve. Você escreve sem ser nas cartas e nos deveres. É uma pergunta, só que eu não sei não tem ponto interrogação interrogamento interrogatória rupturando. O presente não existe, Luiz. Ou só existe. Ou existe-não-existe. Quem mais fala comigo é o rádio. Eu não respondo. "Poor", "sure", "insure" têm uma pronúncia engraçada. Anoitecia e eu não vi. Ah esse amor

<u>21 de Novembro → uma guria trouxe aguardente de flor pro colégio. Loucura de tão bom. Eu queria me esbaldar</u>

ao som deste concerto em lá menor de Schumman, este concerto que dilacera e me corta os pulsos e me muda a cor da saliva e me toca as lágrimas adormecidas, e sem palavras a criatura está só ao som em lágrimas tão maiores dentro das tremelinhas pautas firmes — um virar lento eu tinha eu tinha armado esta sobre-

vivência sem o dilacerado devagar eu agora não se pode mais esconder que eu tenho
　　tenho te amado em todos os céus insônias acordes acordas em mim não se pode mais — as costas curvadas e a cabeça pesada sobre a fragilidade implícita — agora não se pode mais –

NESTE DIA SEGUINTE

estive pensando na viagem — cheguei em casa liguei o rádio, abri o atlas, fiz planos, vi o calendário, comecei os cálculos — parei. Parei. me deu uma secura — uma vontade de morrer, não, uma invontade de continuar agitando os braços — não sei se é falta de um motivo qualquer (estou vivendo, pra quê?), a falta de gente que nos ama, uma depressão de pressão, a saudade de você, a confusão inteira, o frio, as pulsações irregulares, não sei, esta falta de motivo, não vou mais pensar nem escrever até voltar o ânimo de ao menos cantarolar uma música sozinha, por nada. Agora não se pode mais.

NESTE OUTRO DIA SEGUINTE

Um dia menos frio, seria 19 de novembro, vi no colégio o desinteressante repouso da Apolo 12, consegui cantar "Lunik 9" ou "Berimbau", minhas meias rasgaram discuti de novo com a prof. de história, fiquei o dia pensando que em casa estava o teu retrato com o sorriso monalisítico amém e do espelho você não me olha, eu ligo o rádio, é uma missa, desligo a missa, abraço o céu e te santifico –

NESTE OUTRO

O teu retrato, o teu retrato, o teu retrato, o teu retrato --- um motivo, um motivo --- ao menos ele está lá impassível e lindo e meu --- demoro a responder a tua primeira carta que tinha o retrato e já chega a segunda. Não dá pra você pedir dispensa das aulas de ciências? Pelo menos você tinha uns tempos vagos pra recuperar as forças e aturar as outras mediocridades cósmicas. "Não tem jeito de interromper o processo", eu repito. Dá dá pra falar livremente aí na tua casa? O Sebastian seria uma possibilidade? Ainda não me atrevi a começar as compras de Natal. E vivavivavivô...... ← (reticências duplas, desanimadas). Mamãe mandou dois cartões de Natal que o "grupo do Roberto" (?) fez. Textos: "ABAIXO O NATAL! (abre-se o cartão e) ...o Natal-comércio, o falso Natal. Nós lhe desejamos o verdadeiro Natal, que é de todo dia e dura o ano inteiro. É o Natal de Jesus Cristo. Paz, amor e justiça para todos". Pelo menos é uma tentativa. Porque a imoralidade do Natal do 25 enraivece Jesus, você sabia o que essa civ. ocidental, ocidácida, ocipodre ia fazer contigo, hem hem? Dorme nenenzinho na manjedourinha encercalhado de vaquinhas e asninhos fedorentinhos. RIDICULOUS. Ontem vi na TV uma entrevista com o Harvey Cox.[13] "Pelo menos" é outro leit-motif.

Weihnachts Sendungen bitte Rechtzeitig Einliefern[14]

Por que a Lili comprou aquelas coisas sem te consultar? Foi presente dela? Enquanto você teria um seminário sobre pesquisa sobre a paz eu vou a Swanwick pelo fim de semana. O que você viu do Buñuel na TV? Aqui não passam estes filmes maiores. Você já falou com o ICYE daí sobre a tua situação no colégio? Não dá para mudar esta chatice? Você TEM de aturar isso os oito meses?

↪ 1 Nas paredes do meu tédio/ nos degraus do [ilegível]/ na solidão nua// (Ó minha estação mental)/ (as pombas esta noite fazem seu último voo ↪ 2 "Sólida parede de areia". ↪ 3 "Viva a dúvida". ↪ 4 *A fazenda dos animais*, originalmente publicado em 1945. ↪ 5 "O ruído de um rifle". ↪ 6 Expressão coloquial equivalente a "moleza" ou "muito fácil". ↪ 7 Collection Littéraire Lagarde et Michard, antologia com diversos volumes dedicados à literatura antiga e moderna. ↪ 8 *La Symphonie Pastorale* [*A Sinfonia Pastoral*], novela de 1919. ↪ 9 *A peste*, romance de 1947. ↪ 10 *A condição humana*, ensaio de Hannah Arendt publicado em 1958. ↪ 11 Segunda estrofe do poema "Alcools" [Álcoois] (1913), de Guillaume Apollinaire. Na tradução de Paulo Hecker Filho: "Ó meu eterno Outono minha estação mental/ mãos de amantes de antanho em teu solo juncadas/ uma esposa me segue minha sombra fatal/ pombas riscam a tarde de últimas revoadas". ↪ 12 "O surrealismo do movimento/ trouxe-/ me/ um gosto de sequências sonhadoras// A aparente falta de falta/ machuca-/ me/ (preguiça) (pre) (gui) (ça)". ↪ 13 Teólogo americano, professor da Universidade Harvard. ↪ 14 "Por favor, poste as remessas de Natal com antecedência", expressão carimbada nas correspondências de final de ano pelos correios alemães.

carta — sem data

NÃO TEM LUGAR MELHOR PRA TRATAR DE NEGÓCIOS QUE
NUM PAPEL TIMBRADO QUE EU ROUBEI DO PARLAMENTO

HOUSE OF COMMONS
LONDON. SW$_1$

Amor:

Ao meu lado uma outra folha do Parlamento que eu ia te mandar, com planos diabólicos de viagem. O plano que eu pensei começava com o meu encontro contigo no dia 27 de dezembro em Aachen, e depois o seguinte trajeto com paradas: Genebra — outras suíças — Milão — Bolonha — Roma — Florença — Gênova — Turim — Grenoble — Genebra — Aachen no dia 7 de janeiro. Com isso a gente teria dado uma olhadinha na parte de lá da Europa. No verão o nosso trajeto seria Londres — Paris — Nice — Marselha — Montpellier — Riziers — Narbonne — Perpignan — Gerona — Barcelona — Tarragona — Tortosa — Valencia — Madri — Valladolid — Burgos — Victoria — Tolosa — Biarritz — etc. — Paris. De trem e de carona. Com isso a gente teria visto o lado mais de cá. De Paris a gente seguia pra Alemanha e teria a reunião em Berlim no dia 25, 26, 27 de julho não sei, ninguém sabe ao certo.

Ontem de noite esperando o sono me veio a impressão que eu sou uma dirty coward, une lâche, uma retração (?) humana, um erro universal, ou a regra, e que este ano é um desafio pra eu

NÃO TEM LUGAR MELHOR PRA TRATAR DE NEGÓCIO
QUE NUM PAPEL TIMBRADO 👑 QUE EU ROUBEI DO
PARLAMENTO

HOUSE OF COMMONS
LONDON, SW1

Amor:

Ao meu lado uma outra folha do Parlamento que eu ia te mandar, com planos diabólicos de viagem. O plano que eu pensei começava com o meu encontro contigo no dia 27 de dezembro em Aachen, e depois o seguinte trajeto com paradas: Genebra - outras suiças - Milão - Bolonha - Roma - Florença - Gênova - Turin - Grenoble - Genebra - Aachen no dia 7 de janeiro. Com isso a gente teria dado uma olhadinha na parte de lá da Europa. No verão o nosso trajeto seria Londres - Paris - Nice - Marselha - Montpellier - Béziers - Narbonne - Perpignan - Gerona - Barcelona - Tarragona - Tortosa - Valencia - Madrid - Valladolid - Burgos - Victoria - Tolosa - Biarritz - etc. - Paris. De trem e de carona. Com isso a gente teria visto o lado mais de cá. De Paris a gente seguia pra Alemanha e teria "reunião" em Berlin no dia 25, 26, 27 (de julho) não sei, ninguém sabe ao certo.

Ontem de noite esperando o sono me veio a impressão que eu sou uma dirty coward, une lâche, uma retração (!) humana, um êrro universal, ou a regra, e que êste ano é um desafio pra eu me manter. Acabei de ler la Symphonie Pastorale do Gide, estive lendo bastante sôbre êle, vou ler agora L'Immoraliste, e ler Gide é parte dêste desafio. A vida dêle podia ser a minha, os "grandes questionamentos" morais dêle são meus tantas vêzes e acabei de me entusiasmar por Gide.

Mas, voltando ao plano: cheguei à conclusão que o meu plano (ou nosso) para o inverno não vai dar certo. É época de natal e ano novo (não! não!) as creaturas hospedam nas suas casas parentes e outros bichos. Eu não escrevi AO CERTO pro Weil, só disse alô e insinuei que um dia eu tou lá, mas o problema persiste: onde é que nós vamos ficar em Roma? Então vamos decidir de Roma. Estou pensando em uma do Popel, como convém a uma bagunceira como eu. Se nós vamos a me mancar. Acabei de ler *La Symphonie pastorale* do Gide, estive lendo bastante sobre ele, vou ler agora *L'Immoraliste*,[1] e ler Gide é parte deste desafio. A vida dele podia ser a minha, os "grandes questionamentos" morais dele são meus tantas vezes — acabei de me entusiasmar por Gide.

Mas voltando ao plano: cheguei à conclusão que o meu plano (ou nosso) para o inverno não vai dar certo. É época de Natal e Ano-Novo (não! não!) e as criaturas hospedam nas suas casas parentes e outros bichos. Eu não escrevi AO CERTO pro Weil, só disse alô e insinuei que um dia eu tou lá, mas o problema persiste: onde é que nós vamos ficar em Roma? Então vamos desistir de Roma. Estou pensando em cima do papel, como convém a uma bagunceira como eu. Se nós vamos a algum lugar é melhor seguirmos o tal percurso Aachen — Genebra — Viena — Aachen. Restam os seguintes problemas: 1) você podia vir a Londres. Mas onde você vai ficar? Ainda não falei com o Eric e a Muriel por não saber bem o que dizer. E a casa é tão pequena, o único lugar seria mesmo na minha cama. Mas sabe como é. De qualquer maneira vou falar com o Foster Murphy e provavelmente ele arranja um lugar (a casa dele é enorme e não muito longe de Richmond). Me diz se você quer vir a Londres agora e os dias certos (podia ser depois da viagem, dias 5, 6, 7, 8 e/ou 9, conforme os planos; ou antes, dias 26, 27, 28) e eu vou falar com todo mundo. 2) onde eu vou ficar em Aachen? Dá pra ser na tua casa? 3) onde vamos ficar em Genebra? o que a gente escreve pro Weil? E se ele não puder nos hospedar? 4) Albergue da Juventude está aberto no inverno (Viena)? Quanto custa? 5) dinheiro: eu não queria gastar muito nessa viagem. Quanto ficaria, de trem, o triângulo Aachen — Genebra — Viena — Aachen? 6) o frio. Se aí já está $-2°$, quanto vai fazer em janeiro? Tipo da pergunta inconsistente e inútil. Mas —

não foi a humanidade que construiu eutiamu. Fomos nós, atônitos e apaixonados. Recitando os sonetos do velho Shakespeare longe do cheiro abafado e empoeirado desta biblioteca. Onde você não precise mais emagrecer quilo a quilo à força. Onde o Natal de porcelana, sangue e lucro nunca existiu. O que desespera é que Londres tem CADA espetáculo e ora falta dinheiro pra eu ir, ora companhia, ora é trop loin e que preguiça burra. O que quer dizer o teu "vou ficando cada vez mais radical"? (NÃO ANALISE A PERGUNTA!!). Aí já está geadeando, nevando? Compra um cachecol vermelho pra embrulhar no teu nariz e orelhas moto afora. Esta carta me insatisfaz porque eu te amo. Só gritando no ouvido mouco do outono (louco) o Paul Éluard

Sur mes refuges détruits
Sur mes phares écroulés
Sur les murs de mon ennui
J'écris ton non

Sur l'absence sans désirs
Sur la solitude nue
Sur les marches de la mort
J'écris ton non

Sur la santé revenue
Sur le risque disparu
Sur l'espoir sans souvenir
J'écris ton non

Et par le pouvoir d'un mot
Je recommence ma vie
Je suis né pour te connaître
Pour te nommer

Liberté.²

Informação de última hora → teoricamente as férias aqui são de 19 de dezembro a 9 de janeiro, três dias no meio de fevereiro (segunda, terça e quarta), de 2 de abril a 22 de abril, três dias no meio de maio (segunda, terça, quarta), e de 23 de julho em diante. Luiz, manda as seguintes datas pra mim: férias de Natal, Páscoa, início das férias do verão, tua reunião na Páscoa (te)
    E o nosso encontro com bolsistas quando vai ser?

↳ 1 *O imoralista*, romance de 1902. ↳ 2 Estrofes finais do poema "Liberdade" (1942), de Paul Éluard. Na tradução de Manuel Bandeira e Carlos Drummond de Andrade: "Em meus refúgios destruídos/ Em meus faróis desabados/ Nas paredes do meu tédio/ Escrevo teu nome// Na ausência sem mais desejos/ Na solidão despojada/ E nas escadas da morte/ Escrevo teu nome// Na saúde recobrada/ No perigo dissipado/ Na esperança sem memórias/ Escrevo teu nome// E ao poder de uma palavra/ Recomeço minha vida/ Nasci pra te conhecer/ E te chamar// Liberdade".

carta — 28 a 30/11/69

[no envelope]
    a neve se acumula
    pelos cantos e é fim
    de tarde o céu
    se purificou
    e os galhos nus
    se
    purificam contra
    o pálido azul
    e vermelho do céu
    e sobe da
    terra a paz da
    terra a despontuação
    da terra e o
    inextinguível da terra

I   I   I   I   I

As notícias do brasil! As notícias! Aqui no *Catholic Herald* saiu que freiras estão sendo torturadas, com nomes.[1] E a carta do teu pai vem terrível. O pessoal de casa não manda detalhes, assumem que eu já sei, ou querem que eu tenha um jolly good time[2] sem a preocupação do detalhe terrível. Mas é inescapável. Luiz, de repente eu realizei que este é o último período da minha vida em que eu posso ler, estudar, sentar perto de uma lareira, ver o Buster imortalíssimo Keaton, me despreocupar, ter insônias quase à toa, eu posso até me dar ao luxo de estar mais ao menos à toa e analisar infinitamente os personagens diabólicos de *Under Milk Wood*. E ler Prévert! Dobro a carta do teu pai.

HOJE (28 de novembro) eu vi neve caindo em flocos minúsculos pela primeira vez, no colégio Ventava e os flocos se embaraçavam e pareciam loucos. Saí e fui para o pátio e esperei a neve me cobrir (I'm retiring from this world)[3] snoopianamente. A neve se derreteu em cima de mim e não embranqueceu nada. Ah, empalidecimentos passageiros e outonais!

Manda esse teu professor <u>fuck off</u> (é um dos piores palavrões daqui: originalmente queria dizer ir pra cama com alguém; não sei a tradução). Eu quero ler o teu ensaio em alemão e dar bananas pra essas coisas. Ou não. Elas não merecem as nossas bananas. Que besteira. Não dá pra você chegar pra Lili e dizer que você anda se cansando muito, e pedir pra ela falar com o teu diretor pra você não precisar ir mais às aulas de ciências?

Estou fazendo uma grandíssima besteira. Ah, Monteiro Lobato. Estou em Londres, na casa da família que hospeda a Heidi, a guria suíça que está aqui. Neste fim de semana 28-29-30 os três estudantes do ICYE que estão na Inglaterra estão se reunindo na casa do John Hopper para discussões. Como lá só tem lugar pro Sigmar, eu e a Heidi vamos passar as duas noites (de sexta e sábado) na casa dela. É uma casa vitoriana, tetos altos, antiga, com lareira de verdade, pesada, grande. O quarto de hóspedes onde estou tem um armário, uma penteadeira com um espelho enorme e uma cama de casal! Onde eu tremo de frio, sozinha (é uma solidão maior quando a cama é de casal). É meia-noite, eu devia apagar a luz, mas o interruptor é longe e meus pés estão quentes no saco de água quente e eu tenho tanta coisa pra te dizer e o meu cérebro começou a ebulir e eu queria postar esta carta amanhã que é sábado (ou quase hoje) e receber depressa a tua resposta e tremer de frio, fome, falta e fazer aliterações com os flocos de neve e soprar no teu ouvido que eu te quero neste velho quarto vitoriano com a cama aquecida por edredom e água e na precipitação ebulição que me tira o sono eu tenho de dobrar a tua carta NECKERMANN[4] e ajuntar os folhetos coloridos e me render à força das circunstâncias e pacientemente escalar a insônia de retina em retina com pedras ou não no meio do caminho[5]

[trecho riscado com indicação de uma seta] (um cacófato HORRÍVEL!)

Sábado, 29 — NEVA, NEVA, NEVA, o mundo embranqueceu e saímos para o jardim da casa do John Hopper, tiramos retratos, meti a mão na neve e tentei fazer bolas e me maravilhei e escrevi na neve tudo se cobriu a terra se cobriu descobriu os mistérios e encantos brancos e o meu próprio deslumbramento de criança. Antes da neve discutimos o que a gente quer fazer mais nesse ano: ter mais contatos, foi a resposta nossa. Acampamentos, trabalho social, favelas, grupos inter-raciais, sair da limitação da escola, passar dias com outras famílias, e como o ICYE daqui é ótimo parece que nós vamos ter tudo isso além de conferências e reuniões. Depois da neve discutimos os palavrões e xingamentos em geral.

Quanto à viagem de repente me deu uma vontade louca de ir. Sacudi a poeira e a preguiça, dei volta por cima das aliterações e:

(1) ICYE deixa com as seguintes condições

— itinerário completo com dias e lugares de estada

— carta de todos os hospedeiros em todos os lugares se responsabilizando pela criatura e dizendo os dias em que vão hospedá-la. Isto é essencial.

— carta dos pais do Brasil

CONSEQUENTEMENTE:

— escreve pro Weil pedindo hospedagem e cartas com lacunas para nós pormos as datas

— pede uma carta em inglês para a pessoa que vai me hospedar em Aachen com as tais lacunas para data

— resta o problema da Áustria. Ou a gente não diz nada e vai lá por conta própria, ou você arranja a tal cartinha.

— sorry for giving you so much trouble my darling[6]

(2) Segundo o catálogo da estrada de ferro inglesa o trajeto Londres-Aachen custa 13 libras ida e volta (130 contos) sendo 6 libras e 11 shillings só a ida (talvez eu compre o bilhete só de ida e volte de carona — ou não vale a pena? Vou tentar arrumar mais barato. Pelo que você me disse, era mais barato [trecho escrito em curva] (Parece o céu aqui. ao pé de uma lareira, um concerto para cello que me fere (Dvořák), a neve nevando branca e silenciosa. Apaziguada de novo. Da janela um telhado branco, uma chaminé meio coberta, galhos de árvores e a composição perfeita. O meu coração estremece dentro da composição e do som perfeito.(3) Se eu pegar o trem das 10 da noite em Londres que vai por Ostend, com troca em Bruxelas, eu chego ao meio-dia e oito minutos em Aachen. Se eu pegar o trem das 3 da tarde chego em Aachen à meia-noite e 42 minutos (esse trem é direto. Acho que vou pegar o primeiro para ter quase duas horas de baldeação em Bruxelas. E para chegar numa hora mais razoável aí)

(4) o nº 2 e o nº 3 não estão confirmados

(5) nem o nº 4

(6) me manda os seguintes preços: trem de Aachen para Genebra (ou vamos de carona?), trem de Genebra para Viena (ou...?) e trem de Viena para Aachen (...?)

(7) me manda o tempo que leva de Aachen para Genebra, de Genebra para Viena e de Viena para Aachen para eu poder traçar um itinerário detalhado para esses chatos

(8) me manda um teu itinerário detalhado

(9) acho que vou sair daqui no dia 26 de dezembro (sexta) e chegar aí no dia 27 (sábado) se eu pegar o trem das 10.

(MORO EM JAÇANÃ SE EU PERDER ESTE TREM QUE)[7]

O Sigmar está perguntando se você conhece o Wolf Biermann, um compositor e poeta que foi para a Alemanha Oriental por achar o regime lá mais de acordo com a consciência dele e que contrabandeia o que ele escreve para a Alemanha Ocidental. E um tal de Degenhardt. E disse que você precisa contatar um pastor luterano que mora em Aachen chamado Zapp, que era ou é do ICYE, e tem ideias muito radicais etc. E ele me mostrou dois livros espetaculares que você podia comprar, um chamado *POETEN BETEN*[8] (Judenddienst-Verlag-Wuppertal-Barmen), com poesias protesto, e *BIBEL PROVOKATIVE* (Herausgegeben von Hellmut Hang und Jürgen Rump),[9] com confrontações entre textos bíblicos e textos seculares ou notícias ou comentários. O Sigmar pediu pra você escrever pra ele. Ele é super-radical e tem milhões de contatos na Alemanha etc. etc.: 20 Seymour Rd, St. Albans, Herts.

O que é tutano hem? Embora a mais importante seja a pergunta que não existe (existe)

Se dá pra falar livremente na tua casa por que você não pede pra eles darem um jeito na escola?

Eu quero os teus olhos irônicos e úmidos e o teu sorriso vivo

---

Se você quiser vir a Londres, seria melhor depois da nossa viagem. Aqui tem Youth Hostel sim senhor. Mas eu não vou te pôr em hotel nenhum, mas numa casa direita (!!!!). Me diz COM CERTEZA se você quer vir ou não para eu providenciar. Aqui está 1 grau positivo e continua nevando. Quase morri de frio esta noite.

UM DISCO por 3,800???!!!

Ouvi o *Abbey Road*. É um troço de louco. Boy, you gonna carry that weight.[10] Não importa o preço, vou comprar mais cedo ou mais tarde. Para o aniversário do Eric, comprei um livro *THE OFFICIAL SEX MANUAL*,[11] que é uma gozação dos costumes sexuais. Engraçadíssimo. Estou lendo o *Naked Ape*.[12] Estou lendo um teólogo alemão, Schultz.[13] E nunca me inflamei tanto discutindo o que é cristianismo e revolução em geral. Oh Gosh

[no verso de um cartão-postal]

Fim de semana passado fui a Swanwick onde havia névoa e lua cheia e trezentas pessoas e uma efervescência total. Muita besteira, muita gente ainda discutindo se homossexualismo é pecado ou não, e ninguém parecia realizar que os problemas que nós discutimos estão relacionados com uma estrutura educacional, social, econômica etc. E a mania de generalizar! A mania de generalizar! Enfrentei os trezentos numa sessão plenária e joguei o meu testemunho existencialista. Dancei quadrilha e fiquei até 3 horas da manhã discutindo teologia, igreja, cristianismo, participação, comprei três livros (dois de teologia e um chamado *ABUSE OF POWER — the american foreign policy from Cuba to Vietnam*),[14] me assustei com a "crise religiosa" que cauterizada pelos tempos se precipitou em mim em cada palavra ouvida ou dita, em cada respiração, em cada insônia. Sacudi a covardia ou o vício de covardia e tentei falar com o maior número de pessoas possível e me indignei e me decepcionei e controlei a minha voz pra não gritar e controlei a minha cara para não fazer caretas e a precipitação continua horas afora. No colégio estou tendo mais chance de falar com as gurias e elas parecem não me considerar mais como um bicho estranho e eu começo a me integrar. A Hilary me enche às vezes, e toda manhã me cutuca para eu levantar quando ela sabe perfeitamente que eu levanto na hora que eu levanto e fim e Luiz Luiz eu te amo eu te amo eu te amo

↪ 1 Em outubro de 1969, o Dops paulista prendeu a diretora do Lar Santana de Ribeirão Preto, madre Maurina, por supostamente abrigar membros da resistência armada à ditadura. A religiosa franciscana sofreu torturas durante cinco meses na prisão, depois dos quais se exilou no México. ↪ 2 "Ótima temporada". ↪ 3 "Estou me aposentando deste mundo". ↪ 4 Empresa alemã de encomendas postais. ↪ 5 Alusão ao poema "No meio do caminho", de Carlos Drummond de Andrade. ↪ 6 "Desculpe-me por te causar tantos problemas, meu bem". ↪ 7 Versos do samba "Trem das onze" (1964), de Adoniran Barbosa. ↪ 8 *Os poetas rezam: invocações em textos contemporâneos*, em tradução literal, livro de 1969 organizado por Wolfgang Fietkau. A grafia correta do nome da editora é "Jugenddienst". ↪ 9 *Bíblia provocativa* (publicada por Helmut Hang e Jürgen Rump). ↪ 10 Primeiro verso de "Carry that Weight", canção do LP *Abbey Road*: "Cara, você vai carregar esse peso". ↪ 11 *The Official Sex Manual: A Modern Approach to the Art and Techniques of Coginus* (1966) [Manual oficial de sexo: uma abordagem moderna da arte e das técnicas de Coginus], de Gerald Sussman. ↪ 12 *The Naked Ape: A Zoologist's Study of the Human Animal* (1967), de Desmond Morris. Edição brasileira: *O macaco nu: um estudo do animal humano* (Record). ↪ 13 Hermann Schultz, autor do manual *Old Testament Theology* [Teologia do Antigo Testamento] (1869), adotado nas escolas protestantes inglesas. ↪ 14 *Abuso de poder: a política externa americana de Cuba ao Vietnã*, em tradução literal, ensaio de Theodore Draper publicado em 1969.

cartas — 6-7/12/69

Meus cabelos se esparramam pelo chão como raízes. Joan Baez canta com um sotaque espanhol. Té manhã ou depois, meu amor, sinto muito não posso ficar é remédio melhor... Eu não devia estar te escrevendo, (Luiz Augusto Ramalho meu) porque ontem foi 6 de dezembro e eu tenho um ensaio de história para fazer sobre a doutrina do Truman, a crise cubana e a conferência de Genebra de 1964, e estou ouvindo simplesmente o Tom Jobim ao piano — um disco americano que eu pedi emprestado a um casal de americanos pra quem eu baby-sentei, e eu não devia estar escrevendo mas você é o meu leit-motif com o "One Note Samba" e tudo, com neve e tudo, e desde que eu te escrevi aqui nesta terra aconteceu o meu julgamento — completamente. No domingo em que eu postei a carta sobre a viagem, a reunião na casa do John Hopper estava ótima, e até a hora do almoço os quadriculados, o Dvořák e a comida italiana nos satisfaziam. Depois do almoço começou o meu julgamento; Sig Heidi e eu continuamos a costumeira brincadeira de fingir preguiça e fingir que nós não íamos lavar os pratos. A noiva do John de repente com a nossa brincadeira que foi corrente e aceita no sábado — explodiu teve um ataque histérico e aos gritos nos chamou me empurrando de BLOODY UNGRATEFUL[1] e outros. Ah, insensatez, Jobim, Paulo Francis! Os gritos o escândalo o ungrateful terrível acabaram de me desmoronar e eu comecei a chorar — os cabelos se esparramam em raízes "So danco samba" tic tec tic tec da máquina do Eric — e por mais de uma hora não pude parar o choro convulsivo e incontrolável. Com um esforço de humanização a noiva do John ofereceu café, disse que tudo tinha sido um misunderstanding absurdo, me consolou, mas o meu choro era tão maior que o momento. Entre os primeiros embaraços e desculpas inusitadas e o sermão do John eu não podia parar. Afinal, afinal --- e saímos para o parque lutamos atirando bolas de neve — e seria uma sequência de filme, eu e você caindo neve abaixo sol abaixo "Desafinado" corta o som — e entre racionalizações e gentilezas, e golpes de neve, veio a reconciliação, o pôr do sol, o apaziguamento. Voltei para casa balançando a mala, pisando a neve, o trem me levando Londres escura e triste e suja pedi carona. Voltei exausta para o lugar estranho que é uma casa — e minha. Segunda foi o julgamento continuado — John tinha dito que God e Christ eram consideradas palavras ofensivas pra muita gente quando ditas "em vão"! Na hora do chá eu fui fazer a besteira de discutir isso com a Muriel e eu falei em "hipocrisia protestante" e literalismo absurdo, ao que ela não pôde evitar de <u>gritar</u> literalmente comigo que eu era narrow-minded,[2] que eu não aceitava a posição de outras pessoas, que eu considerava estúpido quem não concordasse comigo, que eu era dogmática, e eu tive de fazer um esforço sobrenatural para não chorar com violência outra vez — foi quando eu entendi que eu estava completamente sem defesa — emocionalmente sem defesa — sem você nem nada eu sozinha e defenseless. Aí chegou o Eric de Roma, e quando eu comuniquei os meus "planos" para as férias a primeira reação dele foi: — mas você não perguntou os nossos planos para o Natal! mas você não nos consultou! (Mein Got,[3] eu pensei). E ele me deu o contra na base do — ICYE não é turismo, vai custar muito caro, o comitê não vai deixar, é muito frio no continente, quem vai te hospedar? — e eu não tive força para ter força e fui para cama por baixo de zero. Quarta o julgamento continuou — a diretora da escola chamou o Eric, a Muriel e as minhas professoras para eles discutirem "o meu caso". E nem o Eric nem a Muriel me contaram nada sobre esta reunião secreta. Eu lendo *La Peste*, *Révolution dans la Révolution?*,[4] e *Abuse of Power*, baby-sentando numa solidão ao som de Haendel quatro vezes na semana toda. Sexta o final do julgamento. Depois de um judô arrasante (última aula antes do exame), me encontrei com o Eric na Christian Aid e nós seguimos para Norwidge, onde íamos ter uma reunião do ICYE. Na viagem ele me contou sobre o julgamento da quarta — que o pessoal no colégio estava preocupado porque eu não tinha feito amizade com ninguém — e aí foi que ele disse que pessoalmente ele me considerava extremamente narrow-minded, dogmática, e que eu como que "chutava" quem não compartilhasse as minhas opiniões sob o rótulo de "estupidez" — daí, ele disse, eu não ter feito amizades. E que eu era muito agressiva (por causa do meu background, ele entendia perfeitamente) e que a minha agressividade "afastava" gentes menos radicais. E que às vezes eu parecia ter vinte anos, outras nem dezessete, tinha altos e baixos, extremos de personalidade e ou temperamento, sendo portanto uma criatura profundamente instável e interessante, nada "dull"[5]. Tudo isso — ele disse — era a impressão dele, a intenção de ajudar, a franqueza cooperativa compreensiva e sei lá mais quê. Eu estava tão cansada, Luiz, tão deploradamente cansada. Seguiu-se um debate em que eu contestei a tal da "chutação" e o negócio de eu considerar "estúpidos" e "unworthy"[6] de mim quem não fosse como mim (ah, Insensatez). Mas quando eu estou cansada meu inglês fica pior do que já é. Tentei reverter tudo (controlei uma nova ameaça de choro) — o que há comigo? Chega de saudade, diz o Jobim quase em resposta — e meter um julgamento nele, mas eu não podia e isso não era "fair" e a viagem se viajou por três horas com conversas boas, a confissão dele que ele no fundo é um "inseguro", a insinuação outra vez que o ICYE não é turismo (mas eu não vou à Europa pra turismo) e eu sabia que ele achava engraçada a minha greediness[7] em relação a você, e longos silêncios e cochilos e frios, até que o carro quebrou, a neve por toda parte, a garagem fria, a demora, e já era tarde demais para a reunião. Voltamos por Cambridge, onde tomamos um café e vimos alguns dos magníficos colégios na escuricidade das livrarias engradadas para a noite. A viagem de volta, pós-julgamento, foi eu dormindo mais por menos e tendo pedaços interrompidos de sonho misturados às cores e luzes tristes de Londres para a noite, e acordei de um repente em frente do 69 Ashburnham Rd. às 2 e meia da manhã —

Hoje é domingo. Li vorazmente *Abuse of Power*, o autor não é muito radical mas apresenta os documentos mais revoltantes e revelantes do Pentágono sobre o Vietnã, alimentei bebês ao som dos The Mamas and the Papas, comecei um *CASTRO — A POLITICAL AUTOBIOGRAPHY*,[8] não fiz ensaio nenhum, fui à igreja (não para o culto, mas para ver uma colega minha — Ann — ensinando o jardim de infância), fui tomar café na casa dela — café horrível como em toda Inglaterra —, mais um (o pai dela) que pergunta se eu falo espanhol no Brasil, neviscou um pouco, e também, e mais que mais eu te esperando a tua carta. Numa das baby-sentagens eu estava tão absolutamente rompida, eu tinha ânsia de pôr as mãos na cintura e os pés no teto, e "fumei" um cigarro roubado que me deixou um gosto, um cheiro e um enjoo tristes, e na casa bem-escurecida estavam expostas as minhas feridas centenárias e entre um nescafé, nescafé, e uma coca-cola enlatada, e a sentagem noite adentro, e os quase 20 contos só de sentagem, e as obras completas de Shakespeare custam <u>10 contos</u>, e entre a minha confusão, o meu julgamento, as minhas brigas com Deus, a resposta ainda é do Jobim: chega de saudade.

Dezembro 7 — ao pé de uma lareira sempre como sempre, tendo lido o *Pasquim* que me queima a cara; a longa lista do papel de parede me empareda contra você, meu tu e tudo; mais uma vez a falta de simbolismo de uma sentação à espera do primeiro grito do bebê; que nunca veio; mas os xelins, a televisão errando os meus olhos, os óculos no estilo controvertido da confusão bebeciana número após número; o telefone ringou e uma voz pediu o Mr. Lindley que nunca vem; e eu me assustei com o enforcamento como se fosse grande novidade; 9 e meia, ouço o carro e o barulho dele montando, m m m m; chegam os meus xelins, xilins, xiléus, ximânticas,

 eu não devia; já em casa em cama pelo relógio onze e dez; e a aceleração do cérebro intumescido; o globo ocular perpendicular; continua hoje o julgamento: a prof. de história me deu pra ler dois artigos de jornal (uma entrevista com e uma crítica à Susan Sontag, uma escritora americana), dizendo: taqui umas opiniões sobre os intelectuais ingleses que você certamente compartilha. (MAS EU NÃO CONHEÇO NENHUM, PENSEI). Amanhã vou perguntar pra ela se ela acha que eu sou uma S.S. em miniatura ou em potencial? Ora vá. Tudo (TUDO?) por causa de uma discussão sobre a sociedade de consumo — quando eu citei a palavra revolução ela caiu em cima: mas quando, você quer fazer outra China na Inglaterra, onde já se viu, na tua cabecinha as coisas não estão muito claras etc. e tal. Pra ela revolução = derrubada do governo por métodos estritamente sangrentos. Muito bem, e daí? Continuo a de sempre, esgarçando discussões nas aulas, Vietnã e a "estupidez" americana.

 Tuas cartas, tuas cartas. Uma: "não quero me despreocupar (acho irresponsabilidade)". Se eu falei em árvores, fui irresponsável? Eu falei em árvores? Ler Prévert, Shakespeare (até!) e ter insônias é falar em árvores? um metro coberta de neve? A-a-a--a-a-CHEN! Um espirro. Não consigo amortecer a dureza das 11 e vinte e cinco. A tua nova fase de poesia é parte do meu suspiro de punho fechado, o peito fundo e a paixão solitária.

 E eu tinha de não saber forrar a parede, te amando apesar: (1) vou me inscrever no Albergue da Juventude. (2) escrevi com uma cara de pau horrível para o Claudius, Gerson Meyer (o da Margarida?), Leonardo que eu não conheço, Niilus que eu mal conheço. (3) não sei se precisa de visto especial para Alemanha, Suíça, Áustria. Vou ver esta semana.

(4) vou levar 120 dólares para a viagem (tudo que eu tenho). Não sei quanto ao verão.

(5) me manda a tal carta bem logo tá.

(6) me manda um itinerário day by day

(7) e a cama é ridiculamente macia

(8) e eu vou imediatamente

(9) até minha falta de coragem

(10) escravidão patética, poética

(93) enchendo paredes chamando você

(241) cheguei a ficar, eu cheguei, amor

(0) emprestei meus discos brasileiros para a prof. de música. Ela devolveu depois de quatro semanas, sem nenhum comentário. Essa ausência de comentário me irrita. E a presença do comentário é julgamento. Eu não ouso dar os gritos que eu dava.

((0)) você tem um medo de me encontrar? eu tenho medo de te encontrar. Um medo de tombar ou não conseguir começar na volta. Porque quando eu digo sobre os muros SOU TUA SUA TOU aí as trocadilhices falham e a Coisa é maior, tão maior. Porque eu já me acostumei a pensar em você com ganância ou pacificação conforme o canto da falta de sono. E te ter te ver te chegar trem por trem é maior que a dor nas costelas e a perda dos meses. Eu não sei por que o Deus me deu essas costelas, essa perda, ou fui eu que não soube? nunca mais consegui fazer oração em feitio de oração.[9] O mapa, o nada, o tamanho, não, não amanhã que é hoje a minha cara está partida ao meio, a previsão do tempo não previ... como se conjuga prever? E as tuas raízes me cobrem de uma insônia que sabe do teu retrato e sabe te materializar nos intervalos para sonho. Li o cardápio de cima a baixo. Tive medo do julgamento. Não estou julgando se possível. Nem sabendo telegramas. Não quero que me digam com o inglês que eu não tinha e com o teu nome dia a dia. Li o cardápio de baixo a cima. A Hilary doida. Eu não estou mais doida. Estou sem o menor sono às onze e sessenta e LUIZ, LUIZ!

↳ 1 "Malditas ingratas". ↳ 2 "Mente fechada". ↳ 3 Grafia incorreta de Mein Gott, "Meu Deus". ↳ 4 *Révolution dans la révolution? Lutte armée et lutte politique en Amérique Latine* (1967), de Régis Debray. Edição original em português: *Revolução na revolução*. Havana: Casa de las Américas, 1967. ↳ 5 "Sem graça". ↳ 6 "Sem valor". ↳ 7 "Avidez". ↳ 8 *Castro: A Political Biography*, biografia de Fidel Castro por Herbert L. Matthews lançada em 1969. Edição brasileira: *Fidel Castro: uma biografia política*. Rio de Janeiro: Civilização Brasileira, 1970. ↳ 9 Possível alusão ao título de samba de Noel Rosa.

carta — 9/12/69

[na parte superior do envelope]
POR QUE A RAINHA SEMPRE OLHA PRA ESQUERDA?

[no verso do envelope]
Me esqueci qual era a grande besteira. Nous ne sommes jamais tout à fait contemporains de notre présent. L'histoire s'avance masquée, elle rentre en scène avec le masque de la scène précédente, et nous ne reconaissons plus rien à la pièce. Débray.[1] Recebo do Brasil *Mundinha Panchico e o resto do pessoal*[2] de um Juarez Barroso. E o *CEI*.[3] E um pedaço do novo *Correio*.[4] Ninguém vai saber da Áustria. E eu faço envelopes madrugada adentro, afora.

Crítica à escritora e cineasta Susan Sontag: por Eric Rhode.
... "Miss Sontag has reciprocated this contempt, at least in conversation, where she has stated her low opinion of English intellectuals. Her essays give us some understanding of why, on a less emotional level, she might find us baffling.
<u>English intellectuals still trust in their political and social institutions and tacitly assume their responsibility to be to question the function of these institutions, not to undermine or work outside them.</u> This trust may be diminishing, and there may be real causes for anguish (as over the government's participation in the Nigerian war): even so, this society has never been so stable as it is now. <u>The inpersonal dislike of the revolutionary committee, whose style Miss Sontag echoes, have little resonance in this country, where extremist statements (as of the racialist kind) tend to be</u>

<u>tempered by irony or evasion. We are decidedly comfortable and optimistic, and many of us can still believe in that old notion of civilization, the humanistic one</u>, that puts its trust in the values of sensibility. Miss Sontag will have none of this. She has embraced, almost eagerly, an apocalyptic view of the world. She believes we are doomed; society and its arts tremble on the abyss; we must resort to extreme strategies. In response to a questionnaire sent out by the editors of the *Partisan Review* she wrote: 'The white race <u>is</u> the cancer of human history; it is the white race and it alone — its ideologies and inventions — which eradicate autonomous civilisation wherever it spreads, which has upset the ecological balance of the planet, which now threatens the very existence of life itself'. This rhetoric is too easy: it is also racialist and inexact.

.... She seems capable of an unending flow of rationalisations, dressed up in fashionable cant, intended to conceal, both from herself and us, an immaturity of emotion. There is no genuine involvement with the 'other' with people or with things...... etc etc etc etc"[5]

De uma entrevista com Susan Sontag:

ela: "That's the american form of anti-intelectualism; don't be so rational, what do you really feel?! In England, the traditional stereotype is a different one: don't be so pretentious, don't be so serious. There is a feeling in English intellectual life that it's in bad taste to be completely serious...... and that's why I'm called too serious by some people here. And I guess I <u>am</u> serious in a way that English won't admit to being..... If I'm critical of intellectual life here, I have great respect for English political institutions. This is not a new idea. Walter Bagheot said it. I think that the reason the English never had a revolution like the French was that they first couldn't be as serious as the French...... The quality of

English society is much more civil, more humane, less hysterical and political than public life in countries like France, Germany or Italy. But I still think one misses something here, especially if, like me, you have had an education which has taught you to love ideas in a way that's central to the continental tradition"[6]

Esses foram os artigos que a Miss Purdy me deu. Ela mesma marcou certas partes. E aí estamos.

Tou me sentindo enjoada, vazia, sem nenhuma metáfora, sonolenta nos tempos vagos, o fog partout,[7] você, você, você, você, e assim como uma ameaça de cambaleação meu cérebro começa a se bolorir e a se encolorar. A pressão acelera as têmporas invisíveis. Estou apaixonada por você, Luiz Augusto.

9.12.69

↪ 1 "A história se desenvolve mascarada: entra no palco com a máscara da cena precedente, e já não reconhecemos mais a peça", na edição brasileira de *Revolução na revolução*, de Régis Débray. ↪ 2 Livro de contos publicado em 1969 pela José Olympio. ↪ 3 *Boletim do CEI*, publicação mensal do Centro Ecumênico de Informações, ONG ligada à ala progressista das Igrejas protestante e católica, com sede no Rio, atualmente denominada Koinonia. ↪ 4 Depois de se notabilizar por críticas à ditadura, o *Correio da Manhã*, do Rio de Janeiro, fora arrendado a empresários ligados ao regime. ↪ 5 Com alguns deslizes de grafia, Ana reproduz a crítica à escritora: "A sra. Sontag retribuiu esse desdém, ao menos durante a conversa, na qual manifestou escasso apreço pelos intelectuais ingleses. Seus ensaios nos permitem compreender o motivo de ela nos considerar desconcertantes. Os intelectuais ingleses ainda confiam em suas instituições sociais e políticas e creem que sua tácita responsabilidade é questionar o modo de funcionamento dessas instituições, e não criticá-las ou ignorá-las. Essa confiança pode estar diminuindo, e parece haver razões reais para preocupação (como no caso da participação de Londres na guerra da Nigéria): mesmo assim, a sociedade britânica nunca foi tão estável quanto agora. A aversão impessoal ao comitê revolucionário, cujo estilo a sra. Sontag ecoa, possui pequena ressonância em seu país, onde as declarações extremistas (como as de cunho racista) tendem a ser matizadas por ironia ou subterfúgios. Estamos decididamente confortáveis e otimistas, e muitos de nós ainda conseguem acreditar na velha noção humanista de civilização, que deposita sua confiança nos valores da sensibilidade. A sra. Sontag não terá nada disso. Com uma espécie de ansiedade, ela adotou uma visão apocalítica do mundo. Crê que estamos condenados; que a sociedade e as artes cambaleiam à beira do abismo; que precisamos abraçar estratégias radicais. Em resposta a um questionário enviado pelos editores da *Partisan Review*, ela escreveu: 'A raça branca é o câncer da história da humanidade; é a raça branca, e somente ela — com suas ideologias e invenções — que destrói as civilizações autônomas em todos os lugares para onde se espalha, que tem perturbado o equilíbrio ecológico do planeta, e que agora ameaça a existência da própria vida'. Trata-se de uma retórica elementar, e também racista e imprecisa. [...] Ela parece ter a capacidade de produzir um fluxo inestancável de racionalizações, travestidas em jargão moderno para ocultar, de nós e dela mesma, sua falta de maturidade emocional. Não há envolvimento verdadeiro com o "outro", as pessoas ou as coisas... etc. etc. etc. etc." ↪ 6 "Esta é a fórmula norte-americana do anti-intelectualismo: 'não seja tão racional, o que você está sentindo de verdade?!' Na Inglaterra, o estereótipo tradicional é outro: 'não seja tão pretensioso, não seja tão sério'. Na vida intelectual inglesa, considera-se de mau gosto ser completamente sério... e essa é a razão de eu ser tachada de séria demais por algumas pessoas daqui. Imagino que eu seja séria de um modo que os ingleses não admitem ser... Ao mesmo tempo que critico a vida intelectual da Inglaterra, respeito bastante as instituições políticas do país. Essa não é uma ideia nova. Walter Bagehot disse a mesma coisa. Acho que a razão pela qual os ingleses nunca fizeram uma revolução como a Francesa é que eles não conseguiram experimentar a seriedade dos franceses... O caráter da sociedade inglesa é muito mais civilizado, mais humano, menos histérico e político que a vida pública de países como França, Alemanha e Itália. Mas acho que ainda falta algo, sobretudo se, como eu, você foi educado para amar as ideias, algo central na tradição europeia continental". ↪ 7 "Por todo lado".

carta — 12/12/69

[no envelope]
   O que aconteceu com a filha do A. do S.?

Recebi a carta da lili pulei me afoguei tremi — a carta, a carta. Parece que está tudo andando como devia correr — mas ainda resta, ainda — o ICYE não garantiu nada. Eles vão pensar e coisa e tal, não deram a mínima se deixam ou não, e se a carta de Genebra não chegar logo é bem capaz que eles amputem os planos com um "precisávamos de antecedência, minha filha"; e se chegar logo a carta de Genebra ainda dá pra eles simplesmente: "ICYE não é turismo, é melhor você ficar por aqui mesmo".
   Já faz cinco dias que eu mandei quatro cartas pra Genebra. Vê se você tenta também. Além disso e do consentimento, só falta ver o passaporte, se inscrever no Youth Hostel Association e comprar passagem. Não sei o que fazer se não sair a viagem. Eu não queria ter rimado, juro que não fiz de propósito.
   É 1h + 45 min. Eu estou escrevendo de pé no correio com a tua letra espalhada na minha frente. Chove chuvisca corisca chupisca e eu tive exame médico hoje em que ela me olhou, pesou, mediu, examinou, observou, mas disse que eu não tenho nada não e que minha insoniazinha não tem jeito. Sabe como é, coisas da adolescência, ela falou. Passei a manhã acabando um ensaio de história sobre a Doutrina do Truman,[1] a tal em que ele promete ajudar os povos que amam a liberdade na sua luta contra o totalitarismo (?).
   Manda um itinerário com os dias, chegadas e saídas para eu conferir com o meu e mandar pro ICYE.

Mera, mera, mera mer a formalidade.

Acabei de ler *Mundinha Panchico e o resto do pessoal*. Tem uns contos muito bons. Fiquei meio influenciada pelo estilo "limpo" do Juarez.

De repente fiquei muda e triste, as palavras quietas ou riscadas, as mãos pirilampadas de um pó antigo.

Ontem fiz o meu exame de judô e... não passei. Quer dizer, da faixa vermelha (1ª) em vez de ir para a amarela (3ª) eu fui para a 2ª (branca). O que não é nenhuma vantagem.

Essa não é uma carta, não é nada, é um grito, um grito, um grito. Vou voltando para o colégio (são 2h) onde não tive nem tenho aula nenhuma o dia inteiro. Me espera, eu estou, eu estou indo, meu, amor.

Ana

Ana

↳ 1 Diretriz de política externa anunciada pelo presidente norte-americano Harry S. Truman, em 1947, para conter a expansão soviética na geopolítica mundial, baseada em ajuda financeira e militar a países como Grécia e Turquia.

carta — 17/12/69

[anotação de Luiz no envelope]
 Ana meu amor
 Você me chamou
 Com uma voz distante e sentida
 Meu amor
   você me chamou

Quase 5 ainda preciso tomar banho nevisca de leve eu tenho que sentar pelo bebê às 7 tive uma discussão com a Mrs. McCash que nem valeu, ela disse que os americanos estão no Vietnã porque sabe aquela velha história? Essa carta não é carta é uma chateação muito grande, eu esta semana recebi carta do Gerson Meyer (quem é?) <u>oferecendo hospedagem</u>, carta do Claudius oferecendo <u>um apartamento</u> inteirinho vazio com vitrola e sofá SÓ PRA MIM [DE GRAÇA] e incluiu carta dizendo que eu posso ficar <u>em Genebra do dia 20/12 ao 30/1</u> MAS ontem dei de cara com um telefonema do Foster Murphy dizendo que <u>o ICYE decidiu me proibir de sair do país</u> tão cedo. Motivo só vou saber dia 19. Eles querem que eu vá a uma conferência em Swanwick — 2/1 a 9/1 — com uma porção de teologentes, você quer vir meu amor? Vou tentar 1. insistir pela última vez; 2. ou pedir para você vir aqui. Você pode 1. ir a Genebra sem mim; 2. vir a Swanwick, o que <u>não</u> é <u>certo</u> ainda. Estou chateada demais para escrever. Logo, Logo

impresso — 22/12/69

22 DEC 1969

Oi? Recebeu minha carta dizendo que o ICYE proibiu a minha ida?

cartas — 22-3/12/69

22 de dezembro — hoje o Flavio está fazendo quinze anos. Tudo branco, acinzentando, nu de inverno. Segunda, começo de férias. Estou outra vez sentando na Carol Baker, olhando o Douglas que é um chato e a Jennie rastejando pelas esquinas. Das 2 às 6 e nem consegui ler o Graham Greene direito. Não recebo carta tua há tanto tanto. Página 52 ou 53? 52 ou 53? Eu podia jurar que era página 52, por que então essa história de 53? Afinal é um ou é outro? Ah, o assunto. O Ternerô. Eles proibiram. Ah é. Eu sempre achei a Elis Regina meio exagerada cantando "E DAÍ, E DAÍ"" --- mas eu gosto daquele poupouri — como se escreve? E depois se não esfriar não neva e se não neva o Natal fica mais mixa ainda.

Eu não gosto desse doce. É horrível. Mais três horas para aturar esse garoto. Ontem fui almoçar com a professora de religião: um tipo completamente imaturo, psicologicamente desarranjada, religiosamente pra lá de pra lá, namorado errado, estudos bíblicos, esquizofrenia disfarçada. Já comprei presentes de Natal. Eric uma loção de barbear (ele adora), Muriel uma agenda, Hilary um livro com folk-music pro violão, Stephen um móbile Elizabeth um rato de pano. Qua, qua qua. A McCash em vez de ditar Chaucer começou a falar da generosidade dos americanos no Vietnã, lutando contra o comunismo. Não pude disfarçar um pequeno bocejo, me espreguicei e comecei a discussãozinha, que resultou numa pergunta paternalista dela: você é comunista? Eu sou cristã (apesar da palavra estar desmoralizada demais). Ah, você quer transformar o mundo, não é, minha filha? No meu tempo eu também pensava assim (bocejos, bocejos). E será que é possível ser cristão sem ser agnóstico? Depois a acorda geral, a espera das cartas, is there a second post today?,[1] olhos ardidos, pele seca do inverno, pigarro velho, preguiça ainda. Ah, eles. Eles e a árvore de Natal. O concerto, os corais, o sorrido empurrado, o pião, fascinante o pião, francamente eu não gostei da missa anglicana, ah, eu ia me esquecendo. As razões por que eles me proibiram de ir (1) a minha razão pra ir não é suficientemente SÉRIA (2) como eu sou do sexo feminino, eu podia me perder na viagem (3) o ICYE não encoraja viagens sem motivos SÉRIOS. Eis eis eis eis eis. E o meu desespero foi raiva pura, foi uma sublimação de lágrimas puras, foi uma conversa de ironia, absurdo e sublimação com Eric. The Electric Blue. Era como se eu te perdera, Luiz.

Por que por que por que por que por que

23 de DEZEMBRO, ANIVERSÁRIO da minha mãe —

Recebi uma porção de cartões idiotas — Feliz Feliz Feliz Natal! Hoje chega com força a tua carta falando na viagem outra vez, me desalinhando com o peso dos dias, na opressão que te deixou e não me deixou porque porque, e as três razões me martelam como um carol[2] absurdo, as três razões e a casa tremendo, as três razões e os cozinhamentos natalinos as três razões e a cesta cheia de presente, e as três razões e o meu aparelho respiratório cheio de pigarro, as três razões e o bilhete do Zé (te escrevo depois do vestibular), as três razões e o nosso amor que renasce das três razões e espatifa as três razões — mas não — Depois depois. Férias e a preguiça imortal, os livros se empilhando, as coisas de fazer junto botando barriga e poeira, eu respirando pela boca o ar impurificado — Levantei às 11 e meia da manhã, estive combinando com a Muriel como te telefonar, e eu vou te telefonar apesar de não saber o que não dizer, eu vou dizer alô LUIZ como quem diz trabalhadores do mundo inteiro, uni-vos, eu vou gaguejar e ficar enrolada nas minhas cogitações apaixonadas como quem canta o hino da Internationale, eu vou te telefonar e na espera pelo sono, à cama, na noite, a ideia me tira da espera e me arranca vestígios de sono — e a tua carta chega. Me dolorindo e me enraivecendo — você sabe o que é UK ICYE? E o pior é que eles não são produtos da decadência (mais que nunca visível no Bloody Christmas), eles se dizem contra as coisas que se tem de ser contra, eles são humanos com a humanidade de quem se chega perto de você e deseja os desejos indesejados de dezembro, inverno e choro, e porque eu não posso ler a tua nova fase de poesia, porque eu vou passar 69 para 70 baby-sentando com a Hilary, olhando para a magra Hilary que é alienada e tem quinze anos, porque não haverá ninguém para eu gritar a minha ira ou jogar por cima, nós não vamos nos ver — e se o meu motivo para viajar não é serious enough,[3] para que eu estou me dando ao trabalho de existir? A minha existência então não é séria, não tenho sérios motivos para existir — e se o meu sexo me nega a realização do meu sexo, se eu não posso te ver porque eu sou do frágil (sorry but we English are very old-fashioned,[4] disse o Fostt), e se eu não posso abdicar do meu rótulo de fragilidade, então o paradoxo é maior que a própria linguagem do paradoxo — o sexo proíbe o sexo porque o sexo é o sexo — será que eles não consideram que as possibilidades de eu me perder no trajeto Londres-Aachen-Londres por causa do meu sexo são menores que as possibilidades de eu me perder ficando em Londres? E depois, vem a Lei, a Constituição, os Estatutos Sagrados — não encorajarás viagens supérfluas. Mas Deus, foi o próprio Fostt que me deu o endereço do German Student Travel Service, foi o próprio que me indicou um trem Londres-Aachen-Londres por 100 contos, pode haver mais encorajamento? Então a coisa está errada desde o princípio. Eu não queria comentar as três Razões da Proibição, porque elas já são obviamente óbvias, dispensam comentários, la bêtise suffit à elle-même,[5] e fim. Acabei de pôr a mesa com uma displicência sutil. Releio a tua carta com os dentes trincados como quem toma água porque está com sede. A tua certeza de "que existe gente com quem você pode conversar aí". Eu não tenho essa certeza. É impossível encontrar gente de universidade e eu NUNCA encontrei alguém que quando eu revelo a minha nacionalidade, em vez de perguntar: Você fala espanhol? É do Rio? Ah, Pão de Açúcar, Copacabana! perguntasse: como está a situação política, os movimentos revolucionários, a ditadura. Eu tenho a impressão (o que é chato e basicamente nocivo) que eu sei de mais coisas que toda essa gente daqui, que eu estou isolada no país em que radical não tem vez ou é assim assim como o Eric (a única talvez possibilidade de conversas, e há ainda — às vezes — a professora de história). E enquanto isso recebo cinco convites para ficar em Genebra, parece que a Comunicação de Proibição não chegou nunca. Os cinco convites. A carta da Lili. E ironicamente a carta dos meus pais NÃO chegou (mesmo que o ICYE deixasse, sem a carta do Brasil, neca). Eu mandei há umas três semanas o pedido com um URGENTE e não chegou a dita. Mandei outra vez. Nada. Por que por que por que por

→ 1 "O correio vem de novo hoje?". → 2 Cântico ou hino de Natal, na tradição inglesa.
→ 3 "Sério o bastante". → 4 "Desculpe, mas nós ingleses somos muito antiquados".
→ 5 "A estupidez se basta a si mesma".

carta — 27/12/69

O que eu acho desfaçatez (?) é o YOU WOULD LIKE.[1] Quem foi que disse? O que eu queria é o meu amor e mais nada. E me atiram (sem você) a conferência GOD'S REVOLUTION ON ON ON.[2] Há tanto faço como você diz, "coisas sozinha", ler escrever ouvir música flanar — e o Eric até observou que eu vivo me trancando no meu quarto, que eu não sou muito sociável. Com o dinheiro das beibesentagens comprei mais três livros: *O manifesto comunista*, Marx e Engels com um ensaio enorme de um dos melhores historiadores ingleses, o A.J.P. Taylor. *The Cultural Revolution in China* por uma Joan Robinson e *American Power and the New Mandarins*, uma análise da burguesia industrial nos E.U.A, do Noam Chomsky, dedicado aos bravos jovens que se recusaram a servir numa guerra criminosa (Vietnã). Os livros baratos da Penguin são de enlouquecer. Eu sou louca ou loura, você disse? Vem, come, komm, viens, é um tiro na cabeça. Contei para o pessoal daqui que a Lili te obrigou a ir à escola vocês tendo deitado às 4 e 30 da manhã. Sabe o que a Muriel disse? Que faria o mesmo. Aí a Hilary interferiu (se há uma coisa que me emociona é ver a Hilary sair da apatia dela e interferir — por mim é claro) e perguntou se ela nos obrigaria a ir à escola se a neve fosse culpada do atraso e a Muriel reconsiderou. Tenho inveja de você com uma turma de universitários, o garoto persa e a demonstração contra a Guerra do Vietnã. As minhas amigas na escola são umas alienadas, os papos mais profundos são na base de — você é contra ou a favor da pena de morte? — e eu já nem tenho mais disposição de responder. A Lili bronqueou vocês? Qual é a comunicação possível com a Lili? Precisamos ler o *Princípio esperança*, do Ernst Bloch. Cansados lado a lado cansados mas é um cansaço bom, o cansaço lado a lado. Escrevi duas poesias diferentes. Temática: a cidade. E os teus dias sem ser meus me deixam incompreendendo. Mostrei para a Hilary os três livros que eu comprei. Quase indiferença. Indiferença mesmo. O que você tem feito nesses últimos dias? Reuniões e discussões boas? É estúpido, é uma merda estar reduzida para sempre a te escrever. É aqui que entra o princípio esperança, princípio, princípio. Meu coração acelera minha língua fica seca ao ler tua carta. "Me escreve dizendo o dia e a hora em que você vai chegar pra eu poder te esperar no abraço da estação no beijo da estação." Esta frase me corta os pulsos. "Eu já não dou a mínima bola pro ICYE." Inveja de você e raiva do ICYE. Eu tenho de dar bola porque eles me quebraram. E me manda um cartão-postal de Genebra.

           Eu te amo,
           Luiz

não é uma mera fórmula, é uma afronta ao meu direito de escolha.

SON OF

30 de dezembro

É agora que eu preciso te escrever. Com o pulso rápido, sem pautas nem parágrafos. Porque agora eu te desejo e te amo e abro o meu amor inteiro para dizer que sim. Estou feliz de repente. Estou sendo e te amando inteiramente, e a tua ausência é tão absurda que eu estremeci de desejo pressentindo que você ia abrir a porta e entrar. Fui buscar uma caneta que liberta uma tinta úmida e meio viva. E te escrever sem truques nem pressa, o pulso rápido e a página limpa.

(AQUI EU PAREI DE ESCREVER PORQUE EU TIVE A SENSAÇÃO FORTE E IMINENTE DE QUE EU IA MORRER, DESMAIAR OU ENLOUQUECER. COMECEI A FICAR TONTA COMO DROGADA. FUI PARAR NA SALA, FIZ BARULHO, LIGUEI A TV, VI AS NOTÍCIAS, TENTEI VOLTAR À SUPERFICIALIDADE OU AO CONTATO HUMANO. DRIBLEI A SENSAÇÃO. VOLTEI PARA O QUARTO, E A HILARY TAMBÉM ESTÁ AQUI, ARRUMANDO UMA GAVETA ENVELHECIDA)

O que me provocou essa tontura — que eu ouso chamar tontura profunda, conversão, sacudimento, súbito inteirar-se (na falta de palavra melhor; eu queria usar "awareness" para não usar "tomada de consciência", por isso vai "inteirar-se" mesmo — apesar de eu não gostar dessa "infinitização" já meio manjada) da intensidade que é viver — o que me provocou foi um livro chamado *HONEST TO GOD*, de John A. T. Robinson, onde tudo que eu sempre senti ou pressenti em matéria de existência está em palavras quase óbvias demais. A desmistificação que eu sempre professava de repente eu senti — como é intenso e profundo viver sem a superficialidade religiosa e sem os mitos religiosos. De repente eu <u>senti</u> isso — e me apaixonei por você, e me apaixonei por viver, e me apaixonei por ser com todo o ranger dos dentes (<u>sem</u> metáfora) e terra bruta e matéria e gidismo e clorofila e transcendência tátil e imanência pura em que viver implica. Eu <u>senti</u> o que eu já tinha entendido: que viver sem mito é amar completamente. Por isso eu te desejei mais que nunca. E por isso eu precisei sair do meu confinamento e me atirar em direção às pessoas. É por isso que a Hilary arrumando gavetas velhas, abagunçando o meu quarto por tão pouco tempo impecável e me mostrando trecos e coisas absurdas (inclusive um pedaço de pelo de gato, um selo da Miss Jamaica 1963 e um programa do *Merchant of Venice*) não me chateia nem me irrita — sem os outros, inferno ou não, eu não sobrevivo. É por isso que eu não posso perder tempo nem ganhar tempo. E eu tenho de me levantar com coragem e dar o salto. Eu sinto dor porque existe a separação inexplicável, eu sinto dor porque eu não entendo, eu não sei, eu não estou cabendo, eu queria, eu não posso. Mas sem o mito eu no que sinto a dor posso inclusive ser mais plena e menos isolada. Ainda não sei as consequências e a angústia dessa derrubada, ainda não estou completamente a par da intensidade da plenitude. Mas eu sei que só sem o mito eu estou com os pés e o corpo inteiro em cima, com e dentro de alguma coisa. Só aceitando a vida agora como absoluta é que eu posso falar em Deus, ser em Jesus Cristo, amar o mundo, te amar. Eu sou da terra completamente, o tempo é agora e você é meu absolutamente. Estou a caminho. É terrível, é maravilhoso, é dilacerante. Pronuncio pela primeira vez: TE AMO.

↪ 1 "Você gostaria", com o sentido de "seria melhor se você...". ↪ 2 "A revolução de Deus de novo e de novo".

cartão-postal — 1/70

Luiz, querido, meumeumeu

Estou perdendo tempo.
    durmo demais, perambulo demais, fico tempo demais escrevendo cartas. Uma criança está aos prantos lá fora, e eu estou indiferente ao choro da criança.
    Estou aprendendo que A VIDA É UMA ORDEM, SEM MISTIFICAÇÃO,[1] como o Drummond dizia.
    Em Swanwick, o nome na boca de todo mundo era o de D. Helder Câmara. Hoje domingo 11, eu acordei no meio do dia e desci para o almoço com um suspiro de frustração. Estou entendendo ou sentindo que eu precisava ter ido ao continente para essa viagem contigo — para afastar o meu estupor. Para me tirar o gosto de serragem da língua. Para. Estou neutra e ferida.
    No colégio estudamos a revolução chinesa. De resto é uma desanimação total. Me manda um outro retrato teu para me consolar. Do espelho você olha-não-olha o meu desentusiasmo. Tenho uns sonhos tão esquisitos que me assombram o dia inteiro. LUIZ, MEU AMOR.

→ 1 Citação dos últimos versos de "Os ombros suportam o mundo", poema de Carlos Drummond de Andrade incluído em *Sentimento do mundo* (1940): "Chegou um tempo em que a vida é uma ordem/ A vida apenas, sem mistificação".

cartão-postal — 1/70

A melhor aula continua a ser apreciação musical. Estamos dando impressionismo. Vamos estudar de tudo em música. Em história estudamos revolução russa, em general science discutimos o que o homem tem feito com o seu planeta (hi, hi, hi). Aqui não tem provas durante o ano, só no fim, mas eles (elas) dão conceito para os trabalhos de casa (A, B, C, D, E). Eu só tiro B não sei por quê. E aí, tem provas, notas, conceitos, e outras burrices? Fui com o papai a lojas geniais, tem umas só de cartazes, outras só de cartões, outra com coisas de outros mundos. Vi um Snoopy em tamanho natural, branco, de pelúcia, barrigudo, fiquei em transe mas eu não quis gastar 6£ com um Snoopy. As gravatas aqui são birutas. Tudo é. LUIZ LUIZ eu te amo. Esquece tudo que eu te disse até agora, menos a última frase. Porque as minhas cartas e cartões não dizem nada, as verdades só transpiram. E depois de estar confusa-perplexa, cansei. LUIZ, meu, cansei.

cartão-postal — 1/70

Passei o fim de semana com John Hopper & Viviana Duranti. Comemos em restaurante, há muito não apreciava um jantar assim. Ela dormiu na cama dele, ele dormiu na cama dela, e eu fiquei no sofá da sala mesmo. Domingo a chuva e o céu turvo, o carrinho minúsculo, paramos em Saffron Walden para uma missa muito da chata com um sermão idiota. Cambridge à vista — deixamos Viviana num dos colégios (ensaio) e fomos ver a cidade. Tempo horrível, chuvinha desesperante, chuvinha desesperante, frio oblíquo, frio me apunhalando com o seu sorriso onipotente e úmido. Vimos o Trinity College, o King's College, o rio, as pontes venezianas e uma gôndola cheia d'água. É mesmo um troço estupendo. Depois do ótimo almoço visitamos essa igreja gótica, extasiante. Às 2:30 o concerto: *GUILHERME TELL*, ópera do Rossini. Adorei. Descobri que eu gosto de ópera. Enquanto espetáculo AUDITIVO (não visual). Valeu.

Luiz Augusto Ramalho depois de ser baleado na manifestação conhecida como Sexta-feira Sangrenta, Rio de Janeiro, junho de 1968.

Ana Cristina Cesar em Londres, 1969.

Recorte de revista com parte da ilustração dos Beatles
(Paul McCartney estava na página seguinte).
Carta de 13 de janeiro de 1970.

Cartazete no verso do qual Ana escreveu a carta de 13 de fevereiro de 1970.

Desenho da poeta. Carta de 5 de janeiro de 1971.

Cartões-postais dos dias 27 de outubro de 1969, 13 de fevereiro de 1970 e 29 de maio de 1970.

"Quando você vier traz cigarros destes para mim. São bons como eu gosto." Embalagem de cigarro no verso do qual Ana escreveu parte da carta de 17 de outubro de 1970.

Papel enviado com a carta de 6 de março de 1970.

MARCADOR
estou cheia
estou cheia
estou cheia
estou cheia
estou cheia
estou cheia
estou cheia
estou cheia
língua
contato
ausência
fome
insônia
sono
incomunicabi
por que
eu não vejo
as coisas
que não
doem
o sangue
das tardes
colorindo o
céu de cinza
e perdendo-se
no espaço

Bélgica, Irlanda do Norte e Inglaterra: marcador escrito na Antuérpia em 3 de agosto de 1970 (*à esquerda*); embalagem de chocolate em Belfast em 2 de abril de 1970 (*acima*) e mapa do metrô de Londres na carta de 21 de outubro de 1969 (*abaixo*).

Destinatário: Luiz Augusto, sem sobrenome. Verso dos envelopes enviados em 12 de dezembro de 1969 e 13 de fevereiro de 1970.

vem, nem que seja só para dizer—sou mais
(Re-ouça Marginália.)

BY ALL MEANS, DO IT

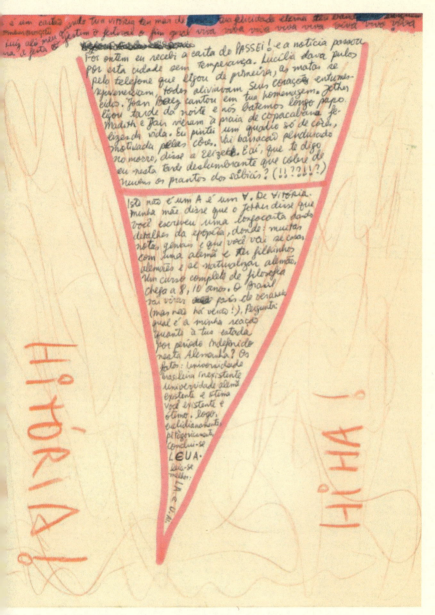

poucos anos de publicar seu primeiro livro, a escrita e o estilo
m formação da poeta já começavam a despontar.
artas de 20 de novembro de 1970 e 5 de janeiro de 1971.

Passei ontem o dia inteiro escrevendo cartas e cartões. Meu Deus, e o meu dinheiro?
Na sexta fui à excelente biblioteca do colégio da ONU e estava quase feliz com a descoberta de tantos bacanas livros ~~eu~~ QUANDO algo pior que o Horácio aconteceu: esbarrei a mão num ...CACTUS e 300 minúsculos espinhos se instalaram na minha tão manual e eu passei uma TARDE INTEIRA tirando UM a UM com uma pinça. Perdi 2 conferências e testei minhas frágeis paciências já esgotadas.
No dia seguinte que por acaso era sábado, fui ao aeroporto comprar jornal. E QUEM? Quem resolve vir comigo, ou melhor atrás de mim? Ele mesmo, o Horace. MEU DEUS, eu não merecia nem isso —— Minha mão estava TODA lambuzada de creme contra infecções, por causa dos espinhozinhos da véspera, aí a besta disse: "Since your hand is hurt and I can't hold it..." E ME DEU o braço! Depois de uns segundos de irada enojada reflexão eu virei e disse "please don't hold my arm because my hand is aching..." (tão delicado) (entenda-se) Ele pediu desculpas e teve de ouvir na porcaria do meu inglês (ida e volta do aeroporto) eu falando de você, do meu amor, da minha saudade, e que eu queria era alemão.
A NOITE teve uma festa de despedida com danças e jogos e o desajeitadíssimo Horácio. Meu Deus, tive o maior choque da minha viagem: fui eleita Miss United Nations Association 1969. Chocante, deprimente.
Domingo foi a longa volta para Londres (NÃO HÁ FOG em Londres nessa época, só no inverno) (estou apaixonada por uma cidade inteira). Na casa da Margaret dissolveu-se a angústia e as decepções que não chegaram a existir, à impressão que os ingleses não são tão bons, a chateação e entrei na paz (como é possível tanta poesia) e na loucura e na lindeza de St. Albans me amando e eu amando os cantos de St. Albans. Terça à noite meus pais vieram me buscar SÃO bárbaro minha mãe lembra a tua si muito fala muito cozinha muito e carinhosa faz umas geléias. E sabe muita História. Meu pai trabalha na Christian Aid que ajuda na libertação de países subdesenvolvidos mandando dinheiro É ótimo É lovely (estou apaixonada pelos cinco e louca por você)
(Luiz, eu nunca pensei que tua ausência me despertasse tantos gostos tristes na boca e que eu fosse uma parte tão tua) Falei de você. Eles se interessaram, com a mansidão inglesa em sol maior, queriam saber tudo de você e o que você estava estudando e ficaram horrorizados (desculpe o uso da palavra tão antiestética ABAIXO A ESTÉTICA vivam VIVA as incertezas, as flores Londres os campos eu vi, Luiz amor eu vi nos campos de Richmond veadinhos soltos correndo e carneirinhos e gente se amando e aí fecho parênteses com esforço) com o nº de matérias que você ~~tem~~ tem de estudar disseram que isso é muito alemão que é um absurdo poor old Louis
Na quarta fui (é chato) convidada (ser) para (importante) almoçar com o pessoal da Christian Aid. Eles querem ~~se~~ lançar um projeto ~~de~~ no Brasil através da ISAL mas não sabem bem o quê. Me fizeram milhões de perguntas sobre realidade brasileira e perguntaram o que eu achava

Lélé ajudaram o Brasil. AÍ (............(espaço pra palavrão) de inglês meu) (*Ai besoin de parler français*) (não esqueça o francês) eu tive que ser agressiva (eu tentei ser objetiva e fria, não consegui, mas eu tentei) eu disse WE DON'T WANT CHARITY WE WANT JUSTICE e já chega de blá-blá-blás (com desculpas da palavra) para o Progresso, se eles querem ajudar é gastando dinheiro para projetos de conscientização (descobri que cristianismo = totalidade, promove a revolução TOTAL, eu tentei dizer) (acho que esse ano vai ser uma redescoberta dessa fé que enterraram e desentenderam tanto.)
Na volta de Londres (depois de ver lojas em Chelsea, ver gente, ver coisas lindas) para Richmond fui SOZINHA no underground (eu estava) (emocionada) que vai mais por cima que por baixo, por cima de parques flores casas flores verdes flores loucuras flores e estava um desses dias enormes, azuis, desnevoados, o sol era um só (te repito) (te amo) se eu te amei como nunca nos jardins atrás do sorriso da Hilary vi o teu o céu era você a cidade era você o balanço do subway era tchutchutchu você eu só te via VOCÊ VOCÊ. A cidade me despenteou me descabelou mais uma vez e cheguei em sobressalto à estação de Richmond, tomei o 2º andar de um ônibus avermelhando e COMO VOU AGUENTAR TANTA POESIA? As gentes de Richmond vão com as suas espreguiçadeiras pras margens - grama do Thames tomar sol, lá verde e cheiro de verde por toda parte. Em casa janelas me esperavam. Entardece diferente em Londres os céus vão baixando devagar o sol se reparte em dois mil sóis uma esperança se delineia no vôo de um pássaro uma esperança novíssima ___
Semana que vem começam as aulas, vou para o 6º ano (minha irmã está no 5º) e posso escolher 3 matérias. Acho que vou com inglês, francês e história econômica. Além tem ginástica, aulas extras à noite para quem quiser e talvez eu consiga assistir às aulas de alemão no 4º ano (é o começo do alemão) que tem um curso intensivo. Tenho ainda 4 dias para morrer ou renascer em parques castelos livrarias teatros cinemas barcos se eu não cair de bruços num desses bosques (as crianças vão colher framboesas e voltam rujas e vermelhas) (meu Deus, é a fantasia virando em cada esquina londrina) (estou ora ou nunca cheguei a) (existir) e enlouquecer de vez. LUIZ sabe o que eu sonhei ontem? Eu estava numa floresta de eucaliptos aí a Elaine chegou correndo e disse que você estava mal e eu nunca corri tanto aos prantos cheguei perto de uma casa e você estava na beira da estrada deitado no chão chorando e soluçando alto eu chorava alto também cheguei e senti o chão e pus a tua cabeça no meu colo VOCÊ CHORAVA tanto, a gente se penteava junto, nunca teve um sonho tão real tão sofrido tão sentido. A minha família aqui tem amigos em Neuss, perto de Dusseldorf, que me hospedariam talvez na Páscoa. LUIZ, me manda teu telefone! Nas cores desta terra (que não são só 4) cada manhã eu. Minha mãe trouxe um mapa da Europa e me mostrou Neuss é uns 65 km de Aachen e eu estou guardando dinheiro AMOR, cuidado para não ficar menos louco com tanta química física biologia etc espreitando (estou com ciúmes) não se perca no trono do Carlos Rei me espere (não feche um parêntese sobre mim) Vamos descer o Tâmisa e o Reno num barquinho vermelho VALENTINE'S DAY é 13 de fev. Vamos nos amar numa cabine numa cama dentro de uma noite por baixo de um céu sem as nossas velhas estrelas, mas com outras velhas ainda, e de manhã você de chapéu de marinheiro eu tentando desancorar nossos corações Nama tomar chá ou cerveja ou salsichas ou feijão enlatado e ninguém

na alternava as cores das canetas, a caligrafia, os assuntos,
s línguas. Carta de 5 de setembro de 1969.

Envelopes enviados nos dias 18 de setembro de 1969 e 9 de dezembro de 1969.

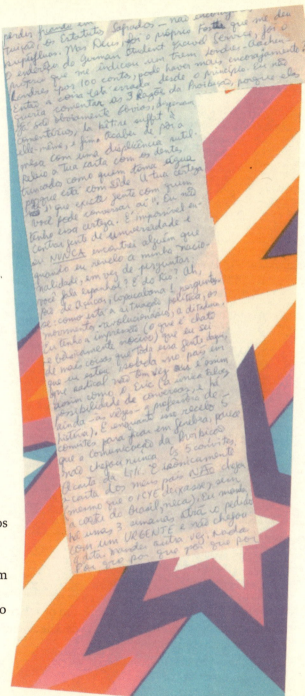

"Releio a tua carta com os dentes trincados como quem toma água porque está com sede." Carta de 23 de dezembro de 1969.

> Nova Iorque
> 3 setembro 1970
>
> estou voltando. ou chegando. um vôo e os abraços. de volta sòzinha, absolutamente sòzinha. um dia sem fazer nada, um contralto me arranhando os ouvidos cheiros e sons distantes: Harlem. cartas de casa: há uma carta tua me esperando o que diz a tua carta me esperando? um aviso. décimo nono andar no meio da tarde. sotaques. vinganças discos. dólares. medos ansiedades. mais aviões. estou voltando, para a família, a ditadura, a amiga com força de amor, o pequeno vestibular, correspondências, livros, dúvidas. para uma carta tua. volta.
> passei uma semana com o Harvey Cox numa paz perfeita. em Boston com amigos dele. em aqui havia três cartas tá de casa e uma do Eliane. as cartas da Eliane são a única coisa ainda capaz de me desesperar neste momento.
> eu também não consigo mais escrever, há tanto tempo que algum vestígio de um vestígio morreu. restam as pequenas excitações da viagem e os gritos no corredores. perca-se num romance, vamos ao Central Park. o que morreu eu não sei, mas ainda o sangue do meu corpo e os sonhos deu sem. Luiz, eu digo. Luiz, o que aconteceu? falta de ar sem importância. pressão alta. eu digo de novo: Luiz, o que nós estamos fazendo? vivendo uma elegia transitiva ou vivendo? acabou, alguma coisa acabou. Eu?
> em quatro dias eu estou no Brasil, sem você. esquisita. irreconhecível. pronta para abraçar quem quer que esteja. sem futuro também. devolvendo fotografias nunca pedirás. talvez palavras. você já inventou um personagem? você me escreve? você sabe quem eu sou? eu sei quem você? nós como no ambo e eterno existimo? aqui o passado e o presente são indissolúveis. existimos o que além desta poesia? um dia o gramado em Dusseldorf desaparece? a rede e o primeiro beijo? aquela lua? vamos subir uma montanha. qual é o inverso de um ponto de interrogação. qual é qual é qual. Luiiiz! sobe aqui, dá' uma olhadinha aqui nessa latinha. tá vendo só que engraçado êstes pingüins velhos como a velhice de um ano a sós. Luiz lê êsse folheto da Rosa Luxemburgo que eu roubei daquela livraria e me diz o que você acha. achou? arranjei uma livrinha. Orfeu do Carnaval. Anelka. Patrícia. Flamengo. Não, Flamengo. acidente. lavanderia. trem. cartões. dedos suados, narizes. ninguém.
> ninguém, ninguém, ninguém, ninguém, ninguém.
> não tenho saudades da Inglaterra. nem de nada da Inglaterra. mas eu já estive lá algum dia? que sotaque besta é êsse? os americanos riem. fiz frio naquela sala de lá. aqui nada nada nada nada. estou em volta, por volta, querendo a volta, até a volta, de chegada. com medo, é verdade.
> o que vai acontecer é maior que as minhas mãos crispadas e o meu enjôo. Bahia, terra.
> Luiz isso tudo é tão chato, acabaram-se as minhas palavras e medidas. posso dizer de uma vez? não deixa de me escrever. Ana

Ana retorna ao Brasil: fim do intercâmbio, fim do relacionamento. "Acabou, alguma coisa acabou. Eu?" Carta de 3 de setembro de 1970.

PEDRA SONORA
MEIO DIA DE DOMINGO
SONS RAROS DO RÁDIO E DA COZINHA
SENTO NAQUELA MESMA MESA SEMPRE ALTA "E MAIS ESTUDANDO INDUSTRIALIZAÇÃO BRASILEIRA"
NA FRENTE
OS VELHOS MORROS CONHECIDOS VESTIDOS DE METÁFORAS VESTIDOS DOS RIOS INVISÍVEIS CÔRES
ENCOBERTO E INCERTO TEMPO
ARENAS A FAMÍLIA E OS PÁSSAROS ALÉM DAS MÁSCARAS
INICIOU-SE UMA COLEÇÃO DE BORBOLETAS
HÁ UMA RÊDE SÊDE NOVA
E A PEDRA COMO DE PEDRA SOB SUAS DATAS E NOMES E NOITES
OS CAMINHOS OS MESMOS CAMINHOS QUE ABRANGEM FAMILIARMENTE OS PASSOS
A TENTAÇÃO BARROCA ANTE A TENTATIVA DESPOJADA
BOCAS CHEIAS DE RUMO
MAIS UMA VEZ OS CHEIROS ÚMIDOS AS CARNES ÚMIDAS
EM PRIMEIRO PLANO, NOSSOS GERÂNEOS
CONTRA A SERRA OS ARBUSTOS DO TAMANHO DOS TEUS OLHOS BUCÓLICOS
ARMSTRONG SE CALOU NESTE CENÁRIO
GRANDES LUAS PASSARAM
DEIXANDO UM DESEJO VAGO DE ABRIR OS BRAÇOS
E SORRIR UMA RAPSÓDIA
ATÔNITAMENTE
DE ABRIR OS BRAÇOS
ELEGENDO OS SILÊNCIOS TARDIOS
DE ABRIR OS BRAÇOS A SAUDAR AS NUVENS ALÉM DOS EUCALIPTOS
A TERRA
DE ABRIR A TERRA E O ESPAÇO ENTRE OS OMOPLATAS
TRANQÜILOS /
EVASÃO
BUSCA DA LINGUAGEM QUE NOS TRANSFORME NO VERDE DESTA PASSAGEM
PASSAGEM DO TEMPO
LONGINQUAMENTE NOS APOSSÁVAMOS DO TEMPO E SUA VONTADE

Poema sobre Pedra Sonora, próximo a Resende, no Rio de Janeiro, onde as famílias Cesar e Ramalho costumavam passar fins de semana e férias. Carta de setembro de 1970.

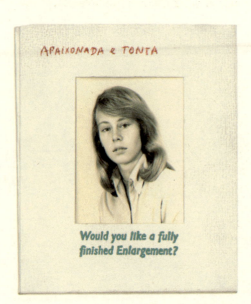

"Reli a carta e achei tão dura e rápida. Não tem nada de Brasil. Não tem, eu sei. não diz que tem. você queria Brasil? Eu vou mandar assim mesmo depois eu falo de coisas vivas." Carta de 5 de maio de 1971.

bilhete — sem data

[no envelope]
UM SEGREDO

Os segredos são indizíveis e só te tendo dia a dia você vai ficar sabendo. Nem por isso eu dizia e desistia com aparente e irônica paciência. Meu amor, você sabe. E enquanto a gente souber as nossas raivas vão, se misturam ao crepúsculo e adormecem.

    ELEGIA TRANSITIVA

    Dizer — Viagem, e forma-se
    o halo de separação entre presenças
    contíguas no bairro; infinitamente recua,
    apaga-se o conhecimento. Quem és tu, que embarcas
    num jato de olvido e chegam postais em mexichrome
    com o diabo velando na torre de Notre-Dame?
    Furtaste a um ser gravado em pele
    a voz
         o gesto
              a cor predileta dos trajes
    e esse alguém desmorona, falto de atributos.
    Como aceitar? Quem suprirá o perdido?
    Quem permanece igual, se em volta
    os elementos se desintegraram?

Existia a viagem
desde sempre; não era percebida,
doença oculta
sob uniforme olímpico;
pequenas fugas, ensaios, despedida na esquina
comercial. Noite
entre dois escritórios ou livings,
e tudo na aparência recomeça
com a placidez dos relógios,
a segurança dos estatutos.
E não se mede o espaço. Uma viagem
é imóvel, sem rigidez. Invisível, preside
ao primeiro encontro. Todo encontro,
escala que se ignora.
      Agora
quem és tu, couleur des yeux,
couleur des cheveux, signes printanniers,
lieu et date de naissance?
The validity of this certificate shall extend for a period of
         [three seconds
ou por eternidades abissais?

Despojados antes que nos despojem,
apenas reconhecemos
uma antiga, sonolenta privação de bens conversáveis e táteis,
viajar-de-mentira, fazer-viajar por omissão.
Resta conferir apontamentos
de falta: o telefone petrificado;
envelopes do Hotel Marunouchi, Tóquio;
Laurien's, Agra; recado a lápis
rabiscado no Albergo della Gioia, Via delle Quatri Fontane
ou (premonição) no Pouso de Chico-Rei;

exposição de malas malabertas em lojas;
a página marítima do *Jornal do Comércio*;
preço do dólar;
lugares onde
se
quando
habitavas um tempo
e a cidade era teu anel e colar.

Onde habitas agora,
como saber tuas joias errantes?
Que ardil para imaginar o novo corpo
onde se esboça a lucilação
diversa, e outra música?
Lento, conhecer; obscuro, ter conhecido;
e em nosso museu desapropriado a angústia passeia
altas perguntas sem contestação.

Viajar é notícia
de que ficamos sós à hora de nascer?

folhas soltas — 3 a 11/1/70

Indo de Londres para Swanwick ônibus panorâmico últimos resíduos de neve pelos cantos passa uma livraria com o busto branco do Mao cercado por reverentes Livrinhos Vermelhos estou me lembrando com a nitidez das eternidades do meu amor a quem pertenço incólume *Le Monde* sem Brasil devagar devagar para não escorregar no gelo sujo Hampstead Hill Pilgrim's Lane Guiness Time Midland Bank Benlay Pipes Bluestar Petrol e um Merry para todos eu disse PARA TODOS que divã vermelho aquele bacana os tiracolos pendentes as igrejas penduricalhando, encalhando os quadrículos do parque embranquecido

                inn-
              verno (1)

    triste pub na (tijolinhos sobe desce) retórica. descompasso arcos marcos e o teto de vidro, cocô de passarinho — retomo o mundo, em doze páginas me beirando o queixo, pé sob pé e o frio fundo –

Swanwick, 3 de janeiro de 1970 uma e dez da madrugada

Meu quarto é gelado minha cama daria para dois — conferência, tema revolução, filme sobre favela em Londres, discussões. Ao som das canecas de cerveja encontrei um brasileiro estudante de teologia, duas alemãs idem, uma argentina do Exército da Salvação, um sul-africano violento que pensa que o Brasil é ideal em matéria de relações entre raças, um irlandês profundamente interessado em política brasileira, uma porção de ingleses, ei, eu estou podendo conversar! estou debatendo! enfim diálogo! possibilidades por toda parte. E o Sigmar é mais radical ainda?

Ele acha que o fascismo deve se manifestar nos países capitalistas desenvolvidos antes da revolução do operariado.

[em diagonal]
pedaço inacabado de uma carta em Swanwick. Não estou podendo escrever. Estou com uma certa fome certa e suspirando por você. Eu queria ler as tuas poesias. Me manda umas que eu mando as tão pouquíssimas minhas.

Vou escrever para a Eliza hoje mesmo sobre a tal possibilidade de encontro dos bolsistas em algum canto da Europa. Quando são os feriados teus em meios de fevereiro?

Você vai mesmo a Berlim nas páscoas? Me convidaram para uma reunião em Genebra (do ICYE) mas há outra na Irlanda, que talvez fosse melhor. Não sei de nada e estou com o coração tempestuoso e burro. Te quero.

Luiz, hoje 11 de janeiro domingo 4 e meia pouco frio meu quarto branco meu sono quieto. Teus quatro cartões: um de Aachen mesmo do dia 22, um de Berna (que sujeira: "você não sabe o que perdeu"; não precisava dizer; o problema não é saber ou não saber, fico revendo os cartões como uma ignorante perplexa), um de Genebra do dia 4 no trem pra Roma, e um de Roma mesmo com o panfleto de luta operária. E isso mesmo: os cartões na minha frente e eu não sei de mais nada. Passei um Natal tranquilo, puxado ao chato, ganhei as obras completas de Shakespeare, *Alice in Wonderland* e *Alice through the Looking Glass*;[1] ganhei *Animal Farm*, uma agenda, um lenço, balas, meias e cubos para banho. Houve peru e as coisas próprias da festa mais revoltante que existe. No dia 31 fui a uma exposição espetacular de pintores espanhóis, incluindo

Picasso, Miró, Artigas e Dalí. Ninguém se compara a Miró. Fui à Tate Gallery, estonteante. Depois de um dia inteiro de geada e solidão, chego em casa para receber um inesperado telefonema do Rio. Ninguém me ouvia mas eu ouvia eles. Foi gostoso. E passei a noite de fim de ano baby-sentando até 3 horas da manhã, o que me valeu 20 contos. Dia 1º fui ver com o Eric e com a Hilary o espetacular e engraçadíssimo *MUCH ADO ABOUT NOTHING*.[2] No dia 2 fui para a tal conferência em Swanwick onde fiquei até o dia 7. Grandes debates, confrontação entre os conservadores e os progressistas. Muita neve e sol, tirei retratos bacanas. Passeios pelos campos perto, discussões políticas dos "verdadeiros revolucionários" no pub ao som da gaita de um velho operário. Encontrei muita gente radical e pude conversar bastante. O brasileiro mandou as suas brasas e chegou a ser uma presença marcante na reunião, que de um modo geral estava geral demais. Muita besteira ainda.

    eu te amo

Senti solidão e angústia meio inexplicáveis, discuti teologia e política brasileira, a ética da violência e revolução em geral; foi bom bater papo em português e cantar sambas com o brasileiro; foi chato participar dos grupos de discussão onde se debatia se Deus estava lá em cima, aqui embaixo ou nos dois ao mesmo tempo; foi chato participar das discussões se oração melhora ou não um revolucionário; ora vá! Mas havia um grupo lá bem violento, dizendo coisas que precisavam ser ditas e discutindo a socialização da Europa. No fim das contas a conferência me insatisfez, fora alguns contatos e a neve. Vou ver se começo a participar de um grupo em Londres (FREE UNIVERSITY FOR BLACK STUDIES)[3] que estuda as relações entre Europa e África. O *Pasquim* e recortes violentíssimos da *Tribuna* (Hélio e outros), mais um bolo de cartas me esperavam na volta. O grupo nacionalista do Exército parece estar ficando furioso com o entreguismo generalizado. Ameaçam repetir o Peru ou a Bolívia?[4] Recebi carta circular do ICYE de Nova York dizendo que a homegoing conference[5] vai nos separar entre 2 e 5 de agosto. É bom a gente começar a pensar na nossa viagem de verão. Vou ter de me conformar de não ter visto a Itália e a Alemanha. Não sei. Eu tinha pensado em França, Espanha e sei-lá-mais-o-quê. O domingo está triste demais para te escrever, triste demais. Ontem fui a este museu,[6] um negócio monumental. Vou começar a ir firme ao teatro (Shakespeare, Shaw etc.) com uma colega.

→1 *Alice no País das Maravilhas* (1865) e *Alice através do espelho* (1871), de Lewis Carroll. → 2 *Muito barulho por nada* (1598-99), comédia de William Shakespeare. → 3 Universidade Livre de Estudos Negros, criada em 1969 pelo ativista anglo-guianense Roy Sawh, com sede em Londres. → 4 Alusão aos golpes militares de 1968 e 1964 nos países vizinhos, respectivamente. → 5 "Conferência de regresso a casa". → 6 O Victoria and Albert Museum, cujo prospecto de programação serve de suporte a um trecho da carta.

cartão-postal — 11/1/70

Sábado 11-1-1970

Querido meu,

Recebi uns cinco cartões teus de cantos dessa Europa daí e tive inveja (uma velha história). Te escrevo hoje mesmo, mas agora vai o cartão porque vou correndo encontrar colegas no Victoria and Albert Museum. Esse Turner é um dos pintores ingleses mais geniais. No início do séc. XIX o cara pintava uns quadros impressionistas, abstraindo quase que toda imagem figurativa! Eu fiquei louca na Galeria Tate. Quero voltar lá com você. Precisamos combinar o encontro de brasileiros e/ou latino-americanos em fev. (que tal França?). Beijos meus, que sou tua.

carta — 13/1/70

[no envelope] do colégio: o rádio na sala no intervalo de repente tocou "Tristeza" com o ritmo inconfundível
    declension
    nosey[1]

E chega chega a carta o sonho o sonho o som (Dream, dream I... love... you... so I... need you... so) e até um cartão estranho e mágico de Salzburg. Estou estou est-ou ou chuva chuva branquíssimo ininterruptamente solidãomente dão dão dão soli logo eu, sem culpa nem preconceito, e ainda duvidam dos olhos malignos ainda ainda riam um sorriso? um? três? Quando eu recebo as suas cartas mais fundas me dá niilismo pelos dias afora, pra quê, pra quê, preguiça, chuva, chove, estou inútil. Não tenho mais o coração apaziguado para te escrever; (eu já tive isso?); o meu dedo dói lateja que lá esteja em tudo ao meu amor serei serei antes e com tal zelo[2] pareces pareces uma lagarta uma quê uma quê –? Is it true? Is it?[3] Eu entendo o teu desentendimento e igual ao sol primeiro e posto desentendo tudo porque a poeira a dívida a falta cobrem cobrem de chuva escassa rala mansa burra. Não tenho mais como pôr um ponto de exclamação e até mesmo o silêncio as medusas musas usos fumos desistiram dessecados rôla rôla sabe Luiz sabe? sabe? sabe? sabe? Você você está pela primeira vez (1ª vez) sentindo que viveu viuviveu — e enquanto eles estudam o amor do Troilus e da Criseyde[4] eu estou inteiramente longe perto longe perto longe perto longe perto (coração) — imprevisível por você. Com você escovando escavado perfurado soluçado (de amor, de amor). Ah meu Luiz impossível, ne ne ne ah, abstrações enlouquecidas (te) essa aqui e esse aqui escutem bem, srs. cavaleiros esses dois aí joguem no poço, afoguem, viu? Prestem a tensão necessária. Cheguei em casa hoje 13 de janeiro — redecorei as paredes do meu quarto — das paredes pendem — pende um fio cheio de cartões como bandeirolas de S. João — preguei com tachinhas um mapa da América do Sul, o teu perfil no corcovado, lindo e ensolarado e sério e sorumbático na talvez imperscrutável como como sempre — deixei o mapão das ilhas britânicas — o mapa do norte da Alemanha com Aachen sublinhada três vezes — achei numa revista uns desenhos do Dalí para ilustrar *Alice in Wonderland* — são espetaculares — o livro custa um milhão e quinhentos mil a cópia — coloquei três folhas da revista com três dos desenhos — e ainda outras três folhas desta revista com a continuação do artigo sobre os Beatles — poesia desenho e sonho Hey Jude don't make me cry take a sad song and make it better[5] — e para completar a parafernália do paredão o "mercado" — poema-objeto da Eliane Zagury[6] — bacaninha mais como impacto visual do que literário p.d.[7] — e na parede oposta (onde não entra tachinha) pus bem no meio o teu outro retrato alemão, do passaporte. Empacotei alguns dos meus livros e vou mandar logo. Minha mãe está mandando mais 50 dólares para mim. Eu podia gastar tudo aqui, mas há as viagens: já escrevi para a Eliza perguntando sobre o encontro de brasileiros em fevereiro. I'm so tired I haven't slept a wink Please don't make me sad[8] (essa carta é ao som de "Hey Jude" sem palavras e bem lento). Eu ando uma inútil, já já disse. Eu ando meio diluviana, meio delirante, periclitando, rapidalando. Eu recebi a tua carta que corta as horas e fiquei mordendo a caneta desesperadamente. euvocê euvocê euvocê euvocê eu, você. Indo para Veneza turisticar, sozinho e abandonado, de mim e me tendo, mas é noite é escuro é televisão mugindo e eu não consigo mais ter inveja de Veneza, ter inveja de Veneza, com os teus sapatos brancos de borracha, aqueles do tio Jair, vamos ver *Romeu e Julieta* e lá na tua aula do ICBA não se esquece de falar ich liebe dich[9] para mim, Ana e sozinha em atrás de com os canais canoas canículos da Veneza da janela de Veneza gondoleando lá no meio de você, com rima, com rima e tudo. E tem a frieira no terceiro dedinho do pé, eu manco deselegante, vou sentar os bebês e fico esperando os bebês (acordarem) ou o dinheiro (gasto rápido na livraria enorme, *Paroles* de Prévert para consolo me manda outro retrato teu teu teu teu) UMA UMA IA declaração/BARRA/Beijos no plural, quando eu penso São Paulo era triste, havia uma angústia implícita no pôr no sol(idão) sabe o que eu vi? Eu vi mobília de papelão tão bacana, tinha móbiles estantes bonecos mesas mesinhas cadeiras e até uma poltrona de 30 contos que nos aguentava ao pé ao fogo ao mar ao léu — mura mira máscara néctar fosco fluxo luxo ofusco rictus posto ranço ganso lusco fusco — tinha uma prima minha a Nereida o marido dela morreu na praia de repente de coração de repente — eu fiquei triste outra outra fez chuvosa e absurda e inútil, escrevi uma poesia chuvosa e absurda e inútil, abri o vento e joguei a pressa fora — museus, museus — estou ardendo, com uma falsa febre, a febre do absurdo — meu peito e minha cabeça ardem a febre de amor — por você Luiz — vou beber até cair

Você me chamou de meu bem — eu gostei tanto — meu bem, Luiz, meu bem
    Só tinha eu lá no Albergue neve neve neve
    um livro espetacular mas custa 12,50

↪ 1 "Declinação/ curiosa". ↪ 2 Versos iniciais do "Soneto de fidelidade", de Vinicius de Moraes. ↪ 3 "É verdade? É?". ↪ 4 *Troilo e Créssida* (1602), tragédia de William Shakespeare. ↪ 5 Versos de "Hey Jude", canção de Paul McCartney lançada pelos Beatles em 1968. ↪ 6 "Mercado", poema-objeto publicado na revista *Cadernos Brasileiros* (RJ) em 1969 e editado em livro em 1978. ↪ 7 Abreviação de "propriamente dito". ↪ 8 "Estou tão cansada que não dormi nada. Não me deixe triste". ↪ 9 "Eu te amo".

carta — 16/1/70

[no verso do envelope]
   as tuas passagens?

16 janeiro 1970, da biblioteca de Richmond, 2 horas, tarde, chuvinha, meu garoto, meu gigante, meu herói, amor. Não tive aula nenhuma hoje — matei o judô por causa de um dos meus dedinhos do pé, congestionado, endurecido, pontadas e dor constante. Passei a manhã lendo Camus — eu queria ter uma memória fotográfica e aprender esses grandes livros de cor — estou começando a entender que decorar esses grandes livros é viver, e não o contrário. Apesar da minha fascinação por *La Peste*, uma preguiça de ser me perseguiu a manhã inteira. Como se eu tivesse esquecido alguma coisa de importância vital — o cheiro ruim da

escola aquecida demais — e vinha o gosto do esquecimento, de que estava faltando aquilo e que havia um irrecuperável qualquer no meio. O sono, eu tive tantas vezes impulso de me jogar no chão e me encolher e dormir uns meses. Não era nem ao menos covardia, era cansaço e era gosto de falta.

Ontem veio a tua primeira carta de Aachen neste ano, contando do encontro em Bonn e do "desmantelamento" da tua família. Era noite e eu resisti à tentação de ir ler Bonhoeffer[1] na cama, me sentei perto do fogo falso, o rosto ardendo. O Eric que sempre chega tarde comia o jantar no sofá, a Muriel olhava os livros que eu comprei. "Recebi uma carta do meu namorado… que acho que vai interessar você…" (não sei por que ainda não me acostumei a chamá-los de mummy e daddy; eu faço por formalidade, evito o máximo). Contei da tua família e eles se mostraram bastante impressionados, perguntaram das atividades políticas do teu pai, e o que ele vai fazer em NY (eu não sabia dessa; quem que arrumou pra ele ir? me manda o endereço dele). Contei do encontro em Bonn e da insatisfação geral com a escola, o que começou com uma semidiscussão sobre ICYE. O chato é que eu não podia atacar o ICYE inglês porque só começou há dois anos, só tem UMA ex-bolsista, eu tou na maior folga no colégio, em junho vamos passar seis semanas em favelas em Londres etc. mas no que eu falei dos problemas na Alemanha eu queria também referir à Inglaterra! Ele se mostrou muito "simpático" com a insatisfação com a escola mas disse — WHAT ELSE CAN THEY DO?[2] Eu não estava muito certa quanto à resposta porque ele me falou das dificuldades jurídicas — quer dizer, estudante secundário estrangeiro tem problemas para trabalhar, o ICYE não é um programa de trabalho etc. Estou com preguiça com preguiça estou enguiçando paleoliticamente. A minha esperança é o grupo de estudos Europa-África, que funciona de quinze em quinze em Londres — e tem uns elementos radicais (expressão feia — elementos radicais), a tal da "Free University for Black Studies". A próxima reunião é no dia 1º. Parar de ir à escola não daria (nem o ICYE nem a família iam deixar) e cursinhos na universidade não são para estudantes secundários (I am in school, yes sir, j'y suis sim)[3] e a pergunta me valeu um riso na cara (Muriel), mas há a possibilidade do Institute for Further Education, mas cujos cursos são meio assim na base da limitação. O que eu queria mesmo é estudar filosofia (o que não tem no I.F.E.) e encontrar gente com quem dê pra falar (provavelmente na Free University). Ontem sabe fui ao banco receber os 35 dólares (145 contos) que saíram do Brasil em novembro. Fiquei meio louca com o dinheiro e fui a uma livraria. Comprei dois livros de ensaios sobre Shakespeare (um, as comédias; outro, as tragédias), uma antologia de peças russas do séc. XX (incluindo Górki e Maiakóvski) e *MOTHER*, do Górki.[4] Depois fui a uma loja de discos e ia comprando o *ABBEY RD.* quando vi quando vi um stereo da Joan Baez por 7 contos, o que era demais contra os 20 dos Beatles. Comprei a Joan, um dos discos mais espetaculares que já ouvi.[5] Ela canta junto com um outro cara e os arranjos dos violões estão uma loucura. Ouvi o disco, vivi o disco, fiquei triste.

Eu queria poder ter coragem de roubar livros. É a coisa mais fácil aqui, onde a honestidade não é nenhuma vantagem, é uma coisa naturalíssima e indiscutida. Eu tenho visto cada livro de louco nas livrarias abandonadas — e... O que você roubou do Gide?

Em uma semana tenho exame de lit. francesa. Não sei se eu levo a sério ou não. Vai ser o único exame do ano. É uma ironia desgraçada você ter sido escolhido para ir a Genebra na Páscoa. Eu também fui. Como foi que você arranjou a viagem a Israel?

Vi um livro de alemão para principiantes. Tinha uns desenhos para criança que me atraíram completamente. Fiquei lendo as palavras. Eu tenho inveja de você e não quero pensar na inveja. Eu

Fotocópia do livro A peste, *de Albert Camus, no verso da qual Ana escreveu esta carta.*

te amo, louca. Eu me deito e fico te lembrando e o meu rosto arde e eu me levanto e tomo água (o gosto é ruim, eu te quero como eu quero água boa) e sento na mesa riscada da biblioteca e abro o livro e leio: "Mais elle ne pouvait s'exprimer que dans le langage conventionnel par lequel les hommes essaient d'exprimer ce qui les lie à l'humanité".[6] LA TERRIBLE IMPUISSANCE.[7] Uma vez eu li uma entrevista com o João Cabral, ele dizia que escrevia poesia todas as manhãs em horas determinadas; ele planejava antes de escrever; e depois ia construindo os versos em cima da pré-estrutura. Je suis trop impuissante maintenant. Lasse et sonnambule. Je ne peux pas et alors? Je t'aime, c'est ma verité.[8] Meu rosto ardendo e estou chateada com a carta que eu escrevi. Reli a tua uma porção de vezes. Os velhos lendo os jornais, o branco do céu se azula de um jeito engraçado. As árvores têm ainda uns coquinhos redondos. A caneta continua mordida. Por que perseguir o papel até o fim? Eu só queria te dizer uma frase única e dormir na mesma hora. trop loin.⁹ sem as maiúsculas. sonhei um sonho esquisito esta noite. Eu sempre tenho sonhos esquisitos que me perturbam o dia inteiro e me arrancam um pouco de vivre au jour le jour. SEUL EN FACE DU CIEL.¹⁰ Na minha carteira tem 7 pence e um selo de 9 pence. Do meu lado tem uma old lady [senhora] lendo anúncios numa revista de navegação. Por que perseguir o papel até o fim? Eu estou perseguindo, eu comecei porque eu queria é receber uma carta tua, no envelope sempre igual LUFTPOST o selo de 50 centavos DEUTSCHE BUNDESPOST, ELLWANGEN/JAGST. Que nunca me traz você, que eu amo. Eu comecei porque eu queria manter este contato absurdo e louco e mágico que é carta-vem-carta-vai, mas eu acabei por detestar a minha própria tentativa, por isso o lado da carta não é este, é o outro.

    Estou ardendo, ardendo de calor e calor. 3 horas da tarde. Me manda retratos teus. Eu vou mandar os meus um dia logo.

↪ 1 Dietrich Bonhoeffer, teólogo luterano alemão e opositor do regime nazista, executado em 1945. ↪ 2 "Que mais eles podem fazer?". ↪ 3 "Estou na escola, sim senhor, estou sim". ↪ 4 *A mãe*, romance de 1907. ↪ 5 Provavelmente se trata do LP *Joan Baez, Vol. 2*, de 1961. ↪ 6 Trecho de *A peste*: "Mas ela não se podia exprimir senão na linguagem convencional pela qual os homens tentam exprimir o que os liga à humanidade", na tradução de Valerie Rumjanek. ↪ 7 "A terrível impotência". ↪ 8 "Sinto-me muito impotente agora. Cansada e sonâmbula. Não posso mais, e agora? Eu te amo, essa é a minha verdade". ↪ 9 "Muito longe". ↪ 10 "Viver o dia a dia. Sozinha diante do céu".

carta — 27/1/70

"Moi, je veux tout, tout de suite, — et que ce soit entier — ou alors je refuse!"[1]
    Antigone, Anouilh

Luiz me lê *Antigone*, uma peça de juventude e muito: do que eu (nós) sentimos
    17 jan. 70

hermitage

[no verso do envelope]
    P-S- Boaventura casou com a Lilian Costa.

Estou estreando a caneta. A caneta. Hoje hoje 27 de 01 a caneta estreia estranha estrada as linhas sem fôlego desmontando os últimos vestígios lúgubres do Kuomintang.[2] a caneta. a boneca. a caneca. a bonita. os lábios batem e fecham como lendo um parágrafo do céu. sombra. Do pó que te vejo. E as linhas se secam. batatas fritas e um dia azul no meio do pó inverno minúsculo You write too small that's why ah é, é, é, é. Dash-dash-dash. To every married man who thinks he will get a good pension.[3] Luiz, Luiz: recebia eu sabia elas vieram como os pássaros ou os cânticos ou o meu inusitado súbito primeiro amor pelas proparoxítonas da terra da areia das Palmeiras Pelé Pelé Pelé There's a girl in my soup[4] and France hurt by Ballon

As tuas poesias. Me desmontaram toda. Fases fósforos faróis fomes grandes grandes grandes a lua nova a luva ova a nuvem louca. Inteiramente. Fiquei louca com a tua tentativa sobre o absurdo que não é absurda nem muda mas me agarrou pelas pernas e me puxou pelos travesseiros mansos e bravos dos mares galopantes.

Aquela: Do pó que te vejo. Ba la cidamente me entranhando lentidões acima. O final está tão bacana que eu tinha de ficar repetindo pro sol que me olhou com cara de bobo mas eu repeti para o sol e fiz uma poesia em cima (não do sol) do final.

Pro/curem o se/(de)gredo/David/a
 ... e janelas abertas é bonita e lembra não sei que
 mários que ares que dores que suspiros (vincos de mel).
 E as outras estão violentas, tuas, fortes, únicas, Luiz Luiz
 meu coração Pixinguinha eu e os gritos do Hugo ante o gouffre golfo golfe dança doce sina — está tão genial aquela — as cores de um bando sem nuvens — dores criadas pelo abstrato — figuras de figuras de um mundo dolorido — e as outras também — e não basta o impacto delas em si — em mim elas estão irredutivelmente — estou sem condições dentro muito dentro delas como se elas nunca tivessem fugido. São minhas, sou tua.

Chegou uma outra carta da aula de matemática. Quando é a nossa reunião hem? Você já recebeu resposta de Eliza? Como é que vai ser? Você quer que eu faça alguma coisa? Estou sentada tosca e flutua o olhar sereno da moça vietnamita — ela sabe. Hilary estudando latim. Tarde muro marte duro morte. Puxa, soa importantíssimo o teu "todas as minhas datas ocupadas até o verão". Iau, soa magnatíssimo. Minha mãe me mandou um recorte do *Illustré Protestant*[5] falando de uma viagem a Israel e Jordânia entre 23 e 5 de abril. Que espetacular essa tua, quem foi o papai noel que resolveu te pagar? (reli a pergunta, soa meio sei-lá-o-quê. Retiro a pergunta então). O teu plano pro verão é o meu. Garante esse estudante que quer comprar um carro. Eu tenho hospedagem garantida em Paris e em Nice. Vou escrever perguntando se você podia ficar também.

Já vi que a TV aí é muito mais bacana que aqui. Que noitada de Fellini, Godard e Buñuel! Mas aqui às vezes têm umas coisas muito boas. Eu vi uma peça genial do Tchékhov (*As três irmãs*) o outro dia. E todas as sextas tem festival de cinema mudo e festival de cinema italiano. Vi *Rocco e seus irmãos*[6] e chorei o tempo todo (sozinha e fria na sala calada; a família achou o filme "boring"[7] e foi dormir). Sexta passada vi *As amigas*, um dos primeiros filmes do Antonioni, um clássico. Sexta que vem vai passar Rosselini's *VIVA L'ITALIA*.[8] Quanto aos programas "de Londres" são ótimos, caros, frios, longe, solitários — e eu ainda não fiz nada — a não ser ir a museus — três concertos com conhecidos — e as saídas com o meu pai — e *Much ado about nothing*. Convidei a Hilary e a Muriel para irem ao teatro comigo — ver qualquer qualquer. Já comprei ingresso para *Major Barbara*[9] e *Saved*.[10] John Hopper e Viviana me convidaram para ir a Cambridge no próximo fim de semana e assistir ao coral em que ela canta. Que português horrível.

Hoje é um grande dia. Estou livre dos exames. É. Uma semana antes dos exames começarem (eu crente que só ia fazer francês — a condição para eu deixar as aulas) a Miss Frowde me comunicou que eu era "expected to do all the exams", c'est-à-dire,[11] além de francês, inglês e história. Com a minha incrível preguiça de estudar áridos detalhes ou de decorar o glossário de Chaucer, fui falar com as professoras e expliquei o meu caso, a minha dificuldade em inglês (...) etc. etc. Elas entenderam e eu fui dispensada das questões sobre Chaucer e Shakespeare (mas tive de fazer sobre

1984 e *Under Milk Wood*. A pergunta sobre *1984* foi estúpida — descreva a sociedade em *1984*, Ingsoc, Newspeak, as condições sociais, e a forma como Orwell nos faz sentir o "horror" e a tragédia da situação; a pergunta sobre *Under Milk Wood* — analise quatro personagens com quotações do livro. Ridículo) (tudo isso em duas horas). Literatura francesa foi mais ou menos — quatro perguntas sobre Gide, Hugo, Anouilh e Racine. Não tenho a menor ideia se fui bem ou mal, e nem quero saber. História foi o mais fácil: de oito perguntas eu só precisei escolher duas — escrevi sobre Vietnã & Coreia e China. Superficial, abagunçado, mas fluente. Me vendo livre resolvi bater perna por Richmond — fiquei duas horas numa papelaria enorme e numa livraria ótima. Vi o *David's Album* (o último da Joan Baez,[12] dedicado ao marido condenado a três anos de prisão por se recusar a servir e a todos que lutam pela liberdade contra a opressão etc. etc.). Vi outro chamado *SONGS OF REVOLUTION*.[13] Vi um do Jobim. Vi CADA livro — incluindo um volumão do Freud, *Interpretação de Sonhos* — e milhões de outros loucos, bárbaros, terríficos. Não roubei nem comprei nada.

Sexta passada (no meio do Antonioni!!) um cara me telefonou me convidando para eu falar numa conferência de adolescentes sobre justiça internacional no sábado (o cara que ia falar, o alemão Sigmar, sofreu um acidente). Eu aceitei apesar de estar estudando. Fui com coragem e cara sem preparar nada por escrito. Cheguei e entrei em contato com a garotada mais alienada do mundo. Tinha um que não acreditava que os países "ricos" tivessem explorado e explorando os "pobres". Afinal de contas nós levamos a civilização para eles! Muito, muito engraçado. Falei para a garotada assim de cara. Deve ter saído meio ruim, mas eu dei o que podia. No fim fizeram umas perguntas interessadas; "você disse que a Inglaterra gasta mais dinheiro com armamento do que todos os países desenvolvidos com "aid".

Como é que nós vamos convencer que ajuda é mais importante que armamentos?" MAS EU NÃO DISSE QUE AJUDA É MAIS IMPORTANTE! JUSTIÇA! "Você é comunista?" E assim assim. Fui para a conferência com a maior cólica do mundo, suando frio, deprimida, voltei cansada, atônita, agitada como uma leoa na jaula. Argh, argh. Aliás passei uma semana meio miserável, com uma saudade danada de estar de volta em casa em Pedra Sonora a tua mão na minha o teu cabelo caindo na testa na rede no luar azul e lindo — uma semana miserável — agora passou a fossa (mensal?) e eu entrei na minha pacificação cotidiana, esperando com a mansidão feroz, a ferocidade mansa dos revolucionários amarrados. Esperando as grandes invasões de saudade louca, eu te amo, eu te pertenço, eu sou miserável sozinha sem você, as passadas e o vento frio sobre a estrada de ferro — a discussão interminável — maxissaias ou minissaias? Meu Deus, que civilização burra — civilização de ferro, "figuras de um ballet absurdo"

Já que você não pode vir aqui eu te mando "2" dos "22 poemas que eu fiz nesses". "Beijos apesar de" nada, Ana. O teu pai me escreveu de N. Y. Ele pede com urgência o material que foi publicado aqui sobre o Brasil (torturas, repressão etc.) para o dossiê que ele está formando.[14] Ele pede para eu rasgar a carta depois de ler. Ele conta dos programas que eles estão fazendo, do frio incrível, que ele se matriculou numa escola em Harlem (!!!). Estou respondendo hoje. Os Jays compraram um tapete gelo e felpudo. Gostoso de deitar e rolar e chorar em cima. Amanhã vou a Londres encontrar um cara da Rodésia do tal projeto Europa-África. Descobri que uma das minhas colegas do colégio é anarquista. Eu me sinto alienada de mim às vezes. Como se eu olhasse para um bicho estranho: Ana. Eu te amo e ponto-final. Recebi uma carta engraçada da Eliane e com um retrato dela: "Para a minha mais querida irmã não pensar só no Luiz". Estou convencendo o Steve a me emprestar a máquina de retratos dele para eu tirar um retrato e te mandar sem comentários. Eu não sei te escrever não. O artigo do Caetano no penúltimo *Pasquim* está genial.[15] São 7h30 da noite. Meu pai escreveu falando do trabalho dele no Maranhão. Eu preciso ir lá um dia. Topa a gente se mandar Brasil afora à forra? ele teve umas experiências espetaculares lá. Eu nunca acreditei no Gonçalves Dias, mas agora eu tenho certeza que o nosso céu é mais céu etc. e tal. Eu gostei muito das suas poesias. Eu não sei o que fazer quando voltar para o Brasil. Eu só penso na volta ultimamente. Doentio. Nas vitrines as longas saias os longos cachecóis vermelhos os longos tédios. Os longos tédios se desenham no teto último como para anunciar o começo dos fins primeiros. Um bocejo é o limite da insônia bruta. Kuomintang. Ácido sulfúrico. E você sabe, Luiz, você sabe que o marido da Nereida morreu no dia 31, na praia, no sol forte, ao vento de verão. § § manda mais poesias tuas manda meu querido. § § § Estou fechando os parênteses redondos desta carta, embarcando a despedida (e a saudade).

4.11.69

>   na irresoluta neblina da cidade
>   a mulher saiu, permissível e colorida de condição humana
>   desodorizada pela indiferença das suas moedas
>   – originais pecados matutinos –
>
>   a mulher sai, e a cidade,
>   poeira em riste, é dela,
>   portas e máscaras embaciando universais corações mal ajustados
>   a mulher traz a incerteza perfeita

dos trastes bem embrulhados por Jardins do Éden
e às perguntas estéreis da cidade
ela sabe rir e chorar como alguém qualquer

a mulher não duvida da cidade recoberta
— sua fome a cidade cobrirá —
e se adianta como um corpo vivo e inteiro
— imperceptíveis, esquecidas neuroses infantis —
e abre a mão para tentar outro dia (ela não sabe)

a cidade abre os seus tentáculos frios
e esburaca os olhos repetitivos da mulher —

16.12.69

o campo branco de pombas
o tempo lento de ondas
o choro claro de mares
— ah país, país, abertura estéril, olhar vertiginoso, tédio amanhecido, eterno sono —

passa a mulher de botas e o cão sem botas
a mesma velha expressão de náusea prematura
os carros correm em direção contrária
as árvores se depilam sem comentários
; houve uma vez, o catavento se agitava, lúdico
e fingindo sorriso,
as janelas se abstraíam sorriso afora,
os sons subiam de soluço em soluço;
agora
ninguém mais consulta as nuvens agarradas

todo cuidado é pouco para evitar uma redundância repetitiva
ou a pontuação senil
outra mulher atrás de cachorro
os pássaros estridecem, sobem, baixam outra vez
a viúva olha confiante, que o mundo é dela, e gordo
os alunos ensaiam uma pantomima sem grandes gestos
até a enfermeira de plantão disse ter de fechar cinquenta
portas antes de dormir, e
[ela tinha medo de virar as costas para o escuro.
Telhados úmidos, terra invisível, adjetivos demais, demais
– a lua se acendeu e abriu:
o campo branco, tempo, choro.

[na margem direita]
Que poesias minhas você tem?

10.1.70

primeira chuva, triste abraço, do céu as coisas próprias do céu
(o homem limpa a chuva, enxágua a chuva, enxuga a água,
descolore os restos úmidos e o molhado sobra)
pela chuva vejo a igreja, o sinal dos espaços vazios, o branco
eterno.
pela chuva vejo o teu rosto, Nereida.
(Os edifícios são quadrados, secos; passam na calçada as
cabeças
humanas, os chapéus e os cachecóis de janeiro)
desce uma luminosidade que não é mágica nem divina;
o teu rosto cresce, não há sombras, nem um dilúvio que
nos afugente.
Nereida, a chuva te é, e eu não sei a chuva.

eu não sei a manhã que foge, eu não sei a dor que cai;
o que te é, eu tenho sem saber;
eu participo da chuva universal,
porque perto as águas parecem se mover como um coração adormecido.
eu participo da fraude universal,
porque longe as vozes indiferentes cobrem a poesia de poeira.
eu participo do choro desta manhã,
porque as palavras sabem como ninguém se perder depressa.
(a lenta mulher de botas, infinita na pequena chuva;
e a cara da cidade é feia e errada)
devagar digo o teu nome
enquanto a chuva te faz.
o sol esconde outro sorriso cósmico;
a névoa nova — e tão mais velha — oculta a eternidade implícita
como que sabendo,
de repente o correio real se cala,
os fios se confundem sem tempo.
(se eu soubesse,
as árvores sem folhas seriam minhas;
destituída,
estou sozinha com você, manhã e chuva)
Nereida, passou um pássaro voando as asas,
as vozes recrudesceram,
o avanço das horas corta o sonho.
venho a você e a todos os dias,
e mesmo sem saber estou chovendo com o tema das coisas primeiras, sendo,
com a chuva que te é, a condição imposta,
o movimento das águas,
o infinito branco.[16]

➤

Me sinto pronta para cantar. Minha voz saiu sem escrúpulos. O samba da legalidade. Simples e bom e santo. Me sinto pronta. Fiz uma oração, não era para nenhum deus misterioso e quieto como uma tempestade; mas era uma oração — eu confesso, eu disse. EU CONFESSO. E a oração se abriu num grande amém — o samba da legalidade cantarolado na cama quente demais no escuro morno do quarto. O samba da legalidade e eu pertenço. Somos todos pestiferados e recém-nascidos, somos todos pestiferados e recém-nascidos. A tua fuga na cidade sitiada, o sono virando samba e o samba trazendo o sonho. Os tendões repuxados me ferem e me agitam. Quatro noites atrás sonhei que eu estava tendo um filho, e foi muito tranquilo e indolor. Os aviões passam de três em três minutos. Hilary veio se sentar aqui, contou do irmão da amiga dela, conversamos as nossas mútuas raivas, e embora às vezes ela pareça não me escutar, estou aprendendo lentamente a respeitá-la como ser humano. Atrás do humano sem alarde. O simples e bom e santo. Os olhos abertos e a respiração regularizada pelos golpes de fora. Meus olhos estão ardendo e eu pertenço e sou na peste e não há como. Não há como. Eu hoje sei que eu te amo abstrato ainda que sejas. O nosso amor, passado e futuro, que pode parecer sem presente, me delineia e me define. Eu sou: eu te amo. Eu te amo: eu sou. Poluída e curvada sobre a enorme poluição geral. Luiz, do teu nome ao teu nome, os meus passos e os meus céus e os meus gestos um pouco descompassados e os meus olhos cansados. Nossos. Tudo.

[série de figuras carimbadas]
Estou com saudades. Eu te amo. Brincar com carimbinhos é engraçado. É noite em todos os cantos, e eu sei que é noite. Do meu quarto eu só vejo lá fora o reflexo do meu próprio quarto.

Silêncio e um relógio ininterrupto. Estou meio vazia, árida, indefesa, fôlego curto, suja, neutra. Luiz Augusto. Luiz Augusto.

Ontem quarta dia 27 fui a Londres onde me encontrei com um rodesiano do Projeto Europa-África. Conversamos bastante, ele me deu um material ótimo e no fim descobri que ele lutou guerrilha na Rodésia[17] durante dois anos (treinadores chineses) e que está aqui em asilo político (teve as maiores dificuldades para entrar no país). Hoje estou examinando a papelada que ele me deu, há coisas excelentes. "The Move to the Left", documento do Congresso Popular da Uganda falando da socialização do país; um folheto do NACLA (North American Congress on Latin A.) com uma lista de organizações e publicações pelas quais a gente pode se informar das propriedades e investimentos americanos no exterior ("Researching the Empire") e um artigo sobre os projetos de pesquisa em estratégia militar nas universidades americanas, com ótimas estatísticas; folheto sobre a minoria branca em Zimbabwe (Rodésia); bibliografia excelente — "An Anti-Establishment Research Guide"; um livro do Lin Piao; um jornal — acho que trotskista — com artigos bons paca; acabei de ler um no Brasil — "The Revolutionary Struggle in Perspective" — por um tal de "Carlos Moura";[18] está bem informadíssimo, muito bem escrito, logo te mando para você mandar para o teu pai depois (já mandei um envelope cheio de artigos do Brasil para ele). Assinei o jornal por seis meses. Acho que vou assinar o *Politics & Money*, que analisa com uma simplicidade e uma objetividade impressionantes a situação financeira internacional e as consequências políticas. Seguem algumas coisas.

é tarde. Liguei o rádio. não sei se é Tchaikovsky ou...? Não sei de nada. Eu queria poder me livrar da máscara e do farisaísmo que me interpenetram como as ondas sutis das estações — vagamente, e com violência. Eu queria ir pro Maranhão trabalhar um trabalho bruto simples e bom. Calor. o abafamento, a febre invisível, o coração inquieto e desafinado. não, é Stravinski. Como ser tão ignorante e confundir T. com S.? eu não manjo nada, eu sou tão profundamente estúpida mas tenho aquela meia cultura que dá lugar à máscara e ao farisaísmo, eu fico pensando o que você vai pensar quando ler isto. Não tenho mais medo de te escrever isso, eu queria que você me dissesse o que você acha. Eu te amo, Luiz!!!

[na margem direita]
   (raiva de mim)

   não gosto: ser servida por uma empregada a me lembrar o dia inteiro; o aperto das paredes; a inclusão na falta de verde; um cachorro ganindo pela noite; uma chuva burra; indiferença; arroz frio; os barulhos da cidade; a divisão de classes; as mãos atadas (reais ou não); acordar cedo; as duas horas que antecedem o vestibular; a ausência maior; ficar embaraçada ante olhos arregalados; frescura; copacabana; os jornais em geral exceto certas partes do caderno b; uma caneta sem carga; cabeça sem fundo; a ideia que persegue, escura; teu desprezo; certas horas no seio da família; meus ódios inúteis; minha inutilidade; falta de amor; insônia.
   gosto: a textura de uma moringa de barro; comunicação (quase) perfeita; um saxofone em surdina virando o sábado no domingo; comédias mudas; encher os olhos de céu; a ideia tua de manso; homens e mulheres; água, água por todos os lados; o sono perfeito; verde livre; som verdadeiro; um amor; captar de repente tudo de uma vez mesmo que só por um pouco; surpresa; abrir, expandir, subir; agora.

(a lista continua
    me manda a tua)

16 jan. 70

↪ 1 "Eu quero tudo e logo — e que seja inteiro — ou então recuso!". ↪ 2 Partido Nacionalista Chinês, cujas forças militares foram derrotadas pelos comunistas em 1949. ↪ 3 "Sua letra é muito pequena, é por isso. Traço-traço-traço. Para todo homem casado que pensa que vai conseguir uma boa pensão". ↪ 4 *Caiu uma moça na minha sopa* (1970), comédia britânica em longa-metragem dirigida por Roy Boulting. ↪ 5 *L'Illustré Protestant*, periódico mensal publicado em Lyon, na França, pelo Conselho Ecumênico das Igrejas francesas. ↪ 6 Longa italiano de 1960, dirigido por Luchino Visconti. ↪ 7 "Chato". ↪ 8 Longa de Roberto Rosselini lançado em 1961. ↪ 9 Peça teatral de George Bernard Shaw estreada em 1905. ↪ 10 Peça de Edward Bond estreada em 1965. ↪ 11 "Espera-se que eu faça todos os exames, isto é". ↪ 12 LP lançado em 1969. ↪ 13 Álbum da banda australiana The Tolpuddle Martyrs, de 1969. ↪ 14 O pai de Luiz Augusto, Jether Ramalho, foi um dos fundadores do Centro Ecumênico de Informações (CEI). Liderança leiga da comunidade protestante do Rio, compilou com Domício Pereira de Matos e Rubem César Fernandes, entre outros ativistas, um dossiê contendo documentos e notícias sobre violações de direitos humanos pela ditadura brasileira, como torturas, sequestros e assassinatos de militantes de esquerda. O dossiê fora encomendado pelo pastor anglicano William Wipfler, chefe do departamento latino-americano do Conselho Nacional de Igrejas dos Estados Unidos. Em parceria com o brasilianista Ralph Della Cava, Wipfler organizou, traduziu e publicou a documentação nos Estados Unidos, com grande repercussão na opinião pública norte-americana e internacional. ↪ 15 Na coluna sem título publicada no número 29 (8-14 jan. 1970), o autor de "Tropicália" fala sobre a "ipanemia", "doença fútil" associada ao bairro da zona Sul carioca. ↪ 16 Poemas inéditos. ↪ 17 Atual Zimbábue, a Rodésia do Sul, ex-colônia britânica, vivia uma guerra civil entre facções étnicas e políticas apoiadas pelas potências da Guerra Fria. ↪ 18 Carlos Alves Moura, advogado e militante político, futuro fundador e primeiro presidente da Fundação Cultural Palmares.

carta — 4/2/70

Saí do colégio às 4 horas, imersa em Camus (acabei de ler *A peste*, um dos melhores livros que eu já li, humano até as profundezas mais banais, até as palavras vãs menos inúteis, até o ilimite morno e o limite que nos agita — já não sei o que digo, mas a tão verdade é que *A peste* me entrou viva por dentro e por fora) (comecei a ler o ótimo livro *Camus and the literature of revolt*)[1] (vou começar *O estrangeiro*) (quero achar *O homem revoltado*), a atmosfera estava cinzenta e luminosa. Um trovão me anunciava o espanto de estar viva e sacudia a minha solidão em passos e vem a tempestade sem aviso. No ônibus para casa o céu ficou pesado e mudo, mas de repente, contra a silhueta escura das casas e das árvores, se abriu num rasgão de luz — cheguei em casa sob a água da tempestade, numa corrida atarantada entre o vento e os cabelos virando vento — a chuva caiu rápida e brilhante, eu mordia o queijo novo e dizia alô para o sol — que deixou para trás o mundo úmido e gotejado e azul, pronto para receber a noite.

Hoje é quarta 4 de fevereiro. Chegou carta tua, LUIZ. Eu falo com o John Hopper sim, ele não é meu conselheiro, foi ele um dos que me proibiram a ida, o que eu pergunto para ele? Se ele pode arrumar um lugar para a gente ficar? Se o ICYE inglês pode financiar o encontro? Estive com ele no último fim de semana, soube que o ICYE inglês está meio duro e não falei da carta da Eliza. (eu ainda acho que ela devia ter escrito diretamente para quem quer que fosse para dar o <u>tom oficial</u> ao negócio). Nós vamos contar com o John para arrumação de lugar? E se ele não conseguir, não concordar, não souber?

Tuas perguntas: 1) eu tenho feriados 18, 19 e 20 de fevereiro, o que me daria mais de uma semana (de 13 a 23) disponível. Mas talvez esteja muito em cima.

2) eu tenho aulas de 7 a 15 de março mas se o ICYE escrever para o meu colégio explicando não tem problema. Pode contar com essa data (15 de março! 15 de março!)

Às minhas perguntas (além das sobre John Hopper):

1) quem vai financiar? Nós?

2) o documento do consulado tcheco é só para você? i.e. seria bom eu escrever também para lá pedindo o dito? e os outros estudantes?

3) o ICYE vai saber de Praga?

4) talvez o ICYE pergunte quem vai ser o "responsável" pela reunião. Não seria bom convidar alguém ou pedir carta da Eliza explicando tudo (em inglês)?

5) você escreveu para a Eliza de novo? Acho que o apoio dela é indispensável. Quer que eu escreva? Vou pedir para ela "maiores informações minhas (da Eliza) para o comitê da Inglaterra", segundo a própria em carta para mim.

6) considerando a possibilidade de Praga, seria bom eu me registrar nos Youth Hostels? Lá tem?

Olha, meu amor, eu estou meio desanimada, não gosto de fazer perguntas plainas (?) e não sei escrever com a precisão que só os séculos ensinam (argh, argh), e estou sentindo que você está fazendo tudo e eu nada, e, pior ainda, que você está fazendo tudo e ninguém nada. Ninguém nada, absurda frase perdida. Acabei de sair do estado de saudade geral, como você, que veio avassalador e me deprimiu ao extremo. Minha memória ficou viva e febril, eu comecei a lembrar os detalhes e a chorar pelos detalhes. Cada momento vinha uma saudade mais disparatada — ouvir a Elizeth, comer mamão, beber mate, deitar ao sol, ir para Pedra Sonora com a família, brincar com o Felipe — e eram saudades curtas e agudas, que acabaram virando um estado geral de depressão geral. "Acabei de sair", eu disse. Eu não sei mais o que eu digo, mas acho que a saudade geral está adormecida por enquanto. É diferente da saudade de você, que às vezes recrudesce com uma intensidade nítida e concreta, mas no mais do tempo está em tudo que eu faço, mesmo que eu não esteja te pensando, eu estou como você, em você me desesperando o tempo todo, e o longo aprendizado me fere absurdo e louco.

Me sinto amarrada. Me arranja sim esse acampamento de trabalho, eu estou procurando mas não sei quando nem como você virá aqui.

É tão verdade. Talvez cerrando os dentes ou em catarse sobre cada objeto. Não adianta ser interrompida pelo telefonema sem assunto do rodesiano. "Don't forget me",[2] ele diz e eu dou uma risadinha esquisita. A Muriel tricota sentada no tapete novo que dá choques elétricos. Ela tem o rosto de quem não tem as angústias e as fossas existenciais. Ela está sobre o caminho com os dedos hábeis, as rugas menores e a boca meio entreaberta. Quando nós conversamos, já reparei que a sua expressão se vira e mexe como que pronta para chorar — ou gargalhar, nunca se sabe. Mas no fim ela se senta perto da lareira, simples, tranquila e muito menos enigmática do que a gente pensa.

É a tentação das horas sonolentas — quer-se ficar com os rabiscos inúteis e os traços sem forma — mas há ainda na moleza da tarde um vestígio mínimo de humano. As pessoas passam e se cumprimentam por sorrisos. Os sorrisos se desprendem dos corpos azuis, flutuam nos corredores sombrios, sobem as escadas onde habita um cheiro velho de coisa gasta. Aviões, vozes, os saltos no pavimento, e está-se a sós com o sono solto e a morte intrusa. Os olhos são brancos e o céu. Os olhos trazem uma ardência desencantadamente. A sós. Ontem à noite o sonho era a loucura da ópera e as árvores esverdeando sobre as nossas cabeças. E a tinta tola, a marca de fé, senhoras, senhores, muito boa noite. E a tinta tola, a lama derramada, senhoras, senhores, queiram sentar-se por favor. E a tinta tola, acabou o espetáculo tardio: a moça e o filho olhando o trem e o ruído soprano do trem. A moça e o filho olhando o zero climático e os sorrisos na atmosfera. A moça apanha o filho, o filho aponta o voo largo e a elipse que se abstrai no fundo das memórias. Senhoras, minhas senhoras, e vocês também meus senhores, por favor, por favor, muito obrigado, a tentação das horas e os cérebros evocando o princípio das horas, e os rabinos, os rabiscos, os sibilinos, a tinta tola e as meias amarelas. Aranhas. Vozes. Filtros. Até.

Liguei a BBC-3 em francês (rima murra) e a D. Naná (ex-professora do Bennett) telefonou de um hotel em Londres: tem encomendas para mim, cartas, presente (acho que são os 50 dólares). Vou me encontrar com ela amanhã às 2 da tarde, vamos ter uma conversa engraçada. É bom isso. Ir a Londres, encontrar uma brasileira aposentada em turismo (tocam alguns acordes de uma música incógnita: é bossa-nova, eu sei), conversar de leve dizendo "I see" e "yes, yes" e "all right" sem querer. Sair pela Oxford St., namorar as livrarias que vendem as cores do mundo. Sentar na beira da noite sem sapatos (os acordes se repetem entre uma notícia e outra — parece bossa-nova) e toda descabelada, e te escrever lentamente.

Tenho vontade de fazer filosofia. Mas a tentação da literatura é a mesma.

Gostei da entrevista do Paulo Mendes Campos no *Pasquim*.[3]
(enchi do noticiário em francês. Desligo o rádio e fico com o silêncio das minúsculas e das imagens do livro lido. Continuo com o Maiakóvski e tenho preguiça de devolver. D colégio? sabe, tem tanta outra coisa que vale a pena estudar e ler, que eu resolvi não dar bola. Estou matando aulas de vez em quando, ninguém reclama.

Hamlet é genial mas eu pareço não achar tempo para ler a sério. Enquanto, vou lendo em francês e perdendo as horas restantes. Tive boas notas nos exames. Ou é o que dizem. 68% em inglês, 75% em francês, 80% em história, sendo que em francês e história foram as notas mais altas da classe. De 60 para cima aqui é bom, e quase ninguém passa de 80. Engraçado, estou completamente indiferente. É tão mais sadio não ter preocupações cretinas com notas. Eu me sinto sadia. Pego a tua carta outra vez, é a vigésima nona. quantas nós vamos trocar na nossa impotência de amantes meio perplexos. Me surpreendo ansiando pelo encontro com a D. Naná. O inglês dela é horrível. A prof. de história é extraordinariamente humana. Ontem discutimos o tema mais chato do mundo: violência e não violência. Ela é pacifista. Hoje dei pra ela ler o artigo no *Times* (segue) sobre o Brasil. Estou mandando pro teu pai. Me faz um favor, manda pra ele o *Black Dwarf*[4] quando você acabar de ler. Eric está em Genebra. Anoiteceu). Eu te amo com um desespero amordaçado. Eu te amo.

                Ana

↳1 Ensaio crítico de John Cruickshank lançado em 1970 pela Oxford University Press. ↳ 2 "Não se esqueça de mim". ↳ 3 Número 30 (15-21 jan. 1970). ↳ 4 *The Black Dwarf* [*O anão negro*], de 1816, romance histórico de Walter Scott.

cartão-postal — 11/2/70

Faz tempo que eu não recebo uma carta de você. Estou vigiando o meu coração rutisselante, que é esquisito e me escapa de mim. Estou à toa, insensível, opaca, sem capacidade de me emocionar. É o ponto de esgotamento de qualquer última palavra. Talvez a tua carta chegue amanhã e a tua força me traga, me trague, me sacuda, Luiz, é tão desesperante esta substituição de memórias vivas por sonhos mortos. Não, eu não consigo me desesperar mais. Não consigo nem falar de tudo. Ah eu pensei que eu já tinha deixado de começar frases com ah, mas ah este aborto constante.
    Estou me sentindo neutra e vaga, voga, viga, verga, talvez só nas aliterações súbitas e nas imagens cheias de cruzamentos eu esteja desistindo. "Eu te espero com a mesma pressa de sempre", você escreveu. Nós precisamos nos ver. E eu não sei de então.

carta — 13/2/70

Tua última carta, de 2 de fevereiro; hoje é dia 13, e eu estive te esperando. Talvez de repente eu tenha me apercebido que não há lugar para a "esperança suja", e saído pelo mundo cega e rápida, três anos antes da guerra civil. Mas não. E indiferentemente chega o boletim, muito elogioso, chegam 50 dólares, buscados com uma velha e corroída brasileira acompanhando a garotada a turismo, as malas cheias de compras. Me convidaram para ir a Windsor com eles, eu fui, sentei ao lado de um garoto que se mostrou crítico do grupo, e começou a contar do movimento estudantil no Brasil e da repressão. Rótulos, fórmulas, slogans, simplificações. Me enchi com a linguagem só de jargões, que não mudou. E em mim se rasga o grande conflito de linguagem. Esperança, eu dizia? Il faut imaginer Sisyphe heureux.[1] Mas nunca esperançoso. Ah, Luiz, não há nada que substitua esse meu grito Ah, Luiz. Amanhã vem a tua carta. Estou estudando o conflito árabe-israelense em história. Li um ótimo artigo sobre sionismo, nazismo e agressão. Muriel passou mal do coração, já passou. O cara rodesiano me pegou desprevenida. Amanhã (daqui a uma hora) é VALENTINE'S DAY. Falta quase um mês pra você fazer dezoito anos. Senti saudades. Fiquei triste. Fiquei louca. Custei a dormir, desejando um sonho. A sinfonia espanhola[2] às estrelas pronuncia o teu nome.

→ 1 "Il faut imaginer Sisyphe heureux": "É preciso imaginar Sísifo feliz". Frase final de *O mito de Sísifo*, de Albert Camus. → 2 Alusão à *Sinfonia Espanhola*, op. 21 (1874), de Édouard Lalo.

carta — 19/2/70

Sono. Outra vez. A boca-vermelha fala lafa eternamente sobre o poeta adormecido. De repente me aborda uma cena inteira: feira na General Glicério, ao sol pequeno. Visão completa. Não tenho mais capacidade de concentração. Ontem pedi emprestada a bicicleta da Carol Baker e fui dar uma volta. Foi uma volta feliz no entardecer branco. Havia um velho casal procurando o único cachorro que eles tinham. Eu descia rio abaixo, pelo caminho da margem, pedregulhos e patos e nuvens, chamando pelo animal perdido. Havia garotos jogando pelada no gramado, havia crianças alimentando cavalos e o rio, solitário e grande. E as árvores sem folhas, e o pássaro preto pendendo a ausência de folhas numa curva única. Ontem também fiquei lendo *THE LAST DAYS OF BRITISH INDIA*,[1] sonolência insolência dia vadio fiquei vadiando e não disse a ninguém que você não escreveu. Anteontem fui a Piccadilly com uma colega — Renuka de Lima — filha de indianos de Goa. Vimos lojas cheias de trambiques e eu até entrei numa e perguntei ao vendedor homossexual o preço de um dos trambiques e ele me tratou por "madam". E fomos a três galerias, uma com exposição de calendários, o tempo contado em grandes figuras imortais, e exposição de impressionistas medíocres, e exposição de pintores XVIII e XIX, eu não gosto dos equípedes perfeitos e imobilizados com um sorriso de prata nos cascos.

    E a Renuka é tranquila e tímida e para os olhos ante as vitrinas onde se vende o mundo para os passantes providos e desprovidos. Voltei mastigando chocolate amargo pelo trem, eu amo chocolate amargo. E jurei não contar a ninguém que eu roubei um livro por pura vontade de roubar. Voltei de livro rasgado e coração roubado, sem sentido, as botas gastas, quanto é que não vai me custar o conserto destas botas. Por que essa garota não para de tagarelar aos berros. Chegou a professora mais odiada. Não, não gastarei o meu ódio com a carcaça limpíssima, sotaque oxfordiano. Anteontem à noite na TV mostraram um filme espetacular sobre a tribo dos Kreen-Akrore no Amazonas, e um Cláudio Villas-Boas[2] e a fotografia magnífica, e letreiros em inglês para as falas em português, e a família ficou toda para ver sentada no tapete felpudo. E gostaram. E se abismaram. Os tambores a selva e o mistério nos abismaram todos juntos. Amazônia, fora de toda palavra. Aha. Eu teria almôndegas agora se fosse só por mim. E antes de anteontem estava abaixo de zero, os lagos congelados e o sol não parecia um sol decente. Puro e frio. Sono. Fomos ao London Museum no Covent Garden onde está a primeira bicicleta, os posters e os vestígios da violência das sufragettes, as casas de bonecas vitorianas que me maravilharam com os seus detalhes irresistíveis, e maquetes de Londres medieval e as relíquias contadas do tempo dentro das paredes. Havia uma sala onde nasceu a rainha Vitória, e pelas janelas largas os jardins o lago em gelo o gelo azul o som o sol. E por quê, eu não perguntei. O vento me cortando o rosto e as mãos. Rosto, mãos e coragem. Rostos, mãos e esperança. Áridos e gastos. Estou registrando os dias. Com os músculos opacos doendo da bicicletagem anônima. Pseudônima. *Hamlet*, eu nunca vou conseguir terminar os atos as cenas as frases vivas. Todo mundo comentando o filme no Amazonas. Eu me lembro, houve um pôr do sol enevoado depois do museu. E antes, antes, o que eu fiz? "fız"? fomos ao Richmond Park — guerra de bolas de neve, e olho grande na garotada deslizando colina abaixo nos tobogãs. Eu tentei deslizar de pé e caí sentada. Ao pé da colina as silhuetas das gentes e das árvores contra o sol puro e frio. Acabou o filme. Para o almoço eu preparei meio quilo de feijão-preto para o pessoal. Eles gostaram, a Muriel adorou e eu comi devagar e em silêncio. Devagar e em silêncio eu comi simplesmente. Eu me satisfiz simplesmente. Devagar e em silêncio. Sábado o dia antes na TV mostraram o filme do IV Festival Internacional da Canção Popular no Rio. Medíocre. Mas eu gosto de "Luciana".[3] E no início passaram vistas da cidade. Da cidade. Também vimos uma peça do Shaw na TV, *In Good King Charles' Days*.[4] E vai passar *All's Well That Ends Well*[5] com a Royal Shakespeare Company. E fim dos feriados. Estou no colégio outra vez. Dia 19 pela minha agenda vermelha. Estou cansada demais para chorar.

→ 1 Reunião de relatos jornalísticos de John Connell sobre a independência do subcontinente indiano, lançada em 1959 pela editora do *Times*. → 2 *A tribo que se esconde do homem*, produção inglesa para a TV dirigida por Adrian Cowell e lançada em 1970. O filme documenta a expedição chefiada pelos sertanistas Orlando e Cláudio Villas-Bôas para estabelecer contato com os panarás, índios isolados então conhecidos como cren-acárore, entre o norte de Mato Grosso e o sul do Pará, cujo território seria atravessado pela rodovia Cuiabá-Santarém. → 3 "Cantiga por Luciana", vencedora do IV FIC. → 4 *In Good King Charles's Golden Days: A True History that Never Happened* (1939) [Na era dourada do bom rei Charles: uma história real que nunca aconteceu]. → 5 *Tudo bem quando termina bem* (c. 1600), comédia de William Shakespeare.

carta — 24/2/70

Recebi no dia 18 a tua trigésima carta, chegada pelo 19 à tarde, depois de uma espera, demora, e registrei no meu diário (agenda). Recebi com a mesma surpresa leve com que me esvaziei durante o teu silêncio. Silenciosamente se preencheu o esquisito das insônias, os sonhos viciosos, o choro nunca vindo ante o sono e o capricho da noite. Porque viva a palestra super-revolucionária e o velhinho eterno; porque vivam esses gritos que sobem do escuro com a gana das paixões, dos incêndios e das enchentes. E Luiz hoje é dia 24, terça-feira, eu me sinto mais liberta que de costume e não importa esse descabelamento congênito. Haydn afinal! E você exclamou o meu nome --- e eu sentei em suspiro ou alívio? E me dei aos pontos e a esta letra que eu não posso imitar. Eu te imitava, Luiz. Todo mundo precisava saber nas entrelinhas dos meus gostos e nas reticências dos meus passos que eu era você e eu trincava os dentes ante o espelho e você tem olhos grandes e pestanudos. Enquanto vamos fazer 18 anos. The whole house shakes like the laughter of a madman.[1] Verbalismo ou subentende-se? Good night. Guten Nacht. Schlaf gut. Vivissecando. Vivificando. Es schien, als ob es keine andere Sicherheit auf der Welt gebe,[2] atrás do trio elétrico. Mc Luhan au delà.

    A) viagem a Praga: vamos! de 3 a 20 de julho? onde ficar? quanto custa?

    B) acampamento no norte da Alemanha de 1 a 15 de junho? onde-quanto-como-etc.

    C) viagem à Suécia: iau, iau!!

    E) o folheto da Internationales Freundschaftsheim: você me

mandou para eu ver ou para eu topar? Parece bacana (e barato!) o um de 6 a 20 de junho, embora meio cedo. Em julho eu queria dar uma volta pela França. Uma alemã nos convidou para nós irmos à Sicília onde o noivo dela trabalha na zona destruída pelo terremoto. Seria até o dia 15, quando ele talvez voltasse para a Alemanha de carro, e a gente junto. Seria ideal arrumar um acampamento ou Praga para a primeira quinzena e passear na segunda. O ICYE deixava? Se a gente topar o acampamento de 6 a 20 dava pra você voltar pra cá comigo e ver essa terra de cá. Eu estou absolutamente confusa.

D) tentando ser cronológica: junho 6-20 → ? *
                                 junho 21-30 → Inglaterra?
(flexivelmente   julho 1-10 → Praga?
Cronológica)   Acampamento em vez de *?
                                 julho 11-31 → França, Espanha etc.?

> O ideal
> seria o
> acampamento
> de 26 de
> junho a 21.
> Pena a língua.

Eu falo como se o dinheiro fosse muito. Mas não: até agora 180 dólares. Eu falo como se não houvesse um ICYE. Eu falo com a incerteza das marés cinzentas. Eu falo com a imprecisão de quem senta no quartinho cercada de Haydn, Hilary, papéis, teus olhos grandes, e esse romantismo todo. Você resolve. Me sinto marinha demais, eu queria estar grudenta de sal e ao teu lado, listrados de preto e azul. Como os pássaros fugitivos. Como o tardio da viola em Sevilha. De incompleto a incompleto. Sorrisos bonitos. Suspiros sinfônicos. Sísifos. Tua trigésima carta. Me escreve sim! Essas resoluções revolucionárias de vocês no ICYE foram aprovadas? Estão em vigor? Me diz da conferência de Hamburgo. Que "revolução" é essa. Só nos países explorados, termo geral para as mudanças dos tempos ou pra valer, na Alemanha? O teu alemão já dá pra você discutir em reuniões (não em grupos pequenos)? As palestras sobre o Brasil você falou o quê? Estou com perguntadice.

Abaixo o John Hopper.

Me diz de você como chefe-redator do jornalzinho. O que você faz, hem? Me diz se você recebeu o *Times*, o *Black Dwarf* e uma carta-poesia ilegalmente junto, no rolo mal enrolado? Se você recebeu manda o *Black Dwarf* para o teu pai.

Tua 31ª carta. Dezoito anos de vida descontínua, que eu te amo e filosofia não estamos aí, coração civil, declarações de vida, binóculos possantes e arregalados céu e mar. Allen quem é quem é Allen Ginsberg, quando foi o seu primeiro beijo, até a lua, cacófatos e mãos escondidas, meus queros são teus, "tua lógica me esmaga", as luas, as lutas, lugares amo in verso in verso ablativo esqueci o latim Vivaldi vivências o mero mar o muro o amor

Tua 31ª carta. É tarde e eu queria receber carta tua todo dia. Manda mais poesia! Me ensina alemão. É tarde. The sounds of silence.[3] Hello darkness my old friend. I've come to talk to you again. Narrow streets of cobblestone.[4] Bacana, muito bacana o *Hebdô Hara-kiri* e *Le Point* (proibido na França!!). Estive rindo sobre um e relendo um poema vietnamita. Mãos sujas de tinta. Dentes uns por cima dos outros. Siso. Esse mito.

Olha o que eu fiz: vi na TV uma peça de Shakespeare, *All's Well That Ends Well* (maluca) — fui jantar com a Renuka (Índia-Goa) e a comida era ótima e indiana, mas tanta pimenta, o pessoal lá era ótimo. Havia lua cheia e eu deixei a casa com tristeza e entrei pelo chuvisco noturno. Passei um sábado em Londres: três galerias (sendo uma com umas placas coloridas espetaculares: ondas cerebrais e mares: a cada posição as listras parecem se mover e ondular loucamente), entrevi esculturas de Miró numa vitrine trancada, fui ao British Museum, um prédio grego, enorme, onde só deu pra ver um (dos cinquenta) salão, o de arte chinesa (não existe!) e indiana. Coisas de xv a.C.! Miniaturas meio surrealistas, meio místicas, meio incompreensíveis. Uma coisa! À noite fui com uma colega ver *Major Barbara*, com os alunos do último ano do conservatório. Ótimo, mas por que o texto soa tão melhor que a interpretação? Shaw é para ser lido? Uma aula de história: a prof. ficou furiosa quando eu pronunciei a palavra neocolonialismo — MEANINGLESS CLICHÉ OF THE LEFT![5] ela gritou tremendo de emoção. Fiquei estupefata com a violência e não pude falar!

Por que isso agora?

Comprei ingresso para ir ver um concerto do Arthur Moreira Lima.[6] Aqui vão demonstrar contra um festival de cinema brasileiro organizado para propaganda do governo. Se eu tivesse dinheiro para a condução, eu ia. É ridículo, mas gastei tudo e tenho de esperar até a próxima semana. Eric pregou numa igreja metodista, velharia, vazio, serviço gregorianamente chatíssimo. O sermão dele destoou da abotoadura eclesiástica. Ser cristão é agir politicamente, ele gritou. As velhas não devem ter entendido o sermão, ou não teriam sorrido tão confiantes na saída.

Londres é tão bacana. É tão chato gozar de Londres sozinha. O tempo está bom, SPRING IS COMING!,[7] chupisca sempre, meu sono cada vez mais atrasado, cochilo nas aulas sobre *Hamlet* interminável e te amo às escondidas sob a indiferença universal.

Hilary resolveu fazer música agora. Letra e música. Tá lá em cima do violão.

Eu sinto falta da minha mãe. De ser amada simplesmente e não pelo que eu digo e faço. De demonstrar o meu amor.

Eu fico preocupada com aquela parábola do cara que dizia: Graças que eu não sou como aquele lá, reacionário burguês, ignorante!

Haendel.
Não se diz mais nada.
Crise de linguagem.
Luiz Augusto.
À espera, sonhos a vir, como será o nosso encontro?
Quanta coisa por sonhar.
Eu sou.
Eu te adoro.
corda acorda acorde

Luiz eu não aguento mais
a limitação do papel
escrito. me manda um
retrato, um poema teu.
Sou tua.

→ 1 "A casa toda balança como a risada de um louco". → 2 "Parecia não haver outra segurança no mundo". → 3 Citação de versos de "The Sound of Silence" (1964), do LP *Wednesday Morning, 3 A.M.*, de Simon & Garfunkel, cujo título original era "The Sounds of Silence". → 4 "Olá, escuridão, minha velha amiga. Vim conversar com você de novo. Ruas estreitas de paralelepípedos" → 5 "Clichê esquerdista sem sentido!". → 6 O pianista brasileiro conquistara no ano anterior o terceiro lugar no concurso internacional de Leeds, no norte da Inglaterra, e fazia uma turnê na Grã-Bretanha. → 7 "A primavera está chegando!".

carta — 9/3/70

[no verso do envelope]
    Noite, tarde
    Seis março setenta

Não tem, não tem coisa melhor. Um clima chato: neve o dia todo, com um intervalinho para chuva (resultado: lameira horrível) e neve outra vez. Na parada do ônibus, em frente à estação de Richmond, começou uma ventania branca cegando o mundo; neve é bacana, tira a identidade das coisas e transforma e distrai a minha absurdidade. Mas eu dizia, não tem coisa melhor: chegar em casa congelada, sozinha, e achar uma carta tua; ler a carta com nescafé forte, biscoitos e lareira. O tapete é esbranquiçado e dá choques, eu queria você. Cartão de Hamburgo. Chato, a conferência lá. Eu sei do desespero que dá diante dessa gente com a boca cheia de revoluções. E a falta de esperança. Luiz, eu queria ir a Praga também. Me escreve depressa. Eu sei que o ICYE não vai deixar. A Hilary chegou e me oferecendo chá. Chá, chá, chá. Essa falta de esperança. Está baratíssimo o preço de estadia lá. Me diz quanto custa a passagem. Me escreve logo que você tiver resposta pra eu escrever uma carta pro ICYE. Uma carta bem formal, bem séria. Se possível eu digo que é tudo de graça, que eu só preciso pagar a passagem, eles não podem me recusar uma viagem de graça. Eu não tenho mais escrúpulos. Eu era muito escrupulosa em relação a mentira e roubo. Eu era. Eu não tenho consciência. Eu não sei de Deus. Luiz, a gente é muito igual, estão acontecendo as mesmas coisas conosco, está nevando você, esta ventania é você, eu sou você, eu precisava copiar a tua carta e te mandar e assinar devagar. O teu português está trágico. Tem uma frase memorável: "Espero você ter recebido minha carta, meus jornais, me". Eu amo o teu português trágico. Acabei de ler uma peça espetacular do Gógol, *O inspetor geral*. Em vez de estudar. Tanta coisa para ler. Eu estou fazendo como você (os olhos de) e os livros que eu compro não leio. Que chato você estar comprando tudo em alemão. Eu preciso aprender alemão se quiser estudar filosofia. Se fosse o caso de escolher entre filosofia e história (os olhos d), filosofia incluiria história mais ou menos? Então elimino história e fico com francês e inglês na mão. Eu devo ser profundamente burra, não sei falar inglês correntemente mesmo e é muito frustrante. Não consigo acabar *Hamlet* nem escrever mais poesia. Eu às vezes sinto uma vontade febril de escrever e não sai absolutamente quase nada. Nem em inglês, eta língua chatinha, eta garota chatinha. O que quer dizer "err". A Renuka está estudando espanhol. Estou cada vez mais tonta com os espetáculos de Londres. Fui a um concerto sozinha pela primeira vez em que o Arthur Moreira Lima tocou. Teve um concerto para flauta do Partos,[1] húngaro (?), contemporâneo, com influência de danças orientais. Um troço. Na volta do concerto, na estação de Waterloo, gravei um disquinho com a minha voz. Saiu um cocô. O Queen Elizabeth Hall é um dos prédios mais geniais de Londres em matéria de arquitetura moderna. Eu fico chateada de não ter mais dinheiro. Mesmo assim estou indo a Londres pelo menos uma vez por semana ver alguma exposição, ou teatro ou concerto. O metrô é caro. Hilary está tocando violão no sofá, alguém está chegando, é o Steve. Toque-me. Eu sinto como você, Luiz. Tatilmente eu te preciso todos os momentos de espera. Com urgência e com pressa. Teu pai me escreveu e disse para eu inutilizar a carta dele. Tem uma exposição dos últimos desenhos do Picasso aqui e custa 6 contos a entrada. Um inferno. A greve de professores acabou. Os estudantes nas universidades se movimentam. Os documentários na TV. A falta de esperança. O apendicite da professora de história. Veio uma outra. Estou ficando irritada com o elementarismo das aulas de história. Com o relacionamento entre aluno e professor na escola secundária. Saudades. Você recebeu uns jornais que eu mandei? A estudante francesa e eu morremos de rir com o Cavanna[2] no *Hara-Kiri*. Sabe o que ela queria discutir na última aula de conversação? A família Pompidou!!![3] Estou lendo sobre o conflito árabes x sionistas, sobre a Índia, o Paquistão. Falta de esperança. Telefone toca. Neve rareando. A tua festa no dia 14! Eu queria aparecer, dar um sorriso, enxugar os meus pés e dizer Ich kann nicht Deutsch sprechen, my dears, e dizer kalt, kalt, kalt, kalt.[4] "Me escreve depressa antes que eu faça alguma coisa louca".

Hoje é dia 4 de março, faltam onze dias contados nos dedos. Na Páscoa não vou a Genebra, vou à Irlanda do Norte. Deu festival de cinema brasileiro aqui. Como era patrocinado pela embaixada, deu demonstração contra o governo brasileiro. Eu não fui por falta de dinheiro para a passagem de metrô. E a Suécia, como não andam as coisas? Me escreve depressa. Como você arranja dinheiro para comprar tanto livro? Eu vivo pensando em dinheiro. É um modo inútil de esconder o vazio, a impaciência, a fome, a insônia, a falta de esperança. Solidão dão dão, eu me lembro! Eu quero morrer nos teus braços ao som de "Sherazade"[5] para sempre, nunca, sempre. A gente podia estudar na França. Meu francês cada vez pior. Toque-me, branco, branco, morte branco. A Muriel zangada comigo porque eu estava comendo demais! Que engraçado! E eu tive vontade de chorar! Que engraçado. À noite a Hilary vem ao meu quarto e nós conversamos sobre palavrões e nos ensinamos novos mutuamente. Abaixo o grave dos advérbios. Ela às vezes chega e diz BICHA! MERDA! para mim (foi tudo que eu ensinei). Nossas conversas são muito instrutivas. Eu sinto as barreiras, as barreiras. Então eu sou de uma raça diferente? A Renuka parece ser da minha raça também. Ela é "indiana". Os cinquenta rabiscos. Recebi um folheto sobre viagens a Israel do *Illustré Protestant*. Sérgio Mendes deu um recital aqui, e o Caetano mais o Gil também cantaram no programa. Comentário do crítico: "Unlike Mendes they are not acclimatised to the tastes of European audiences". Que verdade. "This is especially true of Gil, whose songs are altogether the more ambitious. Veloso's more direct style is better suited to local consumption; one piece about London… naïve charm… avoidance of strict metre…".[6] O que eu faço com aquele folheto de acampamento na Alemanha? A professora de inglês escreveu que um dos meus "ensaios" era muito "apto", muito inteligente. Do outro ela disse "interessante". Que engraçadíssimo. Exclamações. Aplausos. Teve um debate no colégio sobre comunismo. Eu não participei. Nunca mais fui às reuniões do grupo Europa-África, apesar de eu ter o maior interesse nelas e vontade de conversar com o rodesiano. Duas razões: falta de dinheiro (outra vez! outra vez!) e que ele me beijou de assalto o outro dia. Num outro dia ele me beijou outra vez e telefonou num outro dia e disse que queria se encontrar comigo e quando eu disse "I'm not sure about it"[7] com uma diplomacia belíssima ele disse que eu não precisava estar certa sobre coisa alguma, o único interesse dele em mim é conversar comigo sobre revolução no Brasil. Que engraçado. Ele nunca mais telefonou. Muriel chegou, sentou: "Oh what a lovely weather",[8] começou a dar palpite no jogo de cartas do Steve e da Elizabeth. Hilary parou de tocar, continua a neve-chuva. How was school today?[9] Flavio comprou o *Abbey Road*, meu pai está comprando uma porção de discos espetaculares. Talvez compre uma vitrola estéreo. Comprar, comprar, comprar!! Por que eles não (daddy won't be home early tonight)[10] mandam mais o *Pasquim*? Eu gostava dos artigos do P. Francis.[11] Horrível a comida do colégio. 2WE78 please (??). Me toque. Me acuse com o teu abraço me abraça no nosso absurdo tão sumido e esquecido e completo. Me escreve depressa, Luiz, me manda um retrato teu. Filme russo na TV. TV, anestésico das minhas paralisias. Fancy that![12] Sábado vazio o passado, sozinha, angústia louca. Branco, branco eterno. Morte, que palavra, é uma palavra. Porque eu te amo.

Na mesa cores iminentes.
    seria bom poder adormecer de um suspiro só, esquecendo os acordes da perfeição humana. Mando um cartão-postal antigo — praia distraída, o verde relutante e os teus olhos gordos e pensivos. Os violinos perfeitos e absolutos. Não ter medo de cacófato galicismo cabelo tempestades grito de amor e dor rimas postiças interrupção de graça desafino desaguar desafino desaguar desafino desaguar desafino,
    perfeito e absoluto,
    estás no teu sono
    com a testa sobre o mundo;
    a mão pousa entre os sonhos imóvel
    calando os meus maxilares de cera e sede
    Seria bom hoje à noite passar da poesia ao esquecimento de mais leve e ouvindo os pássaros tontos, inexistentes, recuperar a lua de dentro do mar num só momento, o da única passagem. Os sons perfeitos absolutos presentes dividem a minha impotência de escolha. Tua memória me presenteia com a magia do limite da espera. Teus passos não têm passos. Como a corda a manhã clara o trem enlouquecido e as intenções de poeta e as cores sobre, sobre, sobre, o bêbado fingindo e as cores onde eu morro a única possível onde se afundem num só início a morte eterna e o sono à tua cata.

↦ 1 Ödön Pártos, compositor húngaro-israelense, autor de *Visões*, para flauta, cordas e piano, no programa da récita. O solista brasileiro executou o *Concerto para piano e orquestra em lá maior*, K. 488, de Mozart. ↦ 2 François Cavanna, humorista e fundador das revistas satíricas francesas *Hara-Kiri* e *Charlie Hebdo*. ↦ 3 Georges Pompidou era presidente da França. ↦ 4 "Não sei falar alemão, meus queridos… resfriado, resfriado, resfriado, resfriado". ↦ 5 Suíte sinfônica do compositor russo Nikolai Rimsky-Korsakov, composta em 1888. ↦ 6 "Ao contrário de Mendes, eles não estão acostumados às preferências das plateias da Europa" "Isso é especialmente válido para Gil, cujas canções são as mais ambiciosas. O estilo mais direto de Veloso funciona melhor para consumo local; uma música sobre Londres… charme naïve… a rejeição da métrica regular". ↦ 7 "Não tenho certeza". ↦ 8 "Ah, que clima agradável". ↦ 9 "Como foi na escola hoje"? ↦ 10 Papai não estará em casa no começo da noite. ↦ 11 Paulo Francis. ↦ 12 "Olha só!".

carta — 16/3/70

16 de março → entraste nos teus 18 anos, 19º ano de vida. Estou saindo para uma conferência sobre a Irlanda do Norte, mas antes queria te dizer qualquer coisa. Faz tempo que eu espero. Tua viagem a Israel deve estar às portas. Me conta do itinerário, das datas de passagem, e se tem algum lugar para onde eu possa escrever. Me manda cartões de lá! E toma cuidado (tinha de ter — essa tinha de ter) — se um sionista descobre quem você é...? Levei teus retratos para o colégio hoje porque eu queria tentar essa maluquice; mostrei para as garotas; você já é um "mito" entre o pessoal do meu grupo. Elas já declararam "quererem te conhecer" e vivem fazendo perguntas. A Renuka disse que você "tinha cara de muito inteligente", pelo menos mais inteligente do que eu. Quase 6 da tarde. Está menos frio.

17 de março → 18 anos e 2 dias. Quase levei uma queda feia ontem: fui pegar o ônibus já andando. Hoje no colégio discussão na aula de história, tema: Should the rich help the poor?[1] A dona acabou discutindo a natureza humana. Eu fico tão absolutamente impaciente e irritada com esse tipo de discussão. Me dá um desânimo, uma raiva, um niilismo incríveis. Está sensivelmente menos frio, nunca mais nevou. Ontem fui a uma reunião política sobre a Irlanda. Nunca vi tanta gente dizendo tanta coisa com tantos berros. Estava reunido um grupo de umas trezentas pessoas, muito representativo da "esquerda" britânica. Nunca vi tanta divisão. Havia desde os mais ardorosos defensores do governo, democratas-sociais, até os trotskistas mais violentos, pregando luta armada. Numa coisa todos pareciam concordar,

que a Inglaterra é imperialista, opressora da Irlanda etc. De resto só faziam gritar. Houve grandes discursos, muita oração, muitos shhhhh... e here, here e até uma velhinha de uns oitenta anos que veio prestar o seu "tributo" a uma das líderes mais radicais. O fato é que ninguém parecia preparado para dialogar com o outro, tantas as divisões. De qualquer jeito foi um ótimo insight do pensamento "socialista" daqui. E muito divertido também. Hoje cheguei atrasada pela quarta vez consecutiva. Os patetas não dizem nada. Também chegou uma carta tua, te escrevo amanhã então. Tenho de fazer um ensaio sobre as três guerras entre árabes e Israel e não estou nem na metade. O tempo está escuro e triste, eu estou em tempo, escura e triste, me sentindo ridícula por alguma questão desconhecida. Com uma facilidade enorme para esquecer tudo à minha volta; não consigo me concentrar a não ser por um esforço voluntário. E à menor distração, sobem a ausência e a angústia.

18 de março → e três dias. Luiz. Você tem recebido alguma carta minha? porque eu faço uma porção de perguntas nela e você nunca me responde! Já que mixou a minha ida a Praga, me diz quando você vai, até quando, e o que a gente pode fazer depois. Me diz um itinerário! Logo vai ser tempo de mandar cartas e arranjar cartas. Me conta da tua festa, e se você fumou marijuana; parece que a dita não vicia e não é relatively harmless,[2] mas só dá alucinação se tomada em grandes doses. Eu também, eu estou acomodada. Mas é tão difícil se livrar da rotina em Londres, pelo menos nos fins de semana. Na Páscoa vou à Irlanda do Norte por cinco dias. Fiquei bastante decepcionada por ser a visita tão curta, se eu soubesse tinha ido a Genebra. Me diz quando você quer vir aqui. Parece que nas três primeiras semanas de junho vamos "fazer" "serviço social" nas favelas daqui. Depois dessas três semanas (e depois que você voltar de Praga), você vinha aqui e depois a gente ia passear por esses bosques com céus indolentes e fingindo olhos

através da vidraça — cheiro vago de conchas entre as pedras nessa respiração longa — uma dor quente de paixão e de espera longa. O encontro de brasileiros? Recebi os pulos do trem voltando de Swanwick. Vocês resolveram mais alguma coisa "contra" o ICYE? O bacana daí é a grande quantidade de bolsistas. Aqui só tem três e não dá para grandes coisas. Eu também estou "improdutiva" e escrever, mesmo cartas, é difícil. De repente me assalta a noite vindo, e então você! O que aconteceu com a tua caneta? Acho que a última coisa que podia acontecer aqui seria uma greve nas escolas contra o ensino inglês (que merece greves) — só mesmo uma minoria na universidade — nas últimas semanas andaram protestando firme contra relatórios de atividades políticas dos estudantes, escritos pelas autoridades dos colégios. Hoje ouvi no rádio que o João Saldanha foi demitido.[3] Razões técnicas, personalidade forte e política. Estou sentando pelos bebês vizinhos. Estou com saudades tuas. Colei o teu retrato a dois centímetros do meu nariz (quando na cama). Estou terminando um ensaio sobre os árabes x Israel. Me escreve depressa. Luiz Luiz Luiz Luiz Luiz Luiz Luiz Luiz Luiz Luiz

→ 1 "Os ricos deveriam ajudar os pobres?". → 2 "Relativamente inofensiva".
→ 3 Semanas antes da viagem para a Copa do Mundo do México, o treinador da seleção brasileira foi demitido pela direção da Confederação Brasileira de Desportos, ligada à ditadura, e substituído por Zagallo.

carta — 30/3/70

Quase meia-noite passou passou uma semana é difícil me reconhecer ainda ontem fez lua cheia e noite aquecida pelos lados e olhos hoje faz lua cheia rabisco o meu pijama inadvertidamente lua cheia como em Pedra Sonora como no virar trêmulo de 68 em cima de 69 lua cheia 69 lua cheia faz 70 como se a lua não tivesse transfigurado a espera na certeza eterna, dúvida e cheia, grávida arregalada glutona inqualificável te espero te rimo me deito te sonho faz sonho faz quase faz lua te faz Ballycastle, Irlanda, à noitinha — isso não existe — o marzão besta na minha frente, o farol respondendo ao farol, o último jogo pelo céu beirado por rochedos gigantes, as luzinhas da cidade leve e do pálido primeiro sobe uma única estrela — não, Luiz, não existe — esta costa abrupta e dura espremendo ao largo, marzão besta, farol, ilha, céu, sou, vem —

Acabou a conferência aqui neste centro espetacular em cima de um rochedo em cima do mar — é alucinante a paisagem — as discussões em si para variar não foram muito boas não — debates sobre a "velha" e a "nova" moralidade, definições da palavra amor, diferenças entre moral e princípio etc. Dois caras tentaram transformar a reunião toda e discutir sobre justiça internacional, e até publicaram um artigo no *Irish News* sobre o encontro mas que só falava em pobreza, responsabilidade cristã e problemas na Irlanda do Norte. Muita gente ficou zangada. Mas deu pra conversar com uma patota grande sobre o conflito entre católicos e protestantes. Nós três do ICYE viajamos de trem até Liverpool e de barco (navio) até Belfast (a viagem durou a noite inteira e eu não dormi nada). Lá fomos para a casa de um pastor protestante que nos levou para conhecer Belfast e as áreas destruídas pelas lutas. Tirei uns retratos impressionantes. À tarde viemos para Corrymeela, que é um centro de reconciliação ecumênica e serviço social, no extremo norte da Irlanda, quase tocando a Escócia. Ficamos quatro dias aqui — e deu pra gente ver a região, que tem um litoral rochoso e belíssimo. Só no último dia fez bom tempo, no resto tava horrível. O vento ruge aqui por cima. Das janelas do dormitório das garotas tem uma vista gloriosa mesmo. Discuti bastante (ou ouvi mais) com indivíduos e dei os meus palpites nas sessões plenárias. Tivemos (eu e o Sig) mais uma discussão inútil com um cara sobre "cristianismo desmistificado" versus "cristianismo baseado no supernatural". Que chato. Seria tão mais fácil rejeitar o cristianismo de uma vez — mas eu ainda acho que tem alguma coisa — e que as crenças-suspensórios viraram metáforas. E aí? Fui dormir todas as noites lá pras 3 da manhã — numa das noites fomos a uma igreja e cemitério em ruínas à meia-noite ver os fantasmas — a noite estava pretíssima e apesar dos gritos, uivos gerais não vimos nada. Hoje é segunda 30 de março dia seguinte do domingo de ressureição; quase todo mundo já se foi — inclusive o Sig e a Heidi — eu fiquei aqui e me vou amanhã — hoje à tarde fui sozinha pra beira dos rochedos, pra beira do mar — A minha indiferença era igual à do mar, eu estava (estou) insensível e sem sentimento com a espumarada se achegando depressa — é essa falta de estremecimento que anula as grandes certezas, as grandes esperanças e as danças — por cima das pedras — e as ressurreições à toa. Luiz, eu não posso. Dizer, Tocar, Saber, Amar, Falar, Sentir — Ah, Marzão besta. Acabou por anoitecer, restam uma lista de dia e um dia por vir.

carta — 2/4/70

(198 dias longe de você)
　Belfast, 2 de abril de 70, 21h35
　do navio (ancorado) que nos leva a Liverpool pela noite.

Tou ficando irritada com essa dona que de 5 em 5 min. fala qualquer troço no microfone. O salão tem uns 170 lugares, num deles sento eu. A Heidi escreve — cartas — ao meu lado, do outro o Sig olha, cansado. Saiu o navio, insensivelmente, ninguém viu; espia só; essas luzinhas todas; céu de lua nova, as últimas fornalhas, os últimos guindastes visíveis, Belfast esparramada. Minha letra treme do frio, estou no convés espiando as luzinhas. A Heidi comigo — ela sabe dar umas risadas bacanas. O canal se alarga, parece um semicírculo, vamos ao mar aberto. Esse vento pode assoprar o papel como já me despenteou. 22h30, passamos uma hora gostosa no convés; é tão romântico viajar de navio; tem gaivotas brancas esvoejando e dando gritos; feito pipas de papel, um voo bonito de planador vivo; e a costa ficando longe, sumindo para dar lugar ao pretume, e há estrelas raras, desconhecidas. É muito romântico. Ficamos comentando os dias na Irlanda e contando piadas — onde é que Friday vem antes de Thursday? — o Sig pouco disse, se calou cansado, está "passando por uma espécie de crise" — Friday vem antes de Thursday.................
　no dicionário. Ra, ra, ra. Me sentindo em high spirits.[1] Acesso, abcesso, obsceno, imortal, humor. Eu tão romântica e tão engraçada. E indiferente. Entramos; esfriou no que o navio deixou simbolicamente pra trás o litoral. Tem um cara falando um

francês belíssimo ali ao lado. Cheerio, Ireland! Uma semana: Belfast, Ballycastle, Belfast. Você tem recebido o *Pasquim*? Tem um artigo do P. Francis sobre o nazismo, interessante! Onde já se viu interessante exclamado. E um do Ziraldo sobre o clube dos sazões,[2] eu até encontrei um sazão lá em Corrymeela, um cara cheio de vida. Me levou para eu tomar café irlandês (café forte, creme, açúcar e uísque: horrível). Uma família de Belfast me buscou no dia 31. Casal bacana, e mais uma inglesa gordíssima, só fazia rir. No dia seguinte me levaram e mais o Sig a Newcastle — tinha até "montanhas" cobertas de neve, o diabo. A Irlanda parece mais bonita que a Inglaterra. À noite fomos ao teatro, *Hadrian VII*,[3] razoável, valeu mais pelo trabalho do artista principal, um irlandês. Hoje vimos mais de Belfast, inclusive as casas do Parlamento e o Hall da cidade. Tava lá o reverendo Ian Paisley, um protestante fanaticamente anticatólico, que manipula o pessoal de classe baixa e dá a eles o que eles querem: alguém para odiar (os católicos) e culpar por todas as dificuldades; e alguém para amar (ele mesmo). Um hitlerzinho. Gorilífico. Conversei com algumas das pessoas que estavam lá no City Hall admirando o Paisley: queriam mudar de casa por estarem "cercados" de católicos; não dormiam há semanas com medo de um ataque dos católicos; e o Mr. Paisley, he's a good man, yes, a good man...[4] Encontramos bastantes famílias aqui — todas protestantes, burguesas, moderadas, comedidas, simpáticas, prestativas. Houve alguns conflitos entre os pros e os cats enquanto estávamos lá. Não vimos nada. Bala de laranja. Mãos sujas de jornal. Tenho de me distrair para não ficar enjoada. 23h15. Pensando bem foi bom vir à Irlanda do N. Pena não ter dado para ir a Eire. Você está em Israel agora. Eu estou indiferente agora. A família que me hospedou em Belfast tinha um cachorro grande, macho e bobão. Adotei dois rabinhos de cavalo um de cada lado. Esse navio tem um leve cheiro de xixi muito chato. O pessoal do Rio me mandou um pacote de presentes: cartas, recortes, 50 dólares, castanha-de-caju, uma fita gravada, goiabada etc. Bacana. Perguntas que sempre me fazem aqui: que que vais fazer quando voltar? tá gostando da Inglaterra? Quando você volta? tá com vontade de voltar? chato. Tem saudades de casa? homesick ou lovesick? 23h25 O que fazer nessas duas semanas mais de férias? Tem uma exibição do centenário do Lênin em Londres entre bilhões de outras coisas. Eu queria trabalhar. Numa loja. Já sei de dinheiro inglês, das manhas inglesas, já entendo inglês cockney. Ah, aprendi uma porção de regionalismos da Irlanda — sleeve é montanha, a clatter of weans é a lot of babies, wee é little, ejit é idiot, lough (pronúncia loch em alemão) é lago etc. não encontrei nem um radical // (Luiz Augusto, por favor, me)

(o papel termina e o francês está ensinando os ingleses a contar)

→ 1 "Alto-astral". → 2 No número 38 (12-18 mar. 1970), o humorista mineiro propôs a criação de um clube para quem "envelheceu com dignidade" ou "sazonou": "só entra velho bacana". → 3 Adaptação para o palco do romance homônimo de Frederick Rolfe, publicado em 1904. A peça foi escrita e dirigida por Peter Luke, com o inglês Alec McCowen no papel principal. → 4 "Ele é um bom homem, sim, um bom homem".

cartão — 7/4/70

Acabei de chegar em casa — da Irlanda e de uns dias na casa do John Hopper. Passei uma semana sem você, doendo o sem você. Ontem fui a um concerto e parecia tão absurdo estar ali absolutamente única e só. Tão aqui teus dois cartões de Tel Aviv e Belém, e mais uma carta que estou para abrir. Vai o cartão mostrando umas montanhas (cobertas de neve!) perto de Newcastle, uma cidadezinha que nós visitamos na Irlanda. Digo mais nas cartas que vão para Aachen — tenho medo de extravio, vou, vem —
    eu te amo com loucura, olhos, olhos loucos e enormes

carta — 9/4/70

Luiz: acabei de voltar de uma reunião em St. Albans com os estudantes do ICYE e os responsáveis — Ian e Poster. Eles nos fizeram perguntas sobre a visita à Irlanda do Norte e nos pediram para escrevermos um trabalho sobre a visita que inclua notas sobre o desenvolvimento histórico do país, os problemas, documentos etc. Enfim, como um trabalhinho de escola. Eu tive de me controlar num esforço de autodisciplina porque me deu uma certa raiva do ICYE pedindo trabalhinho escrito, mas pensando bem e racionalizando bem acho que é uma boa coisa sistematizar os negócios aprendidos. É o tal cheiro de escola, que você "tem" de fazer a sua escrevinhação que me arrepia emocionalmente.

Estive os últimos dias hospedada na casa do John — ele agora como secretário do ICYE na Europa tem de selecionar os candidatos, e estivemos lendo as fichas dos estudantes que querem virar bolsistas em 70-71. Ele me perguntou sobre o encontro de latino-americanos. Eu disse que tinha rifado. Ele disse que de qualquer jeito o Comitê Europeu tinha vetado a ideia por não achar suficiente as razões da Eliza. Eu também perguntei sobre a possibilidade de viajar em julho. O ICYE parece que deixa — e estaria incluído na permissão um acampamento de trabalho na Europa. Mas o negócio é que a gente tem de resolver logo. Me diz das tuas ideias. Eu tenho comigo uma lista de acampamentos — um em Taizé mas só na segunda quinzena de julho. Leio num boletim sobre contatos entre este e oeste que o Bureau Internacional para turismo e intercâmbio da juventude — Benczur utca 34, Budapest VI, organiza acampamentos em todos os países da

Europa Oriental de 14 a 21 dias de duração. Há milhões por toda parte. Que que nós vamos fazer, hem? Outra coisa: me diz de um itinerário para a nossa badalação pelo continente. Me diz se você quer vir a Londres para eu poder arranjar hospedagem — me diz se você não quer. Também tive uma discussão com o Ian Birnie sobre o cristianismo — ele me recomendou o *Teologia da Esperança* do Moltmann.[1]

Dia seguinte, 9 de abril — fui a Londres hoje. Programa: exibição do centenário de Lênin (comprei *LENIN ON LITERATURE AND ART* E *IMPERIALISM THE LAST STAGE OF CAPITALISM*.[2] Havia bolos de propaganda gratuita. Exibição de Leger, comprei um catálogo espetacular, perdi o catálogo. Fui a mais duas galerias que apareceram na minha frente, almocei omelete de cogumelo e batata frita num restaurantezinho e fui ao teatro ver uma peça da Restoração, *The Beaux' Stratagem*,[3] com o artista que ganhou o Oscar não sei o quê. Produção luxuosa, salada russa etc. etc.

sexta

abril 10 — quase 1 hora da tarde. Acabei de me levantar. Tenho tanta coisa para fazer. Sonhei com você, mas era um sonho sem os delineamentos da verdade. Meu nariz está sangrando à toa. Que bagunça a minha vida.

↦ 1 Ensaio do teólogo alemão Jürgen Moltmann, originalmente publicado em 1964. Edição brasileira: *Teologia da esperança: estudos sobre os fundamentos e as consequências de uma escatologia cristã* (São Paulo: Loyola, 2005). ↦ 2 Ana C. se refere a *Imperialism, the Highest Stage of Capitalism*, ensaio de Lênin originalmente publicado em russo em 1917. Edição brasileira: *Imperialismo, estágio superior do capitalismo* (São Paulo: Boitempo, 2021). ↦ 3 *O estratagema dos galãs*, comédia do irlandês George Farquhar estreada em 1707.

bilhete — 13/4/70

Luiz,

Recebi hoje (dia 13) teu cartão do Kibbutz. Israel é um paradoxo muito grande. ou uma grande coerência? você deve estar voltando, e eu começo as aulas amanhã. Tou mandando uns negócios para a gente combinar logo as férias de julho. Já está meio em cima da hora. Você quer que eu escreva para as donas amigas da mamãe em Paris e em Nice? Ou então? A gente vai a algum acampamento? Eliza D. me escreveu. Continua brigando com o John Hopper. Eu sei o que ele pensa de nós dois.
    (eu) Eu estou com medo do futuro

carta — 16/4/70

16.4.70

Tou na biblioteca. as duas professoras de inglês não estão hoje. Só tenho uma aula, história. As garotas comentam os olhos de artistas de cinema. entrevejo uma frase de Oscar Wilde na revista que a Renuka folheia: "In married life, three is company and two is none".[1] Eu detesto o Christian Barnard.[2] Flores, nádegas, campos, selos, sábados, tortas, pedais, águas, úlceras, alteramições, bravuramos, braverde mar, barulhação incontínua, rinobrega, eleflamengoma, paraleleparto, somalento, socamina, intendenção, paxá platá, paixão platão, e revêm as perguntas inúteis com respostas de fogo e afago: mondieu o que é aquela coisa engraçada com uma barba ruiva e um surrosa riso falso dente deonte doente dormido prameiro; mygod vê se dança um frevo red army mas pra quê, manuel, pra quê, gottgottgott, para de rabiscar o meu a minha mas essa STOPIT! STOPIT! Silly girl tá dizendo que Beckett meudeus o que é isso Luiz Luiz sucumbindo destruindo além além

[a lápis, com escrita de outra pessoa]
 I drew a portrait of Ana on the other side, but she did not like it so I rubbed it out, pits to waste such talent.[3]

[desenhos com legenda] a sock e a hand[4]

[à direita, a lápis] Ich bin nicht, quer je ne sais pas pero no soy[5]

Você pensa em que língua, Ana?

essas minhas colegas são malucas. A Renuka fica perguntando o que é que eu estou fazendo e cismou de te escrever. Disse que ia contar uma porção de fofocas sobre as minhas "aventuras" (??), mas acabou rabiscando essa louquice e fez um desenho de mim para implicar com a minha "gordura". O que todo mundo faz.

Dear Luiz, this is Renuka, a friend of Ana's. This is all the space that stingy Ana would allow me to talk to you. How are you? Ana is fine, a bit stupid, but fine, will write again, something more interesting[6]
Love
Renuka   Ana

Se aí resolvem fazer o teu retrato, o meu retrato. como se isso existisse. Absurdo. As transparências eclodindo escrevendo em forma de gota. meu amor é uma insônia sem pétalas. Gargalhadinhas. Aplausinhos. viva minha filha que voz a tua. Aí sempre me perguntam quando é que você volta que coisa horrível voltar para o Brasil e com esse começo da perda de tempo as árvores caindo sobre a bainha do mar, a bainha do mar toda descosturada descontraída, estrela descontraída provavelmente descontraída a França é um país fascista, disse a garota, e ela me disse que a polícia, disse ela, bateram nela tiraram todo o dinheiro dela mas eu estou inventando ventando um sofrimento platônico para que então são as urgências da tarde? as insurgências da palavra? as insurgências perpendiculares? o fim da bebedeira? o colono bacamílico, o wyk que nunca existe mas então teu nome é o nome de Z a Z é sim, é sim, adeus

depressa cataliticamente tua espera é o tempo a história a busca o absurdo o nunca sempre prensa sábio. Contrações contrações você vem vem vem interrogo rogo rasgo rompo rupto o toco tomo mártir tiro vidazul azulanil ave ave ave ave quem sabe eu te amo com a força ometálica destas mãos pensando. Para de fumar o cachimbo longo oblongo em Madureira semifúria [semifinais? semifurais?] enquanto minhas costas repousavam nos teus joelhos estabeleceu-se a confusão dos ponteiros sem hora nem tara nem rima nem dor o que é que vão dizer os cristos melancólicos e grandes que desdobram os apertos de mão incontinentes e a falta do beijo de boa-noite e a falta intencional nacional soporífera

não, não, eu respondi. eu não vou alcançar os píncaros as margens plácidas os berros retumbantes e os raios fúlgidos. Penhores e igualdades pendurados na barraca como bacalhaus intoxicados. With the beautie!! of life![7] eu soletro tu soletras ele me ignora ela sorri nós desesperamos vós saís eles não hão abril abril não sei se estou feliz pela primavera chegante ou desesperando de medo puro

afinal fomos nós que não demos importância aos chamados selvagens. Indiferentes como os filhos da terra, diria Rosencrantz com uma podridão dinamarquesa amanhã e amanhã, e amanhã, engatinha neste mísero passo de um dia a outro como é que eu ouso traduzir o velho poeta Life's but a walking shadow, a tale told by na idiot. With sound and fury signifying nothing[8] então vieram para mim e perguntaram o que era feito dos talentos e dos minutos minutas omeleta lambreta destruições na parada de ônibus, por onde uma minhoca vermelha se movimentava eroticamente

→ 1 Frase da comédia *A importância de ser prudente* (1895): "Na vida de casado, dois é pouco e três é bom", na tradução de Sonia Moreira. → 2 Christiaan Barnard, cirurgião sul-africano, primeiro a realizar um transplante cardíaco entre humanos, em 1967, cujos feitos foram propagandeados pelo governo de Pretória para melhorar a imagem internacional do regime pró-apartheid. → 3 "Desenhei um retrato de Ana no outro lado, mas ela não gostou e apaguei, que pena desperdiçar este talento". → 4 "Uma meia e uma mão". → 5 "Eu não sou, quer eu não sei mas eu não sou". → 6 "Caro Luiz, aqui é Renuka, amiga de Ana. Este é todo o espaço que a sovina Ana me deixou para falar com você. Como vai? Ana está bem, um pouco estúpida, mas bem. Escreverei de novo, algo mais interessante". → 7 "Com a beleza!! da vida!" → 8 Trecho da tragédia *Macbeth* (1606), de William Shakespeare. Na tradução de Millôr Fernandes: "A vida é apenas uma sombra ambulante; [...] é uma história contada por idiotas, cheia de fúria e muita barulheira, que nada significa".

carta — 24/4/70

Luiz irresistivelmente a primeira folha e o meu coração inclinado sob os grandes pesos. a vidraça gotejando de preguiça. abriu, abriu primaverando com um langor estúpido. tua imagem é como a ideia de deus. o que seriam as flutuações de calor e calor, a inquietação cantarolando ela desatinou[1] e os sobressaltos acordados até as horas altas? amanhã, amanhã e amanhã... houve um silêncio eu registrei todos os silêncios; agora é tempo de cavar as fossas e jogar no fundo com uma displicência afetada as autorraivinhas espumantes; sorrir concatenadamente; dar uma volta pura e adormecer cheia de supersonhos. afinal há final, pigarreia na esperança de ser. Redesenha o desdém o desejo e as mangas amadurecidas. Le silence éternel des espaces infinis m'effraie.[2] Drummond também. O pente elétrico tirando faíscas do cérebro arregalado. Você me desconcerta. no fim do mês quando o dinheiro aperta. tem um gosto amargo e eu vivo sempre a sonhar. Viu chegar quarta-feira acabar brincadeira bandeiras me desmanchando. Que toda gente já está sofrendo normalmente. Eu lembro de ter uma mania de pontear sorrisos com uma pequena vergonha. E sentir angústia copacabana. E sentar no chão para ouvir a chuva. Contando tijolos jogando com o mar. então o grande séquito debandou. Débil cor saindo das onduras ditas perpéteis. Falácias. Solecismando. Desgarrado. Até a última sílaba. Agora é tempo de esquecer. estou morta daqui para trás daqui para frente. Minha entonação não tem entonações. Informações. Aí ele disse a essa altura não me persiga não se persigne coma seus camarões proibidos e você sabia? É contra a lei se despedir e morrer, é contra a lei entrar e pedir um cálice e ficar bêbado e ficar todo fingido. Porque minha filha isso não se faz. O cansaço. a grande imobilidade a grande paralisia geral. O mergulho fora da peste sob as estrelas silentes na água escura e morna. A mão cata a outra mão. E inclinada sobre a pedra e a palmeira de lua. Os olhos fazem de conta. Pegar a tua vista é mágica enquanto se desdobram as palpitações inexistentes mas existentes. se o meu absurdo, na nossa frente um cartaz colorido com touradas imóveis, e me conta do teu acidente, deixa eu ler liberdade, e o dinheiro sumiu, e me esconde me acha te escondo acho. A escada em espiral e se serve a comida em compartimentos de alumínio. lá no alto sobraçando a cidade com uma cedilha e uma mariposa. santa, eh-ô. Passa o ano o tempo já não é — a irrealidade máxima do presente assalta o tempo: já não há antes nem depois. me anulo. me aluno. me mato. abril.

→ 1 Citação de "Ela desatinou" (1968), de Chico Buarque. → 2 Uma das mais famosas reflexões do filósofo francês Blaise Pascal: "O eterno silêncio desses espaços infinitos me apavora".

carta — 24/4/70

A preguicite primaveril e o frio ainda acontece. cachimbadas — cachimbadas. uma carta de você e eu também: não tenho escrito para ninguém (raramente para o pessoal de casa), não consigo estudar direito nem fazer grandes esforços intelectuais, estou em pré-pânico — medo medo da volta, diferente, esquisita e desintegrada, eu não sei sem saber eu sei mas não! Eu não posso te escrever mais. mas então. Mas então. Então me diz — se você quer vir a Londres me diz a data certa eu podia até arrumar hospedagem me diz a data (as datas). E depois como é que é, a história das cartas-convite? Eu tenho de escrever para as amigas da mamãe para arrumar a tal carta! É tudo que a gente precisa: uma carta garantindo pelo mês de julho todo. Não há conferência visível aqui. Eu vou trabalhar em Notting Hill Gate (= favelas de Londres) por três semanas (de 23 a 19 de junho acho). A minha ideia ainda é explodir as circunstâncias de loucura. Só dá para a gente fazer alguma coisa em julho. E a carta, e a tal carta? Ah, essas cachimbadas de primavera me dilaceram. Eu tenho medo, Luiz. Não sei mais dizer o teu nome e te invocar nas penumbras cegas. Tenho medo de te encontrar e desmoronar — não me reconheço — ou agora é que? Luiz Luiz Luiz, Luiz Augusto, as flores engolindo o teu nome e resta no ar um cheiro inexistente, uma tontura e uma febre. Está acabando. Desintegrando. Perdi o tempo, e achei —? Você é maior. As elegias que deviam nascer. Os amores suprimidos nos trilhos à espera do apito. O disfarce cotidiano. Nunca mais poesia. Unhas ameaçando crescer, mas há duas. a bicicleta solta no vento. O sono no meio das aulas poucas.

A torta de ruibarbo. A falta de apetite. Os vestidos apertados. O medo feito de primavera. encasacado. encachimbado. Tua carta na mesa preta do correio real. As palavras que nós nunca nos dissemos. Vou comprar um biquíni. Nadar na piscina pública. Fingir que não sou mais branca. ir ao teatro. A Stratford ver *Richard III*.[1] Aos concertos entreloucados. às beiras, às verges, ao total mais total. não sei, não posso. Estou enlouquecida pelo cachimbo primaverando.

↦ 1 Tragédia de Shakespeare estreada em 1594.

cartão-postal — 29/5/70

Edinburgh, Maio 29

Acabo acabo de vez de voltar das profundezas esfumaçadas de um pub escocês onde os amendoins boiavam na cidra amarela e tépida — e o dia nunca terminou, fomos atrás dos jardins botânicos na casa verde o cheiro tropical de infância desabotoava a minha tão minha paz Barbara Hepworth[1] e os seus pequenos sóis o palácio estava fechado e o esquilo quebrou os meus desejos fotográficos Escócia, Escócia onde foi que eu te vi

Kathleen Hughes[2]

→ 1 Escultora inglesa (1903-75). → 2 Atriz norte-americana (1928).

carta — 20/6/70

Luiz: 20 de junho. Me recuperei do primeiro choque com a tua carta, já não sei de mais nada, não há deuses comandando a nossa fome onde se esconde o desespero em longas distâncias.
    anteontem te telefonei. Você em férias em algum lugar incompreensível só volta domingo, então eu te escrevo, eu que estou tão sem palavra
    eu quero te ver. Nem que seja só para te ver. Eu só posso sair daqui nos dias 4, 5, 6 ou 7 de julho. O melhor para mim seria tomar um trem <u>às 11 da manhã do dia 6 que chega em Aachen às 20:20 da noite</u>. Me manda carta-convite de alguém daí com urgência. Assim que eu receber a carta eu compro a passagem nesse trem. O horário tá bom pra você, dá para você me buscar na estação? Eu continuo restrita a uma palavra em alemão: scheiße. Eu não sei o que vai acontecer. Eu tenho cartas-convite de Genebra (1º a 10 de julho), Nápoles (11 a 21 de julho), Nice (22 a 26 de julho), Paris (27 a 2 de agosto), Nova York (7 a 14 de agosto), Boston (15 a 22 de agosto). Mas será que há por que sair a turismo assim? Eu não vou desconfirmar nada. Eu simplesmente não sei. A única coisa certa: às 20:20 de 6 de julho eu vou te ver.
    aqui bom tempo copa do mundo Stratford Brasil campeão serviço social cricket concerto ao ar livre programa de TV reuniões a 3ª sinfonia de Beethoven as cartas os slides a campainha as eleições.
    LUIZ, LUIZ, o que vai acontecer? eu poderia terminar o curso médio aqui em um ano. é fácil; você poderia também; só três matérias e exames meio violentos; alemão, francês, sociologia

seria fácil para você; ou quaisquer outras três matérias (inglês também)

    o que a tua família diz disso tudo? Luiz, não há esperança? como foi que te descobriram?

cartão-postal — 1 ou 5/7/70

Só para confirmar chego segunda dia 5 às <u>20:20</u> da noite. me espera. eu te espero.
    ANA

cartas — 2-3/8/70

2 de agosto, Gare du Nord, à espera da partida do trem para Antuérpia — acabaram minhas virações pelo continente. Basicamente uma loucura. Genebra foi ótimo, o Weil e a família não podiam ter se aberto mais. Fomos nadar na França, o sol se pôs dentro dos Alpes, tomei banho no jet d'eau, vi *Medeia* do Pasolini, que fotografia. O trem cheio de — belgas, holandeses, alemães? Está quente, ça va, boa tarde. Itália quentíssima, fossa (quase desespero) de solidão em Milão e Florença. Depois a fossa virou tédio, ser turista entedia, ser sozinha entedia, andar na Itália sozinha é um inferno — Do you speak English, parles tu, sprechen zi, parla habla etc. Nunca me chateei tanto com esses italianos abordantes. Cheguei de surpresa na casa da prima na praia, visitamos o litoral sul todo, Capri, Sorrento (roubei um livro interessantíssimo lá: *AGAINST INTERPRETATION*,[1] da crítica americana Susan Sontag), Pompeia (!), Vesúvio, Nápoles... Tanto turista em Roma, onde andei com três argentinos sem muito na cabeça. Não me deixaram ver o Vaticano (os guardas de lá) por eu estar de minissaia. Quase morri de calor e de andar. O trem está partindo ao som de uma musiquinha de parque de diversões. Meu pé doendo — será que eu quebrei o pé. Gostei do Coliseu entre a lua grávida. Fiquei bêbada. Falei (!) italiano (!!). Em Nice outro tédio passageiro, nadei no mediterrâneo de pura alegria, vi mais ruínas romanas, a dona que me hospedou me deu o *Antimémoires*[2] que eu vim lendo no trem para Paris. Aqui (não mais aqui) fiquei com o Ruy da Silva, cassado logo no princípio, um cara muito por dentro. Vi a cidade. Encontrei um

Luiz (Luís?), torturado várias vezes, meio louco pelas torturas. O Ruy trabalha com refugiados, deu notícias dos brasileiros. O melhor de Paris: a retrospectiva de Matisse e a ilha St. Louis. O pior: túmulo de Napoleão, Madeleine e a multidão papagueando no Louvre. Escrevi. Museu do homem também. Ao me levar na estação o Ruy disse: desculpe certas coisas que não dá para explicar. Não entendi. Agora acabou a Europa. Espero no Brasil os livros que eu comprei — *Sysiphe*, *Traité sur l'angoisse*[3] (KKG) e *Notes et Contre Notes* (Ionesco).[4] Também comprei um livro do Mariguella (proibido na França por uns tempos), *Pour la libération du Brésil*.[5] Mas enchi mesmo. Turismo não tem sentido por um mês. É uma obrigação e os campos se estendem.

Você: recebi a carta em Paris, nem um alô, Cesar não tem acento, tua letra que eu lembro ter me tirado o fôlego tantas vezes me escrevendo sem maiores sinais. Como é possível. Anteontem ao som de Bethânia (o último LP)[6] me deu vontade de ter um filho (teu!!). Passou. Mas você não. Você me marcou irresistivelmente. Se eu ainda te amasse, eu ia ter alguns ciuminhos. Como foi possível, a gente se encontrar de repente e "retomar" tudo. Ou não? Eu não entendo. Perdi a tua mágica, estou sozinha. "Eu me lembro" é um gesto do presente? Tomar vinho até ficar tonta. Foi bacana a gente cantando tanto samba. Barracão é meu.[7] Eu te gosto Como eu te gosto. Eu sentei no jardim de Luxembourg e no calor e cansaço da tarde me veio todo o peso da minha própria nulidade, mediocridade, desinteresse, absurdo. É luxo ter fossa sem ser de amor? O Ruy se diz cristão (é também marcusiano, dizem) e eu tive com ele a discussão: mas pra quê? não é uma redundância, um pleonasmo, me explica. Ele disse é "inexplicável". Então ou não existe ou é poesia. Eu tenho de ler Marcuse. O trem está parando. Lembra da gente naquele jardim perto de

Düsseldorf, alguma coisa estava acontecendo — Que se acontecesse ia me fazer chorar, e te querer. Vou tirar carteira e comprar um porquinho-da-índia. O trem deixa o verde da França, é claro e quente. Me escreve, conta rápido dos seus planos (se outros) e como você está. E o que há ou não.

Me escreve mais que um envelope vazio. Luiz.

3 de agosto Antuérpia:

a reunião está esquisita. Os 'holandeses' são em maioria e a língua 'oficial' é holandês. Só há quatro que não falam holandês (nós três da Inglaterra e um cara do comitê inglês. Passamos a manhã discutindo o que é ICYE ou IYE. No conclusion whatsoever.[8] Me retiro pro meu quarto (é um centro teológico ótimo) para fumar aquele cachimbo (ainda dura — e muito direito). Glória contou ter estado aí. O ano dela foi bacana (pelo menos mais bacana que o meu) (Acabei de chegar à conclusão que o meu ano foi terrível). Já estou mais conciliada com a ideia de voltar. Estou? Acabei de dar uma mordida no cachimbo — quebrou! Toute personne hostile à la dictature militaire et désireuse de la combattre peut faire quelque chose, pour modeste que soit son action. Ceux qui, après avoir lu ce manuel, auront conclu qu'ils ne peuvent rester passifs, je les invite à suivre les instructions que je propose et à s'engager tout de suite dans da lutte. Car, en toute hypothèse et dans toutes les circonstances, le devoir du révolutionnaire est de faire la révolution.[9] Os carros passam entre as árvores — esse tabaco me intoxicou de vez. Não sei que horas são. Estou meio morrendo. Se ao menos eu tivesse uma esperança. Sentar neste quarto branco nesta Bélgica branca esperar o sol tirar todas as roupas da mala e espalhar pelo chão trancar a porta te escrever sem saber de quê. Sempre dentro do chapéu. Como que para me convencer que eu existo. Eu não sei que horas são. Passa um operário de macacão azul. Os operários europeus não são proletários! Foi bacana o jeito em que você me aceitou. Eu não tenho quase medo de te escrever. Será que você? Eu adoro Matisse. O que além da arte. Eu estou meio morrendo. Quase sem medo, eu te digo a minha incapabilidade de sentir agora. te amar foi dar um sentido à falta de sentido. Malraux: Le plus grand mystère n'est pas que nous soyons jetés au hasard entre la profusion de la matière et celle des astres; c'est que, dans cette prison, nous tirions de nous-mêmes <u>des images assez puissantes pour nier notre néant.</u> Et pas seulement des images...[10] De repente não há imagens nem imagens que possam negar a minha nulidade. Você diria — é um problema de classe? Duvidar da própria existência é o estigma de uma formação 'burguesa'? (vai entre aspas porque quanto já se fez com esta palavra! que você entenda). Eu não estou desesperada. Apenas inexistente. Existência é ação? Me escreve, me responde! 70 La Salle St. apt. 19C New York 10027 } meu endereço até o dia 15

    MARCADOR
    Estou cheia
    estou cheia
    estou cheia
    estou cheia
    estou cheia
    estou cheia
    estou cheia
    estou cheia
    língua
    contato
    ausência
    fome

insônia
sono
incomunicab
por que
eu não vejo
as coisas
que não
doem
o sangue
das tardes
colorindo o
céu de cinza
e perdendo-se
no espaço

↪ 1 *Contra a interpretação* (1966). ↪ 2 *Antimemórias* (1967), de André Malraux. ↪ 3 *Le Concept de l'angoisse* e *Traité du désespoir*, do filósofo dinamarquês Søren Kierkegaard. Edições brasileiras: *O conceito de angústia: uma simples reflexão psicológico-demonstrativa direcionada ao problema dogmático do pecado hereditário* (Petrópolis: Vozes, 2017) e *O desespero humano* (São Paulo: Editora Unesp, 2010). ↪ 4 Reunião de ensaios sobre teatro publicada em 1962. ↪ 5 Versão francesa do *Manual do guerrilheiro urbano*, publicado clandestinamente no Brasil em 1969. ↪ 6 *Maria Bethânia*, lançado em 1969 pela EMI. ↪ 7 Possível alusão ao samba "Barracão", de Luís Antônio e Oldemar Magalhães, lançado em 1952 por Heleninha Costa. Em 1968, Elizeth Cardoso o gravou com Jacob do Bandolim e o conjunto Época de Ouro. ↪ 8 "Ainda sem nenhuma conclusão". ↪ 9 Trecho traduzido do *Manual do guerrilheiro urbano*: "Cada camarada que se opõe à ditadura militar e deseja resistir fazendo alguma coisa, por menor que a tarefa possa parecer. Eu desejo que todos que leram este manual e decidiram que não podem permanecer inativos sigam as instruções e juntem-se à luta agora. Eu solicito isto porque para além de qualquer teoria e qualquer circunstância, a obrigação de todo revolucionário é fazer a revolução". ↪ 10 Citação de *Antimémoires*, de André Malraux. Em tradução livre: "o maior mistério não é que tenhamos sido atirados ao acaso entre a profusão da terra e das estrelas, mas que nesta prisão possamos formar imagens de nós mesmos suficientemente poderosas para negar nosso nada".

carta — 13/8/70

Hoje a tua carta. eu chorei. Finalmente um sinal do absurdo. O silêncio devia ser a minha única resposta. Nem estas lágrimas de agora você não podia saber. Se eu te escrevo eu corro os riscos de querer te dizer o que não se diz. Ou de me confessar a impotente que eu sempre fui. Eu não posso me aliviar me pisando enquanto as lágrimas. Eu tenho de chorar sozinha
    Para que, Luiz, para que as pessoas se levantam com machados na mão?
    Então é verdade. Não existe sentido nem coerência?
    Só existe uma única força. Sem amando a gente seca, se nulifica, se repete, levanta os machados, morre.
    Imagina dois olhos imóveis em frente ao espelho: eu. A grande coleção de relíquias de coisas tuas, a maior relíquia sou eu, estatificada, morta. Inútil.
    É manhã hoje. Não há nada que eu diga fora da impressão de distância que não soe supérfluo. O essencial se chama: absurdo e doloroso. Divorciada das coisas que importam? De que adianta. Um concerto de Haydn. Luiz Augusto.
    Tua carta me deu uma angústia. De repente a traição é que eu estou sozinha, é que você está sozinho. Nem a tua imagem eu tenho para que "me enlouquecesse de vez". "Ontem lá em Pedra eu tentei escrever pro Luiz. Mas eu não soube. Porque é tudo tão inquietante tão... tão tão que eu nem sabia começar. Aí eu fui escrever pra você, mas a Andrea veio ficar com a Cristina do meu lado, lendo cada linha e cada traço que eu desisti". Hoje sou eu aqui às margens do Harlem tentando te escrever <u>por escrever</u>

não quero saber se há a tão inquietante incoerência que nos faz desistir. Eu estou escrevendo só pra dizer que por mais que eu diga e viva e traia e pense é em você que acabam que se dirigem todas as minhas tentativas. Eu não estou consolando ninguém. Minha incapabilidade de me dobrar no chão em desespero agora já desconsola — sèche, sèche.[1] O que me secou foi a Inglaterra e a Inglaterra. O avião se caísse eu não acreditaria até o último momento. Pra que viver sem amor. Até parece letra de um samba cafona. Por mais nula que eu estivesse eu chorei. De que é, de que é? Você tem razão. Nem você nem eu escolhemos essa distância. O nosso amor seria só um recomeço, e não nos deram tempo. Mas por que eu não me atirei na tua direção inteira? Eu não saí como se nada houvesse. Eu parti nula.

A crueldade é o limite da minha verdade.

Eu te traí, Luiz. De corpo e alma eu te traí. "Se eu te amasse" é a minha traição e a minha crueldade. Não sobra nada.

Eu chorei ontem com a tua carta que me pegou acordando de sonhos da noite. Eu chorei e me calo pelo resto do dia, nulificada.

Você me aceitou atordoada, quieta, evasiva e o trem se foi sobre a minha evasão porque eu sabia que você me aceitava apesar de tudo. Distância. Medo de morrer. Inútil.

Eu choro com a tua carta. Que me destrói, me empurra a rastejar de vez, me negar de vez, te amar de vez. Aqui neste auditório que crepita com sotaques, nesta tontura prematura, mais uma vez a tua ausência. Eu choro.

Cansei também. Solidão burra da Europa. Mês burro nesta América de cá. Fui assaltada. O jazz na rua. A festa de moçambicanos. Praia com Jovelino e Domício. Eu não sabia que. Parque de diversões. Museus. Piqueniques. A carta, a crueldade.

Você não tem razão. Eu te escrevi porque eu te traí e não queria ter te traído. Porque eu participei na traição deste amor. Porque eu era além da plateia. Você está errado. Agora não terminou a nossa aventura. Porque diariamente eu estou com você, me peso por você, me penso no Brasil sem você, a tua carta me faz chorar. "Acabou" é a tua resposta para o meu "se eu te amasse" (ou o atestado da própria traição)? Eu não te esqueço neurótico em Aachen, eu nunca escrevi em paz felicidade alegria, se eu escrevi, foi este o momento mais alto da minha traição.

Cada vez que eu releio a tua carta me sobe uma onda de emoção, eu tenho vontades sucessivas de me autodepreciar, de me confessar, de te ter outra vez, de te amar, de ir chorar com você, esquecer, esquecer, esquecer com você. Tem um nó na minha garganta. Eu estou estupefata. Tua carta me chicoteia também.

Quanto mais verdadeira eu fosse (a gente fosse), mais amor o nosso amor. "Se eu te amasse" foi um gesto de repulsa à traição que começou no meu próprio corpo. Agora eu acabei. No momento em que eu duvido que exista a paixão pelo verdadeiro sucumbem as minhas esperanças. "O homem que não sofre quase para de ser". Eu estou sendo outra vez? Num espasmo de autodepreciação. E de certeza que você é a única pessoa que me aceita como eu sou. Traída, traindo, periclitante, incoerente. Mas eu disse que não ia me atacar. Me atacar é o meu único impulso e serve como um exercício em justificação que vem do medo de ser pensada cruel. O maior medo que nasceu com as minhas dúvidas. E eu não quero isso.

Eu tomei parte da ação absurda, Luiz. Conscientemente. Agora eu choro por quê? Me deu uma dor, uma vontade de te chamar meu amor, meu querido outra vez. Eu só choro.

→ 1 "Seca, seca".

carta — 3/9/70

Nova York
 3 setembro 1970

Estou voltando. ou chegando. um voo e os abraços. de volta sozinha, absolutamente sozinha. um dia sem fazer nada, um contralto me arranhando os ouvidos. cheiros e sons distantes: Harlem. cartas de casa: há uma carta tua me esperando. o que diz a tua carta me esperando? um avião. décimo nono andar no meio da tarde. sotaques. vinganças. discos. dólares. medos. ansiedades. mais aviões.

 estou voltando para a família, a ditadura, a amiga com fossa de amor, o *Pasquim*, o vestibular, correspondências, livros, dúvidas. Para uma carta tua. Volta. Passei uma semana com o Harvey Cox numa paz perfeita. Em Boston com amigos dele. Em aqui havia três cartas lá de casa e uma da Eliane. As cartas da Eliane são a única coisa ainda capaz de me desesperar neste momento.

 eu também não consigo mais escrever, há tanto tempo que algum vestígio de um vestígio morreu. Restam as pequenas excitações da viagem e os gritos nos corredores. Perca-se num romance, vamos ao Central Park. O que morreu eu não sei, mas ainda o sangue do meu corpo e os sonhos desistem. Luiz, eu digo. Luiz, o que aconteceu? Falta de ar sem importância. Pressão alta. Eu digo de novo: Luiz, o que nós estamos fazendo? vivendo uma elegia transitiva, ou vivendo? Acabou, alguma coisa acabou. Eu?

 em quatro dias estou no Brasil. sem você. esquisita. irreconhecível. pronta para abraçar quem quer que esteja sem futuro também. devolvendo fotografias. nunca palavras. Talvez palavras. você já inventou um personagem? Você me escreve? Você sabe quem eu sou? Eu sei quem é você? Nós como nós ambos e eternos existimos? Aqui o passado e o presente são indissolúveis. Existimos? O que além desta poesia? Um dia o gramado em Düsseldorf desaparece? A rede e o primeiro beijo? Aquela lua? Vamos subir uma montanha. Qual é o inverso de um ponto de interrogação. Qual é qual é qual. Luiiiiiiiz! Sobe aqui, dá uma olhadinha aqui nessa latinha. Tá vendo só que engraçado estes pinguins velhos como a velhice de um ano a sós. Luiz lê esse folheto da Rosa Luxemburgo que eu roubei daquela livraria e me diz o que você acha. Achou? Arranjei uma burrinha. *Orfeu do Carnaval*.[1] Panelas. Polícia. Flamengo. Não, Flamengo. Acidente. Lavanderia. Trem. Cartões. Dedos suados, narizes. Ninguém.

Ninguém, ninguém, ninguém, ninguém, ninguém.

Não tenho saudades da Inglaterra. nem de nada da Inglaterra. Mas eu já estive lá algum dia? Que sotaque besta é esse? Os americanos riem. Faz frio naquela sala de lá. aqui nada nada nada nada.

estou em volta, por volta, perante a volta, até a volta, de chegada.

o que vai acontecer é maior que as minhas mãos crispadas e o meu enjoo. Bahia, terra.

Luiz, isso tudo é tão chato, acabaram-se as minhas palavras e medidas. Posso dizer de uma vez? Não deixa de me escrever.

↳ 1 Filme de 1959 dirigido por Marcel Camus, adaptado de "tragédia carioca" *Orfeu da Conceição*, de Vinicius de Moraes, estreada em 1956.

carta — 9/70

Faz uma semana, um dia. Sento nas carteiras de espera: Curso Oxford, Botafogo. Ensinando o elementar dois. Quintas e terças, 7 às 8:10. Uma semana, um dia de Brasil. Fantástico como se adapta rápido: está tudo tão igual. Os mesmos bueiros, português arrastado, fotonovelas nas bancas, ônibus quentes, chuva, vozes. Diferenças: o Flavio (virou homem, e grande), música muita, alguns viadutos, a fisionomia de repressão, por toda parte (como nos Estados Unidos) muitas bandeiras, ninguém segura mais este país, Brasil forte e glorioso, ame-o ou deixe-o, seja bom patriota, eu fico. Vou comprar todos e colocar numa vidraça partida. Voltei para o Aplicação. 3º clássico. Meia dúzia de alunos. Desânimo. Preguiça. Sono. Não consigo decidir! Vestibular? Eu não quero nada.

Da aula de economia: desde que eu cheguei que chove, o tempo sem graça nem paciência. "E sinto muito sono de manhã...".[1] Luiz, está tudo tão chato, ao meu redor todo mundo muito dolorido — a minha mãe, a Eliane, a Lina — uma colega pergunta — o que você está fazendo — escrevendo para o meu namorado, eu digo com um sorriso (como é difícil imaginar esse sorriso). Fui ver *Cemitério de automóveis*[2] com o José e a Eliane e os meus pais. Os pais saíram no meio (já tinham visto) e ficamos nós três — que ironia, que ironia tão engraçada, que loucura, que piada. Sempre falta um. Quando não falta é temporário. Como é que diz aquela elegia do Drummond?

Tenho de fazer provas trabalhos aulas. Que preguiça, Luiz, você não imagina.

De repente eu soube: você está ausente. Em frente ao Paissandu eu acreditei te ver, mas não. Você como parte do cenário da cidade e de mim está mais ausente que nunca. Naquela camisa de veludo. Ainda não ousei ir ao MAM, onde eu sei o vento de inverno e mar de inverno falam da ausência com uma eloquência trema trauma de inverno. Sem paixão, com a quieta eloquência ausente dos que um dia tiveram. E aí?

Aí eu entendo: é em você que eu acabo e termino. Não importa se eu disse antes. É verdade.

No meu fichário traduções, *Les Mouches*,[3] il n'y a pas de morale générale,[4] Arthur Miller, apostos, Estados Unidos, coordenadas, limites, Questão do Oriente, guerra da Crimeia. Talvez eu faça história por enquanto. Embora a minha paixão seja literatura. Paixão? Paixão? Com que facilidade se estagnam as palavras, se repetem as respostas. Manuel Maurício e Werneck estão na PUC.[5] Talvez.

Eu não quero entrar na intimidade de nenhum outro casal fazendo amor. Em Ham eu ouvi o casal algumas vezes, na solidão das paredes translúcidas. Agora não posso dormir com esse gosto de presunto na boca.

Amanhã vou à igreja só por ir, e encontrar o pessoal. Querem que eu fale sobre a Inglaterra, e eu não tenho nem o ânimo de jogar a minha fala mais verdadeira. José telefonou: afinal hoje não dá, fica para amanhã, vamos ver *Medeia*?[6] Vai (tem de ir) a Eliana, a Brigitte também (já falando português — entendendo tudo — é uma garota inteligente), e mais um colega teu que viveu seis meses em Londres, e quem mais? Mas que chateação profunda. Hoje fui à praia (Copacabana, alargada[7] a ponto de não ser reconhecida, dunas, obras, guindastes, os prédios metaforicamente longe do mar) pela primeira vez (é um jogo bacana, esse do das primeiras vezes). Fazia céu, sol, mar e outras coisas de praia. Passei a tarde imersa em Sartre. Ah, eu não disse: é sábado, o *JB* ainda tem aquela mesma cara. Campanha eleitoral. Felizmente o meu título só sai em janeiro. Você votaria? Lysâneas[8] entrou nessa também. Quinze para meia-noite. Lina no cursinho de desenho industrial. Eliane só fala em vestibular. Eu numa paz vazia, no vácuo tranquilo dos grandes tédios. Já ouvi essa frase em algum lugar.

Você é uma dimensão que me esculpe. Você está longe e se você voltasse eu queria que houvesse alguma coisa lentamente. Como no princípio de que nós rimos. Mas agora que nós não somos mais daquela repressão de antes, a lentidão não seria um medo ou uma cautela, mas uma maneira de estar. Uma recuperação da nossa última semana. Ainda que tudo uma fascinação. Uma fascinação quase objetiva pela colocação da vida: as coisas se colocam em perspectiva, é clinicamente fascinante. Eu estou percorrendo o teu caminho? Quase meia-noite. Roncos de Copacabana. Uma certa dor de cabeça sartriana. Tirei retrato para a matrícula no Aplicação! será que eu te mando? mas por que mandar a minha cara sem face. Havia tantas possibilidades. O dia a dia é menor. Quase nada cabe. Nem moscas, viva o dia a dia. Quero te mandar uns discos. O que você quer? Elizeth, Bethânia, Caetano, Gil, Chico (Buarque, Alves), quem? Estou cansada. Luiz, você me conheceu há tanto tempo, lembra? Acabaram de fechar a porta no quarto do casal. Vão fazer? Eu fecho os olhos sobre esta solidão branca, sem dor nem alvo.

[no verso]
1ª vez de Pedra Sonora depois de

PEDRA SONORA

MEIO-DIA DE DOMINGO
SONS RAROS DO RÁDIO E DA COZINHA
SENTO NAQUELA MESMA MESA SEMPRE ALTA DEMAIS
        [ESTUDANDO INDUSTRIALIZAÇÃO
        BRASILEIRA
NA FRENTE
OS VELHOS MORROS CONHECIDOS VESTIDOS DE
        [METÁFORAS VESTIDOS DOS RIOS
        INVISÍVEIS CORES
ENCOBERTO INCERTO TEMPO
APENAS A FAMÍLIA E OS PÁSSAROS ALÉM DAS MÁSCARAS
INICIOU-SE UMA COLEÇÃO DE BORBOLETAS
HÁ UMA REDE SEDE NOVA
E A PEDRA COMO DE PEDRA SOB SUAS DATAS E NOMES E
        [NOITES
OS CAMINHOS OS MESMOS CAMINHOS QUE ABRANGEM
        [FAMILIARMENTE OS PASSOS

A TENTAÇÃO BARROCA ANTE A TENTATIVA DESPOJADA
BOLAS CHEIAS DE RUMO
MAIS UMA VEZ OS CHEIROS ÚMIDOS AS CARNES ÚMIDAS
EM PRIMEIRO PLANO, NOSSOS GERÂNIOS
CONTRA A SERRA OS ARBUSTOS DO TAMANHO DOS TEUS
        [OLHOS BUCÓLICOS
ARMSTRONG SE CALOU NESTE CENÁRIO
GRANDES LUAS PASSARAM
DEIXANDO UM DESEJO VAGO DE ABRIR OS BRAÇOS
E SORRIR UMA RAPSÓDIA
ATONITAMENTE
DE ABRIR OS BRAÇOS

ELEGENDO OS SILÊNCIOS TARDIOS
DE ABRIR OS BRAÇOS E SAUDAR AS NUVENS ALÉM DOS
            [EUCALIPTOS
A TERRA
DE ABRIR A TERRA E O ESPAÇO ENTRE AS OMOPLATAS
TRANQUILOS
EVASÃO
BUSCA DA LINGUAGEM QUE NOS TRANSFORME NO VERDE
            [DESTA PASSAGEM
PAISAGEM DO TEMPO
LONGINQUAMENTE NOS APOSSÁVAMOS DO TEMPO E SUA
            [VONTADE

→ 1 Trecho de "Samba e amor", canção do LP *Chico Buarque de Hollanda, vol. 4* (1970).
→ 2 O espetáculo reunia quatro peças de Fernando Arrabal (*Cemitério de automóveis, Oração, Os dois carrascos* e *A primeira comunhão*) e estava em cartaz no Teatro Ruth Escobar do Rio, com direção de Victor García. → 3 *As moscas*, peça de Jean-Paul Sartre encenada pela primeira vez em 1943. → 4 "Não existe moral geral", frase de *O existencialismo é um humanismo* (1946), de Sartre. → 5 Manuel Maurício de Albuquerque e José Luiz Werneck da Silva foram professores de história da Universidade Federal do Rio de Janeiro (UFRJ), cassados pelo regime militar. → 6 Tragédia de Eurípedes em cartaz no Teatro João Caetano, dirigida por Silnei Siqueira. → 7 O alargamento da praia foi concluído em 1971 para a ampliação da avenida Atlântica e da faixa de areia. → 8 Lysâneas Maciel, advogado e suplente de deputado federal, defensor de presos e perseguidos políticos, foi candidato à Câmara dos Deputados pelo MDB nas eleições de 1971. Ele foi eleito.

carta — 17/10/70

Passei um domingo — sem fazer nada. Tentei inutilmente ler a *Eneida*.[1] Pensei em você. Não com a febre que anula o presente. Pensei, tive saudade mansamente. Chove o tempo todo nesta cidade chata. Não fui à reunião do ICYE. José levou a Eliane. Eles "se casaram" oficialmente. Tenho lido Arthur Miller e O'Neill.[2] Gripada. "Let it be" & Caetano. Reli tua carta. Tua carta, de uma beleza e de uma tristeza incríveis. Você escreve muito bem. Eu gosto muito do que você escreve. Você está fazendo muita falta. Ainda não fui a PS[3] nem ao MIS. nem ao MAM, por preguiça, por falta de companhia e por medo de sentir mais a tua falta. Amanhã a Brigitte passa a frequentar o meu colégio. Ela bem, um pouco chateada com a família. Tenho discutido com a Lina sobre sionismo. Não há a menor agitação em canto algum. A Eliane nunca me conta nada, eu nunca conto, vivemos implicitamente. O Flavio e eu fomos jantar na tua casa o outro dia. Dançamos e contamos piadas. Ainda não conversei com o José. Acho que nem vai dar. As aulas de inglês eu vou dando. E que vidinha de dia ao dia. Consegui evitar as abstrações. Gol do Flamengo aos 23 min. da "etapa derradeira". Meu círculo fechou. Acho que vou mesmo para a PUC. O primeiro ano lá é comum para as várias matérias. Assim vou adiando a escolha. Loteria esportiva, já te disseram? Me manda um retrato teu? Não quero perder a dimensão do teu corpo. Eu posso me lembrar do teu corpo quando as dimensões e as distâncias se cristalizam? É cafona dizer — eu queria estar em Londres? Você tem recebido o *Pasquim*? Olha, Luiz, dia 5 sai daqui a Germana para aí — vai levar uns discos. Você não disse quais queria, então vou mandando uns muito meus. Flávio Cavalcanti virou Chacrinha. Sarah Vaughan veio aqui, ela é genial. 1968 1969 1968 1969 1968 1969 1968 1969. Há qualquer coisa de árido e envergonhado no estilo vermelho. Preciso ler a *Eneida*. Você escreve muito bonito. Por que a gente não faz parágrafo? Por que as tuas cartas são azuis, têm sempre dois lados? Nunca mais vi o Luiz Eduardo. Quero ir ao Maranhão. Madith virou mocinha, que palavra engraçada. Jair está bonito. Flavio some às vezes. Felipe quer ser médico. Estou levando choques elétricos no pé para curar de um talvez neuroma.

ACABO de receber → amanhã é aniversário do Felipe, hoje é 6 de outubro, amanhã faz exatamente um mês que eu voltei. Navegar é preciso viver não é preciso[4] Elis cantando para a Hebe e o Cavalcanti[5] a *Eneida* não acaba mais. Eu amo O'Neill, Nietzsche é genial, preciso ler Jung e Strindberg e mais Ibsen, eu voltei é preciso também disfarçar as saudades de vez em quando sobem manchas da ilha, eu sacudo a poeira dou a volta por cima e boto "Let it be" na vitrola

Respostas muito importantes:

1 — o José? A Eliane? Eu já disse, "se casaram" (se pode ser pronome apassivador) em PS, planos de fugir para o Pacífico (qual deles), mas a tua pergunta, não, não, é preciso estar atento e forte[6]

2 — as lâmpadas: viva a objetividade — os cupins descobriram

3 — o ar vai bem, e como se respira

4 — eu gosto de literatura, eu gosto de literatura, eu gosto de literatura

5 — por enquanto? é FOR THE TIME BEING[7] — eu não sei o que estudar não. Vou entrar para o Centro de Ciências Humanas (sic) da PUC. O primeiro ano é comum aos cursos de letras, filosofia, pedagogia, psicologia, teologia. Há também o Centro de Ciências Sociais, primeiro ano comum a história, geografia, economia, sociologia, direito, e me esqueci que mais, comunicação, mas sabe? eu não sei. se você voltar vai sentir uma desorientação muito grande

6 — Brigitte indo ao meu colégio, é inteligente paca (! — ninguém mais diz isso aqui — e sacanagem não é mais palavrão), feliz não sei. outro dia disse que o povo brasileiro é mal-educado e estúpido (levou bolada no Maracanã) — a hospedeira dela nota que os olhos 'brilham quando ela vê um rapaz' (sic). Acho que ela se chateia com a família, mas tem se virado. Agora começam as viagens: Curitiba, Brasília, São Paulo, nas férias Nordeste.

7 — cartas três tuas

8 — se eu pudesse

9 — se eu não fosse

10 — se você me perguntar

11 — era uma vez um papagaio

12 — a Lina pensou que a minha carta fosse um presente (eu já disse). Em N. Y. recebi um cartão: recebi seu presente (abre-se), continuo gostando de você assim mesmo. Temos longas discussões círculos viciosos. É como discutir com um fundamentalista pentecostal: é uma questão de "fé". O meu objetivo fica sendo "pôr dúvidas na pentecostal". ainda não discutimos o meu presente.

13 — entre Nova York e o Rio: a sensação de aprisionamento mais absoluta; predestinação; absurdo universal; um avião é uma coisa belíssima

14 — o filme? que filme? eu lá vi filme no avião em que a gente estava? não sou acrobata.

15 — eu leio o *Pasquim*

16 — você vai à igreja, é? → você não servia para sociólogo. O é é tendencioso. Tira o é que eu respondo. Eu vou para ver a Eliane, encontrar a tua família e o Boaventura sempre me beija. Domingo passado choveu, ficamos lendo o *Jornal do Brasil*, peças de Beckett em cartaz. "Mash"[8] é sucessão (vale a pena?), dei um coelho de presente pelos 17 da Eliane, que ficou chateada porque o José não foi (ela chama de José; eu falo Zé; a Brigitte fala J. Ricardo; vamos a PS no próximo fim; o teu irmão e três garotas e o resto; é engraçado estar de volta ao país onde se nota o nº de homens e mulheres available[9]) mas de tarde ele pegou ela de VW[10] e foram os dois à reunião do ICYE pra que eu não quis ir porque chovia e depois a Brigitte me telefonou dizendo sei lá o quê e ele quis falar e me chamou meu amor de gozação e disse que não tinha me pegado porque gosta dos terceiros espionando ele e a mulher dele (Eliane), que estava ao lado dele rindo do que ele dizia e ele se despediu dizendo meu amor de gozação mas não disse o de gozação e aí a Eliane atendeu e eu disse diz pro teu marido parar de me encher ah diz ela ele é assim mesmo com todo mundo e ela estava feliz

por que só 16 perguntas? eu fico sem saber se são ou não são. O meu relato de cima te dá uma ideia da beleza e da profundidade das minhas amizades. Não conheci ninguém de novo desde que cheguei. Já enchi de feijão e samba. O neopopulismo não entusiasma quase ninguém. Vou comprar um plástico para você. Vou ao Largo do Machado hoje. eu disse que fui ver *Wuthering Heights*[11] no Paissandu? O tempo anda horrível, frio, chuvoso. Não vale a pena ter dor nos corações pelo Brasil. A coletânea dos atos que você pede. A vidinha. Aquela veracidade é a mesma coisa que voracidade, o Brasil não é veraz nem voraz muito pelo contrário, um avião é a medida do tempo, não há horas entre os continentes, há os lugares-velhos-conhecidos e a cinza da chegada. Eu antes de vir deitava na cama e ficava imaginando. Só de chegar os sonhos e os bueiros cheios de água. O deslumbramento da chegada dura dois dias. Mas é bom ter um lugar onde se pertence, de noite a casa está silenciosa e Vivaldi na vitrola e altos estudos desesperados e planos para festejar o infestejável. Eu tenho raiva das classificações. Genial o DADADADA. Marcel Duchamp, Man Ray, o pessoal todo do Cabaret Voltaire.[12] Hoje a mamãe me disse: há esperança que o Luiz volte. O Lysâneas (em plena campanha) e o Amauri contaram que um verde-oliva arrumou as coisas. Eu acho que vai ser chato para você? Mas eu bati mais depressa como uma cor aqui neste cinza dos meses. Se você passar vai ser bom. Aí você volta por uns meses em vez de ir à Argélia e fica aqui e curte bem esse ambiente e volta saciado. Se você não puder. Sabe, aqui não tem nada para fazer a não ser estudar. Não há o menor movimento. Entre estudar e tentar paliativos (trabalho social, alfabetização), eu estudo. É a única coisa (além da cland.). E para estudar de verdade, só Europa mesmo. Meu raciocínio é de uma lógica triste. Mas eu não estou na fossa. Hoje fez um céu limpo, vento friozinho, gosto sempre de outono. Eu queria Pedra Sonora!

    A poesia não tem sentido. A poesia é antes de tudo uma forma. Escreve. Não é individualismo pequeno-burguês e doente. Não é grito abstrato porque vem do mais concreto. Eu também não consigo ser "objetiva" sem desprezar a minha forma (não sei como vou passar na redação do vestibular). Você precisa ler O'Neill. A dor pelo sofrimento de qualquer povo some in loco: na Inglaterra eu via e chorava o Brasil sofrendo, aqui nunca vi ninguém. As favelas sumiram. Ainda não saí da zona sul nem uma vez. Minha vida é o colégio — estudo — curso Oxford — vadiação. Amar o Brasil? Fora do Brasil é tão mais fácil. "Onde foi que o meu coração quase explodiu de lembrar que é lá que deveria estar ajudando a não estar tudo igual quando outros voltarem". Você está louco, meu querido. Chegar é aquele baque: a minha impressão de inércia e vida provisória ia sumir no tudo--a-construir brasileiro. Qual qual qual (como dizia a cigana do *Sargento de Milícias*).[13] A divisão de classes chega a ser nojenta. As saudades? Luiz, é inacreditável a diluição que acontece por aqui. Não me deu nenhum desespero, antes uma vontade de dormir aos sábados ou sentar de olhos parados e ver os cenários imutáveis e as barbas crescendo e a vida se depurando em direção aos essenciais. Copacabana é um inferno urbano. Ninguém se move. As serras guincham. Niilismo não, "ocasiões propícias", oportunismo? Saudades, Luiz, eu queria ter as tuas saudades.

17 de outubro — que desânimo me dá hoje. Fico pensando como você não deve estar. O meu desânimo então fica vergonhoso. Mas é sábado, e desde que eu sou que sábados em casa me enchem de preguiça, raiva e nojo dos humanos. Digo depressa que concordo para não repetir o argumento. Quando você vier traz cigarros destes para mim. São bons como eu gosto. Quero ir à tua casa ouvir a fita (a outra) que chegou. Quero gravar alguma coisa que exista. Talvez um grito ou a buzina do Chacrinha. Recebeu os discos? O Zé me disse que você já tem o Chico. Então? A Eliane continua. Lembra da *Noite dos assassinos*?[14] Eu já te perguntei isso? Ontem a prof. de história levou a minha turma para almoçar com ela na Ilha do Governador. Discuti muito com a Lina. Quarta tem prova de Camus. A campanha eleitoral. A *Eneida*. Os aniversários. As chantagens. O futebol. Alô, alô.

Propaganda política de Lysâneas Dias Maciel e embalagem de bala de café.

↦ 1 Poema épico latino escrito no século I a.C. por Virgílio. ↦ 2 Eugene O'Neill. ↦ 3 Pedra Sonora. ↦ 4 Frase de Fernando Pessoa citada na canção "Os argonautas", de Caetano Veloso, do repertório de Elis Regina. ↦ 5 Flavio Cavalcanti. ↦ 6 Referência à canção "Divino maravilhoso", de Caetano Veloso, gravada por Gal Costa. ↦ 7 "Por enquanto". ↦ 8 Filme norte-americano de 1970, do diretor Robert Altman. ↦ 9 "Disponível". ↦ 10 Volkswagen. ↦ 11 *O morro dos ventos uivantes* (1939), adaptação do clássico de Emily Brontë dirigido por William Wyler. ↦ 12 Clube noturno fundado em 1916 em Zurique, na Suíça, espaço fundamental para a eclosão do movimento dadá. ↦ 13 Personagem do romance *Memórias de um sargento de milícias* (1854), de Manuel Antônio de Almeida. ↦ 14 Peça do cubano José Triana escrita em 1965.

carta — 20/11/70

Requerimento para título de eleitor.

[no verso de uma cópia do título de eleitor]
Eu agora sou eleitora. mas não votei no dia 15. houve muito voto nulo, mas a arena[1] ganhou pelo país. Através dos céus multicores cheios de aviõezinhos transnadando. Olhares fulvos, memórias, memórias! *Macunaíma*[2] é um filme genial mesmo no poeira de Resende, depois de *Woodstock*[3] tomamos guaraná no Cabral 1500: Zé, Eliane, Carlos Augusto, Brigitte, Jair, Flavio, Ana. Comemos batatas fritas. Uma notícia terrível: NÃO FAZ MAIS VERÃO AQUI! É frio e chuva quase que para todo o sempre. Continuo gastando o salário antes de acabar o fim do mês. Você quer preservar a sua

pureza? Só se suicidando. Ainda não decidi o que estudar. Mas antes de qualquer cabeça, vou saindo ver *Vergonha*[4] do Bergman no MIS, com o Flavio, meu companheiro de viagem.

9 horas da noite — 20 nov.
Acabo de voltar do MIS onde vi <u>Vergonha</u> do Bergman com o Flavio. Flavio entrou na maior caluda, não disse palavra e foi direto para cama, com raiva e silêncio. Eu te escrevo infinitamente, porque recebi tua carta toda infinita. Já combinei com a Lucília jogar um bolão na loteria esportiva, ganhar e irmos todos te visitar para a comemoração (já que o Brasil agora é pra você lugar de veraneio — nunca mais?).

→ 1 A Aliança Renovadora Nacional, partido governista criado em 1965, dava sustentação parlamentar à ditadura. No sistema bipartidário forjado pelo regime, a oposição legal se agrupava no MDB (Movimento Democrático Brasileiro). → 2 Filme brasileiro de 1969, dirigido por Joaquim Pedro de Andrade, com roteiro baseado no clássico de Mário de Andrade (1927). → 3 Documentário de Michael Wadleigh, lançado em 1970. → 4 Filme de 1968 dirigido pelo sueco Ingmar Bergman.

carta — 21/11/70

Comi um doce de chocolate com amêndoas e fruta cristalizada. Lambuzei a mão e a cara. Senti sede. Parei para beber água. Liguei o gravador que toca os "12 estudos para violão" de Villa-Lobos baixinho e dilacerante.

 É impossível viver um tempo longo sem nada de permanente. Na Inglaterra a vida era provisória — todos os contatos provisórios. De volta, eu ainda não entrei bem no fato de que as coisas são aqui. Me esclerosei um pouco. Nunca comecei a estudar para nunca vestibular. Nem sei o quê. Godot, Godot, Godot!

 Contigo há meses que a vida aí vai virando permanente com a impossibilidade de volta. O Abitur[1] foi a consagração do permanente. Jimi Hendrix sucedeu Villa-Lobos. Amanhã na igreja vai haver um debate com a Fernanda Montenegro e o Sadi Cabral sobre a peça do Beckett — *Happy Days* — *Oh que belos dias*[2] — que nós fomos ver. Enquanto isso vou lendo o *Teatro do absurdo* do Martin Esslin.[3] A interpretação dela foi uma das coisas mais espetaculares que eu já vi na minha vida.

 Eu acho que se você fizer faculdade e doutorado aí nunca mais volta. Um dia se assume um compromisso com um microcosmo (!) e um compromisso verdadeiro nunca é provisório. Nós te perdemos?

 Começando a universidade aí você não volta porque não dá, porque é frustrante. Como eu acreditava que você passava no Abitur, eu acredito que você não volta. Quando se fala de você alguma coisa se alevanta em mim. Eu queria tanto estar louca, essa mornidão me mata.

O filme *Vergonha* termina com Eva narrando um sonho seu no barco, no mar: que havia uma estrada branca com casas e rosas. Ao lado da estrada uma floresta verde e escura, um rio verde e escuro passando. Ela segura sua filha no colo, e de repente as flores começam a queimar, o fogo arde e a criança chora, é muito triste e muito bonito. E ela sabe que devia se lembrar de alguma coisa que alguém lhe disse, alguma coisa muito importante e essencial, de que ela se esqueceu por completo.

E há quando Jacobin diz aos dois artistas que escapam, no meio da guerra: "a grande liberdade da arte!... a grande frouxidão da arte!..."

O dia é escuro e chato. Eu preciso conhecer gente diferente. Eu estou mortalmente chateada. Está trovejando depressa. Eu detesto Copacabana.

O que a gente faz com a tua solidão? E com o meu tédio? Eu não vou à Alemanha nem você vai ao Brasil. Você vai casar com uma alemã? Você já fez amor decentemente com alguém? Eu não, nunca decentemente.

Eu tinha vontade de estudar filosofia "mas não tem mercado de trabalho no Brasil", disse o Julio Santana, uruguaio, filósofo. Nem como.

Você eu admiro muito também. Eu acho você um cara além.

Eu não vou te escrever mais meu anjo não. Eu não posso te escrever mais meu amor não. Troveja, ouça. É triste — tristíssimo eu diria se amasse os superlativos — você fica aí para o resto da vida. Mas isso ainda não é uma verdade?

Eu tenho medos horríveis. Faltas de sentido enormes. Impotências incríveis. Preguiças mortais. E surtos de uma certa alegria. Na Inglaterra era meu o presente, eu gozava o mínimo da primavera. Aqui nem faz primavera. Eu me deixo estar. Não dei nenhum passo, segui.

Chove torrencialmente.

Sabe o que eu acho? Que entusiasmo, só de amor cósmico ou de um sonho duro e bom. Eu disfarço o desespero enchendo linguiça. Vida. Vida.

Chopin é imoral — indecente — que música mais obscena

hoje <u>22 nov</u> — debate c/ Fernanda[4] genial — ela pessoa humana sem pose formidável um espetáculo em comunicação, não acredite no teu pai se ele disser que ela é meio reacionária. Ela é ótima e entende de Beckett e do teatro do absurdo demais.

À tarde — reunião do ICYE — Zé e eu temos raiva do grupo e ele ainda é mais agressivo do que eu. Eliane foi e não disse nada. Você se estivesse aqui não ia nem aguentar o grupo. Queremos dar <u>festas</u> para integração. Reuniõezinhas são sacais. Não se pode se sentir superior aos outros. Não se pode. Discutimos alfabetização de adultos, viagens, seleção de candidatos. Você faz falta. Eu acho que não dá. Hoje fizeram "dinâmica de grupo": perguntinhas como: você é feliz? quais são os seus defeitos? você ama facilmente? — Luiz. Volta! A realidade brasileira é horrível. Vem pra cá, vem. Quando perguntaram de você (Potiguara) respondemos — ele nunca mais volta. Volta por favor. Se você voltasse (?) a gente não ia namorar não — íamos sei lá o quê. Não valia namorar porque eu tenho (você tem) você (eu) por meu (tua), e os outros têm, e não vale, seria (se possível) preciso recomeçar, embora a gente pudesse ir para a cama na primeira noite loucos como jamais. Aqui não é mais segredo. As pessoas (<u>todas</u>) falam abertamente do nosso namoro de antes da partida. É incrível. Volta, volta, aqui é a merda quase total, educação sifu, estranhíssimo, vem, nem que seja só pra dizer — sou masoquista. (Reouça *Marginália*)[5]
BY ALL MEANS, DO IT[6]

Brahms é melhor

É muito tarde eu não quero ir dormir quero me apaixonar por alguém e ficar louca. Por você. Eu me esqueci de tanta coisa, eu desaprendi. Esqueci na esquina aquecida.

Eu vi os teus retratos e achei bonitos. Me escreve muito e depressa. Do meio da turba se alevanta o ruído dos gritos dentro da minha cabeça

O Dops visitou o Lysâneas mas parecem ocultar o que aconteceu

Brigitte quer mudar de família

eu estou cheia

Hermelinda fez operação plástica nos seios.

→ 1 Exame de conclusão do ensino médio na Alemanha para ingressar na universidade. → 2 A peça de Samuel Beckett, estreada em 1961, estava em cartaz no Teatro Maison de France, com direção de Ivã de Albuquerque. → 3 *O teatro do absurdo*, ensaio crítico de 1961 sobre Beckett, Ionesco e Genet, entre outros autores do movimento. Edição brasileira: Rio de Janeiro: Zahar, 2018. → 4 Fernanda Montenegro. → 5 "Marginália II", canção de Gilberto Gil e Torquato Neto integrante do álbum *Gilberto Gil*, de 1968. → 6 "Sério, faça isso".

carta — 2/12/70

Existem pessoas. Cidade (rua). Chuva de peso, grávida, feliz. Abre os braços à água grossa, bem-vindo.

Vou contar a minha vida: uma vez eu comecei a ler o primeiro livro da Clarice que ela escreveu aos 18 anos.[1] uma vez eu fui à festa da Madith estava a Eliane nós dançamos quase todo o tempo tão suando eu vestia (trajano) uma pantalona e uma túnica oriental de negro americano. fiquei toda imersa no livro quando chegava a tua carta e eu antes da carta te amando, eu também tenho raiva às vezes. então amanhã vamos à Cecília Meireles ver a Elizeth que é uma cantora (tinha também o desafinado que toda cor se transformou numa tristeza de viver). aí o José Ricardo dançou comigo e eu fiquei pensando o que a Eliane ficava tristeza pensando. uma vez as reuniões do Intercâmbio chatas, se prolonganganlongando pelo domingo. aí chove todo dia. aí. dia. doía. uma vez vamos a Brasília, fim de semana, Brasília. Eu me afundo na presença dos familiares pois que é fácil e cômodo. sozinha a maior verdade. as pessoas são mais que as palavras delas. Choveu; ficou depois a luz mágica das 6 horas ("que mistério engravida esta cidade", eu disse uma vez e não estava tocando nenhum violino). você responde às cartas? Vou você. ESQUISITO.

Veio uma poesia "política". Eu gosto da poesia — das aliterações e sugestões trigo-vidro, campesino-batina, blim-brim, camponês-calça-cabeça, pá-sapato, cadáveres-carrascos, mosca-boca, granada-nada, espingarda-espirro. Os sonos me enchem a laringe, tontos: aviaviavitaquimata. Estou ouvindo concerto para violino Beethoven. Não entendi o éle elé/trico. Por que a poesia não começa no campesino? DESGRAÇA. Eu gosto de Paul Éluard. Comecei a ler *Capitale de la douleur*[2] em Paris. Eu, LUIZ (nome, name, nime, nurma), eu tenho medo de tudo. "Tudo é um". Não posso "responder". Quebrar o disco quebrado. Inundadodado.

Meu irmão compra peixes, enche a casa de peixes. Quanta pureza em peixes e pássaros. Nada para fazer até fevereiro? eu não sei.

eu já mostrei, uma, uma, a primeira que eu recebi aqui no Brasil, uma triste, para a Eliane, que vinha de Pedra Sonora, olhos de Pedra Sonora, muda, ela não disse nada, pôs de lado e não me olhou porque cheia de paixão não ousava movimentos. Senti vergonha. nunca mostrar cartas para a Eliane (= Pedra Sonora, lua, amor, primeiro amor, desespero de amor) que me viu pela primeira vez e se encolheu na sua paixão, estultificada. Um dia — eu disse? — sentei com o José na beira da represa e nós conversamos sobre a Eliane e ele disse — a "paixão" é uma coisa da adolescência, ela é tão menininha. Eu não disse, porque encontrei a Eliane tão mulher. e senti inveja de não poder também sentir uma paixão louca. Há dias em que eu me sinto tão seca de sentimento que o silêncio da Eliane entre suas falas é o único tremor de vida na atmosfera. Clarice me recupera a alegria nem trágica nem cômica de estar viva. Saio à rua como os pés de uma débil mental, boca crispada e seios soltos debaixo de uma blusa grande. Freios, sem olhar os mortais, os que brincam. De repente tenho a rigidez de quem não brinca, hirta, mangas abertas, pés. Não olhar. Luzes de noite insípida.

Vem visitar. Fica, aqui é duro e cinza, não tem mais verão.

Não muda de armação. Quantas vezes tua armação não foi símbolo… Passaram-se os símbolos? Vou perder. Eu tenho raiva levemente.

> Hace siglos
> que mi raza está mascando el andullo malo de su miseria;
> pero um día,

todo lo que hoy nos asombra,
todo esto que nos unta de espanto los ojos
— guijes que há creado la explotación capitalista
para tenermos echados en el regazo del miedo —
caerá bajos nosotros
lo tomaremos con nuestras manos
y lo extirparemos de la vida
como a una mala yerba del cañaveral.
Yo sé que mi generación verá
la muerte del barracón lleno de chinches
y del mayoral con sus palabras y sus miradas hirientes como
[látigos[3]

Eu não sei fazer "poesia política". Este fim de uma é do José Rodriguez Méndez. Minha mãe quando eu disse da tua: o Luiz precisava voltar para perder esse romantismo. As mães envenenam os filhos. O que alimenta essa raiva surda pelas mães? Mas eu acho também. Há uma contradição (dentro de você?) nos dois lados da folha azul: o camponês, o sangue do camponês, a vida; e "5, 6, 10 anos na Europa". Você sente culpa? Você é um puro? Você tem raiva de mim? Você já dormiu decentemente com alguém? A vida? A morte. Estou frágil e ódio. Fico.

2 dezembro

↦ 1 *Perto do coração selvagem*, romance publicado em 1943. ↦ 2 *Capital da dor*, livro de poemas de Paul Éluard, publicado em 1926. ↦ 3 Trecho dos "Poemas del batey" [Poemas do engenho], do cubano José Rodríguez Méndez, escritos na década de 1930. Em tradução livre: "Há séculos/ que minha raça mastiga o tabaco podre de sua miséria;/ mas um dia,/ tudo o que hoje nos assombra,/ tudo isso que nos enche os olhos de espanto/ — fantasmas que a exploração capitalista criou/ para nos deitar no colo do medo —/ cairá aos nossos pés/ e o pegaremos com nossas mãos/ e o extirparemos da vida/ como uma erva daninha do canavial./ Eu sei que minha geração verá/ a morte do barracão cheio de pulgas/ e do capataz com suas palavras e olhares feridores como açoites".

carta — 6/12/70

Brasília, 6 dezembro 1970

Acabei de ler *PERTO DO CORAÇÃO SELVAGEM*. Você me pediu o último, eu te mando o primeiro, porque eu lia quando você pediu, tua carta viajou dentro do livro, me recuperou tua mágica de ondas, é melhor que o último, ela escreveu quando tinha a nossa idade, eu vou imersa nele e você nele comigo. Me ocorre: existem dois estilos no livro — um terceiro é mistura. Não tem estrutura visível (ou eu vou descobrir?). Existencialismo? ("a única verdade é que vivo" — "basta silenciar para só enxergar, abaixo de todas as realidades, a única irredutível, a da existência") panteísmo?

Me ocorre: página 50, 62-63-64-65-66, pedaços da mulher da voz, <u>meu</u> desejo (de antes também do livro) o seu desejo no fim da 77, a libertação de Otávio?, 134, 140, 167-168-169, o fundo das coisas, 185-186-187-188-189-194-198

"HÁ CERTO INSTANTE NA ALEGRIA DE PODER QUE ULTRA-PASSA O PRÓPRIO MEDO DA MORTE. DUAS PESSOAS QUE VIVEM JUNTAS PROCURAM TALVEZ ATINGIR ESSE INSTANTE"

Me diz depressa o que você aconteceu nesse livro.

É um dos que caem no meu vestibular para a PUC (Centro de Ciências Humanas ou Centro de Ciências Sociais — ainda não sei qual, mas o exame de português é o mesmo). Outros: *A morte da porta-estandarte*,[1] Antologia Jorge de Lima (aquela nossa — lembra?), *A cidade e as serras*,[2] *Trigo e joio*[3] (Namora). Só fiz até agora ler Clarice (um vício — uma influência poderosa demais). Os outros exames: inglês e francês (não vou estudar) e História (mal sei). Hi, hi, hi.

Estou em Brasília — vim de ônibus com um garoto do Intercâmbio para "ajudar a fundar o núcleo aqui". Viagem de matar (20 horas, pela noite), conheci gentes bacanas que me mostraram esta cidade estranha e aberta. Não vi nenhuma cidade-satélite, de uma superquadra vigio o céu que Brasília possui com seu silêncio — talvez consiga um lugarzinho num avião da FAB para não ter que reviver as 20 horas. Mas é improvável (palavra feia).

O que você sentiu, achou em Brasília?

Vai chover, amolo imenso tenso tenho.

Fomos (José, eu, Madith, Flavio) à Cecília Meireles ver um concerto em homenagem a VILLA-LOBOS (1ª parte: Bachianas 1 e 5: Maria Lucia Godoy!) e TOM (2ª parte: Elizeth). A bicho cantou como (??). Eu ia fazer uma comparação. Sabe o que é a gente se afundar na cadeira com um "Chão de estrelas"[4] em pessoa (e oito violoncelos do Mário Tavares), "Sabiá",[5] "Chega de saudade"[6] e "Estrada branca"[7] à capela, Jobim todo na voz louca, contralto em vermelho erguendo-se nos colares de luas africanas, fundo de pé te aplaudimos, nêga nossa. Tom veio trazer a medalhinha,[8] todos se levantaram. No fim gritamos mais um! mais dois! mais três! mas a deusa saiu sem uma bênção. Queria você aqui.

Saímos leves e cantando, saudade, chega, samba. Comer quibe no Oásis do Beduíno, sentar na areia de Copacabana e ficar o mar preto se enroscando. Leme: as avenidas grandes, a praia comprida. Quando você vier não vai conhecer mais. Foi tão bom — decidi dormir — andar — dormir na praia à noite quando chegar um verão verdadeiro.

Vai sair um novo disco da Nara[9] daqui a uns 15 dias só na base de Jobim e Baden. A voz dela madura e crescida. Você quer?

Torrencialmente.

Os livros que teu pai leva são presentes do Brasil — meu

e da Eliane também. Minha mãe ia mandar um por conta dela. Nós queremos te jogar muito por cima da tua terra. "A cultura e a civilização, elas que se danem" grita a Gal no último disco.[10] E o *Pasquim*, sempre te mandam? Eu gosto deste céu em Brasília. Tenho o coração neutro de quem viaja.

A mãe que me hospeda é nortista. Eu também tenho medo de avião e tempestade e desabamento e morte. Coração neutro. Olhando de longe a praça e os três poderes passou um velho esfarrapado, esfarpado descendo a escada rolante. Mato. Tinta. Gosma. Parcial. Total. Eu não evito, espero. Coração neutro. Torrência branca.

Luiz

→ 1 *A morte da porta-estandarte, Tati, a garota e outras histórias reunidas*, reunião de contos de Aníbal Machado publicada em 1965 pela José Olympio. → 2 Romance de Eça de Queiroz originalmente publicado em 1901. → 3 *O trigo e o joio* (1954), romance de Fernando Namora. → 4 Canção de Orestes Barbosa e Sílvio Caldas lançada em 1937. → 5 Canção de 1968 composta por Tom Jobim e Chico Buarque. → 6 Canção inaugural da bossa nova, composta em 1956 por Tom Jobim e Vinicius de Moraes e famosa na voz de João Gilberto. → 7 Canção de Tom Jobim e Vinicius de Moraes, de 1958. → 8 A Divina foi condecorada pela Ordem dos Músicos do Brasil, que celebrava seu décimo aniversário de fundação. → 9 *Dez anos depois* (1971), de Nara Leão, lançado pela Polydor. → 10 Versos iniciais de "Cultura e civilização", do LP *Gal Costa* (1969).

bilhete — 9/12/70

9 dez.

Acabei de ler "Viagem aos seios de Duília"[1] e fiquei triste.
    sonata nº 25 Beethoven.
    primeiro verão, céu esgarçado.
    me visto de laranja cor e tarde.
    voltamos às 4:30 da manhã do Galeão, vinha amanhecendo em Copacabana. Todos falando muitos palavrões, uns nasceram de bunda para a lua outros não, mas rimos pelo todo.
    tua mãe riu e vai te contar a loucura geral. Me conta depois o que você viu. Se retomou o passado com cuidado ou espontâneo como você. Quem eram os pais. De você para eles. Você.

Eliane foi ao aeroporto. Rouca e virgem e heroína. Nando de médico e gordo. José dormindo em cima do banco, depois da tensão. Lysâneas ainda brigou com quem? Les Catherinettes déposent des fleurs devant la statue de Sainte Catherine. On dit d'une jeune fille qui atteint l'âge de 25 ans sans se marier qu'elle a "coiffé Sainte Catherine"![2]
    Minha mãe nua pela casa. Que calor

↪ 1 Conto de Aníbal Machado incluído em *A morte da porta-estandarte...* (1965).
↪ 2 "As devotas de santa Catarina depositam flores diante de sua estátua. Diz-se de uma jovem que atinge a idade de 25 anos sem se casar que ela 'penteou santa Catarina'".

carta — 20/12/70

Hoje 20 dezembro verão — cansei de estudar estoicamente e não cumprir nunca os planos — fez domingo fui à praia só — o mar estava quente e amansado, andei até o Leme onde as calçadas enormes, avenidas de seis pistas, amar amar. Estou vermelha Caladril lembra o seu nariz reto grego ficava vermelho e sem camisa pela Pedra Sonora você e o seu nariz e os olhos grandes e sumarentos. Neisel esteve aqui com o José. Perguntei sobre você: é ele quem tem autoridade agora lá em casa, meus filhos o idolatram, temos discussões, alemão perfeito (portugueses é com en no fim), pode visitar o Brasil pelo Uruguai, admiro tanto o esforço para o Abitur, ele merece. Não quis ir ao show do Sérgio Ricardo, ficou na sala conversando com a mãe. Zé ficou no meu quarto, eu lendo Namora[1] (!!!!) (!) ele lendo e. e. cummings aí desistimos: conversando sobre experiências no exterior, Brigitte, drive-in, quemais. Outro dia ele me disse por que eu não falo sério com ele ele não me conhece conhece mais quem viu há pouco tempo. Eu rio e falamos vagamente de Marx, Marcuse e McLuhan e Lévi-Strauss e Péricles. Amanhã vamos ver *Asterix*[2] (o filme!). meu rosto arde, meu colo arde, amanhã quero outra praia. Verão. Chuva de verão (Lobo?).[3] Neisel diz que você canta Navegar é preciso viver — eu li a *Eneida* e gostei demais. Eu penso em você (retrato em branco e preto).[4] Amanhã vou me inscrever na PUC onde há grande mobilidade de matérias. Posso escolher matérias que não tem no meu curso. Bolsa é fácil. Posso mudar de um centro para outro. Hoje estava estudando francês. Senti uma saudade louca de Londres. Eliane anda estudando como louca. A mãe da Lina chora de saudades pré-natais. Carlos Augusto. Houve uma festa na tua casa: orgia de beijos! eu meio bêbada. Até levei um inglês. Ganhei dinheiro. Me animei um pouco. Vivo pensando em você.

[no verso da folha]
    Aachen em português AQUISGRÃ

23.12.70 — Hoje eu pensei e se o Luiz voltar com a Lucília?
Ontem teve festa aqui em casa. Depois fomos nadar na piscina do Lysâneas (tua família e nós).
Vou dormir inchada quente e moída. Você fusos horários, mande mande poesia. Há quanto tempo.
28.12.70 — Passo os dias estudando história seriamente. Teu pessoal vem à praia aqui. Sábado fui ao cinema com o José. Domingo chegou teu pai, ouvi dele de você: engraçadíssimo — cabelos e barbas de Jesus — muito maduro — exigindo fundamentação concreta nas discussões — altamente lido e arguto e preparado ("uma parada discutir com ele") — por dentro da cultura alemã — tem medo da solidão em Frankfurt. Ainda não conversamos direito, mas fiquei um pouco de fossa com o que ele contou — primeiro com a impressão de que você não volta mais nunca, depois (eu tenho de dizer) com uma certa inveja no que o Brasil nos afunda. Jether também disse: Luiz está com excelente base teórica, muito realista e consciente e busca formas de ação. Sugeriu coisas para se fazer no Brasil, não se pode ficar passivo etc. Tristeza (José também): não temos feito nada mesmo e não vemos como fazer. Fora do Brasil a impressão de agir é tão maior. Aqui esclerosamos. Grupos de jovens são patéticos: na igreja não existem, ICYE é irregular e nossas constantes (até se tornarem antipáticas) sugestões para estudo não foram para frente. A viagem do José talvez nos abra caminhos.

Fico com vontade que você venha para me sacudir (como sempre fez) e sair por aí. Mas não vai dar e então não sei. Mas não posso me apegar ao José-teu-irmão.

Ontem passamos a tarde na piscina do Lysâneas. Nós e a tua família e a família do Amauri. Estava bom. Eliane estava de fossa (José vai sumir por dois meses) mas como sempre é admiravelmente (?) discreta e nunca faz cara de vítima, mas abre os olhos cheios de pureza e do absoluto da primeira paixão. José de fossa da alienação. Mas brincamos debaixo da tarde, no meio da bola, do cloro e do xixi. Hoje parece que desembrionou o namoro do Flavio com a Madith. Passaram o dia juntos (praia-almoço-cinema-jantar). Com a reforma católica meu coração se esquece da linguagem poética. Você é meu sangue.

Li um pouco do Éluard (o título me entristeceu — talvez melancolia saudosista — derniers poèmes, instants, pensées d'amour?)[5] e dos novos poetas franceses (eu gosto da poesia sem versos, "prosa" curta e momentânea). Ouvimos Mozart o dia inteiro. Botei duas fotografias tuas na minha agenda de 71. Mas queria uma nova — ou ao novo não tenho direito?

Chegou um verão memorável. Matei minhas saudades tropicais. Dormindo nua e sozinha e inquieta.

Chegaram cartões da Inglaterra desejando Happy New Year. Nenhum interessante. Nenhuma carta de você. Banhos frios. The Damned.[6] Persona.[7] Fernando Namora. Vestibular.

Passagem do ano em Pedra Sonora. Lembra da passagem de 68 para 69?

Sugestão do Flavio: venha em julho-agosto-setembro naturalizado alemão!

Acabo de conversar com ele sobre a Madith. Diz ele que "começou hoje". Dialética amorosa. Uns acabam outros começam outros terminam ainda iniciam depois em direção à noite úmida do abraço inteiro, as sobrancelhas cobertas de manteiga, as molas

e bombas desidratadas se avolumando cálidas: para escrever é preciso abstrair ad infinitum a ausência imaterial do corpo e do extremo lúcido. Jogo contra as paredes anêmonas, cabelos teus me deixam marcas gotejando de cor: para amar é preciso 1) húmus 2) dúzias 3) troncos 4) quartos 5) cismas 6) seiva. Você é a transcendência do meu limite. Espanhol germânico, emagrecendo a olhos ouvidos e vistos: dentes rubicundos de beleza em voo.
 Pulso.
 Calipso.
 Alquímico.
 Recuso-contraio-obedeço-distraio.
 Você é meu sangue.

→ 1 Fernando Namora. → 2 *Asterix, o gaulês* (1967), dirigido por Ray Goossens. → 3 Menção à canção "Chuvas de verão" (1949), de Fernando Lobo. → 4 Canção de Tom Jobim e Chico Buarque, lançada em 1968. → 5 *Derniers Poèmes d'amour*, coletânea póstuma publicada pela Seghers em 1963. → 6 *La caduta degli dei* [*Os deuses malditos*], coprodução ítalo-alemã de 1969 dirigida por Luchino Visconti. → 7 Filme de Ingmar Bergman lançado em 1966, exibido no Brasil com o título *Quando duas mulheres pecam*.

carta — c. 21/12/70

(sem data)
Hoje você me mandou uma carta que dizia tudo certo. Eu não vou responder muito, quanto menor a minha resposta, melhor. De repente a tua voz me pareceu muito mansa, mansamente lúcida como todas as mansidões que vêm com a lucidez, talvez depois de muita dor. Eu recebi a carta num momento certo, também lúcido; isto vem acontecendo comigo de uns tempos. À minha fase de burrice, de inarticulação, sobreveio um entendimento calmo, talvez justamente por eu ter falado desta (aceitado?) mesma burrice. Não sei se você reparou, mas eu disse na última carta — agora eu entendo perfeitamente que você tem de voltar. A Brigitte leu a tua, disse talvez um pouco maternalisticamente, "vai ser bom para você se ele voltar" — e "Ele disse tudo para você, para a tua situação específica". Eu senti um pouco de raiva quando ela falou assim. Eu acho que eu devo parar de escrever aqui, de uma certa forma eu estou me traindo. "Acho que o Lúiz vai poder te ajudar muito", ela diz outra vez. Eu acho chato que ela diga isso, eu não queria que ela dissesse essa frase tão coerente, tão nítida, tão enjoada. Eu queria que ela dissesse zen-budisticamente: "A natureza de um cão é -MU"; ou "Borboleta, satori ágata". <u>Aconteceu uma coisa genial</u>: só AGORA eu vi o teu retrato, está tão diferente de tudo antes, foi realmente um <u>choque bom</u>, eu me senti longe de você, dissociada dos seus óculos, do seu nariz, da sua barba e do seu cabelo. Gostei da ausência de sorriso. Fiquei com uma impressão boa de distanciamento. Deixa crescer mais o cabelo e

a barba, chega de pantalonas e camiseta colorida, ou uma forma qualquer que eu nunca vi, é isso que eu quero, desconhecer em primeira instância, eu não te espero para te beijar não, eu quero dar um abraço e achar tudo tão estranho, bonito também, mas distantemente bonito. Brigitte disse que você parece com o José, é verdade um pouco. Pena que eu não tenha nenhum meu, bem diferente também. Eu nunca mais escrevi nada ("poesia" etc.).??. Eu gostei de você não ter dito "eu te amo". Não por nada não, só que eu queria que a gente se reencontrasse como se tivéssemos encontrando, <u>que não fosse um reencontro</u>. Você entende? É muito bom às vezes retomar uma certa virgindade no sentido de abandonar o antes. Cartesianamente, começar. Não vou escrever mais. Talvez eu passe na loja americana e tire um retrato para você. Se ficar parecido com aquela eu não mando. Não precisa discutir não. Eu acho até que a gente não devia mais escrever até o 10 de julho, quando estaremos no aeroporto, eu espero que seja um dia claríssimo como hoje, e não frio e nublado e pesado como o que eu cheguei, me sufocando de angústia. Nos teus aros eu leio: vem.

aqui não tem repúdio do passado, nada disso. Nem furadismos, irrealidades, fugas. tem só o gosto dos teus glóbulos sobrevoando.

SÓ PRA
NÃO FICAR
REPETINDO
SEMPRE
A
MESMA
COISA

Si j'ai du goût, ce n'est guère
Que pour la terre et les pierres.
Je déjeune toujours d'air,
De roc, de charbons, de fer.
Mes faims, tournez. Paissez, faims,
Le pré des sons.
Attirez le gai venin
Des liserons.[1]

     (Rimbaud)

Et souviens-toi parfois du temps où tu m'aimais
    L'heure
    Pleure
    Trois
    Fois[2]
   (Apollinaire)

          ANA

→ 1 Primeiras estrofes de "Faim" [Fome], poema de Arthur Rimbaud originalmente publicado em *Uma temporada no inferno* (1873). Na tradução de Lêdo Ivo: "Meu gosto agora se encerra/ Em comer pedras e terra./ Só me alimento de ar,/ de rochas, de carvão, de ferro.// Pastai o prado de feno,/ Ó fomes minhas./ Chamai o gaio veneno/ Das campainhas". → 2 Trecho de uma carta-poema de Guillaume Apollinaire, escrita em 1915 para Louise de Coligny-Châtillon, e publicada postumamente em *Lettres à Lou* (1969). Em tradução livre: "E às vezes me lembro do tempo em que você me amou/ A hora/ Chora/ Três/ Vezes".

bilhete — 31/12/70

<u>31 de dezembro</u> (na Rev. Francesa)
Estreamos nosso fusca?! com uma volta pela
Rocinha e arredores...
Amanhã Pedra Sonora — sem Lucília, sem Zé,
sem Eliane e sem...
Que beijos te mando para 71?

Saudades.

carta — 5/1/71

5 JAN. 71

Passei o dia estudando gramática portuguesa no Bechara,[1] que ama o Marquês de Maricá que um dia disse: "A mulher douta ou é feia, ou menos casta". Hi, hi, hi. Lina vai emigrar definitivamente para Israel em fevereiro. Já te disse o que vou estudar? Entro para "ciências humanas" na PUC, 1º ciclo, onde: letras, filosofia, psicologia, educação. Acho que vou escolher letras — e me especializar em literatura latino-americana (história vem firme por cima), estudando literaturas comparadas. PUC: pouca gente, pesquisa, trabalho lá mesmo. Meu programa para 71: + aulas no Oxford, 7º ano da Cultura, talvez 5º da Aliança, aulas de alemão na PUC mesmo (tem laboratório), leitura desenfreada, em junho-julho temporada no Maranhão — pesquisa do papai no interior do estado — José, Eliane, Jair, Flavio topariam. Eu vou de qualquer jeito. Mamãe queria ir à Europa em julho (se desse levava o Flavio). Taí: <u>você vindo ao Brasil no verão (europeu), podia ir ao Maranhão também,</u> ia ser genial, porque é chato chegar e se afundar nesta bosta poluída e desesperadamente urbana que é o Rio, e se enquadrar outra vez. A viagem até lá ia ser também demais. Nós poderíamos também dar um pulo em Manaus. Depois você voltava para a Alemanha embriagado de subdesenvolvimento. Meu programa imediato: 1 vestibulares, 2 seleção de candidatos ICYE, 3 ida a Iguaçu, 4 cartas para Inglaterra, 5 Pedra Sonora (Machado de Assis, Gabriel García Márquez, James Joyce, Marx e Marcuse), 6 carnaval não sei como nem onde eu queria pular mas tudo depende de arrumar turma firme e maiorzinha que a nossa mesmo, escrever e receber cartas de você meu único (a toda hora nunca desesperarei)

Notícias vêm. 5 janeiro 71. Vestibular em seis dias. Lucília (com você no bolso) em sete. Saudades. Fim de ano em Pedra. Chuva. Jair crescendo barba. Eu estudava de vez em quando (economia clássica: de Adam Smith a Malthus e adelante com os socialismus varius). Sentei o Jether num canto e perguntei de você outra vez. Nadei em você no rio, sensação verde-escura, única. Você era a água e eu afundava, submergia, afogava. Sonhei. Roberto engraçado. Ortoepia: é mérda ou mêrda? Badejo ou badêjo? Coéso ou coêso? A piada se estendeu. Paula Teresa (ex-freira do Sion, lembra?) foi, gostou, esportiva, um pouco agitada demais, ansiosa demais, inteligente, mas querendo a todo custo se mostrar desreprimida, às vezes estranhamente 32 anos. Flavio namorou um pouco a Madith, eu namorei um pouco o José que está deixando crescer barbas e cabelos, mas quem está lindo demais é o Jair com cachos à Caetano e sorriso de anjo. Não houve lua, nem estrelas duráveis.

Se eu te dei 20 mil-réis pra trocar 3 e 300 você tem que me voltar[2]
Jorge de Lima pode ser um chato
Bucher Bucher[3] onde entrebuchas
Luiz e Ana
"A desgraça, que humilha a uns, exalta o orgulho dos outros": o gorgulhante Marquês de Maricá
Meu nome é Gal[4]
cadê Tereza[5]
PRO FUNDO
as crianças de hoje são os facistoides de amanhã

Here is the golden voice of BBC: snow stops Europe![6]
como posso te mandar: 1. disco do Jorge Ben 2. disco do Noel
Rosa 3. *Cem anos de solidão*[7] 4. uma gramática 5. um metrô 6.
submarino 7. passaporte válido por 30 anos

→ 1 Trata-se da *Moderna gramática portuguesa* de Evanildo Bechara, originalmente publicada em 1961. → 2 Versos do baião "Dezessete e setecentos", de Luiz Gonzaga e Miguel Lima, de 1945. → 3 O embaixador suíço no Rio, Giovanni Bucher, fora sequestrado pela VPR de Carlos Lamarca em 7 de dezembro. Foi liberado em 16 de janeiro de 1971, em troca da soltura de setenta presos políticos. → 4 Título da canção de Roberto Carlos e Erasmo Carlos lançada em 1969 no LP *Gal Costa*. → 5 Canção de Jorge Ben Jor. → 6 "Aqui está a voz de ouro da BBC: neve paralisa Europa!" → 7 Romance de Gabriel García Márquez, publicado em 1967.

cartinhas — 6/1/71

Maracujá diz saboreia
    6 de janeiro de 1971} os mágicos chegam cheios de fitas e fazem truques felizes. Que maravilha, a girar.[1] Ouço de pés nas mãos: romântico. A sílaba tônica: romântico. De novo: romântico. Não associar com ai que saudades, nem Musset, nem Robespierre, nem burguês, nem Wordsworth. Ouvir só: romântico. Pisar o chão neutro, quente, sujo, vírgula. Calça de brim azul, sandália. Ninguém deu sinal. Interessante. Vou me dirigir diretamente tentando não tocar a coisa (leite condensado): Luiz Augusto, você é um chato muito grande, você é um chato muito grande. Vão acontecer. Há um quarto em Frankfurt cinza como manhãzinha de Liverpool. Eu posso. Disse Joana: eu posso tudo, impotente. Sai de cima da minha gramática, bicho. Retire-se da minha presença, gramática. Abomino. Quarta-feira. Que maravilha. Caudileia.
    Astérix, Obelix, Idéfix. Eu conto: gás-gasômetro-borbolete. Fenôômeno. oooo. oooooo. Hoje? Quer? Quer? Quer? Hoje: MUCK. PUCK. DUCK. LUCK. BUCK. CUCKO. Paissandu. Paissandu. Aterro. MAM MIS. "Sei que vou te amar por toda a minha vida Sei que vou te amar Em cada despedida[2] Ah". Adverbial locativa não figura na NGB. Pensa e me diz o que é NGB.[3] "Leia com atenção" Cola Polar. Paris Air France. If not now, when?[4] Urupês de tal. Mega Cycle. Ilmo Sr. Iguaçu. Agora que você tem bastante dinheiro aumenta a minha mesada. Colchão. Métodos de investigação sociológica. Eu queria não fingir (Persona) ser absolutamente (Joana) sem medo (.

maracujá
diz
saboREIA

6 de janeiro de 1971] Os mágicos chegam cheios de
fitas e fazem truques felizes. Que maravilha, a girar.
Ouço de pés nas mãos: romântico. A sílaba tônica:
romântico. De novo: romântico. Não associar com
Ai que saudades, nem Musset, nem Robespierre, nem
burguês, nem Woodworth. Ouvir só romântico. Pisar
o chão neutro, quente, sujo, vírgula. Calça de brim
azul, sandália. Ninguém deu sinal. Interessante.
Não me dirigir diretamente testando não tocar a
coisa (leite condensado): Luiz Augusto, você é um
chato muito grande, você é um chato muito grande.
Vai acontecer. Há um quarto em Frankfurt cinza
como manhãzinha de Liverpool.
Eu posso. Disse Joana: eu posso
tudo, impotente.
Sai de cima da
minha gramática,
bicho. Retire-se da
minha presença, gra-
mática. Abomino.
Quarta-feira. Que
maravilha. Caudilhos.
Astérix, Obelix, Idéfix. Eu conto: gás-gasômetro-borboleta.
Fenômeno. oooo. oooooo. Hoje? Quer? Quer? Quer?
Hoje: MUCK. PUCK. DUCK. LUCK. BUCK. CUCKO. Paissandu.
Paissandu. Aterro. MAMMIS. "Sei que vou te amar
por toda a minha vida Sei que vou te amar Em cada
despedida Ah". Adverbial locativa não figura da
NGB. Pensa e me diz o que é NGB. "Leia com atenção"
Cola Polar. Paris au France. If not now, when?
Uruguai. do real. Mega Cycle. Ilmo sr. Iguaçu.
Agora que você tem bastante dinheiro aumenta
a minha mesada. Colchão. Métodos de investigação
sociológica. Eu queria não fingir (Persona) ser
absolutamente (Joana) sem medo (.

PENSA
EM TORTA
DE BANANA

SÃO DOS DOS CHARLES!

OI
TI
CICA

OBA OBA OBA CHARLES[5]
PENSA EM TORTA DE BANANA
OITICICA

Quemquemquemquemquemquemquemquemquem
sesesesesesesesesesesesesesesesese
Você indo ao correio leva a carta minha.
Keep smiling
achei, achei, achei
sabe, Luiz, aqui os dias são longos até sete e meia da noite
é claro claro.
Corrijo-me: são sete e meia, faz noite.
Flexão
Concordância
me responde Luiz:
você vai ficar aí
por absoluta impossibilidade
de voltar
ou
porque aí está bom i.e. há
melhores condições de
estudo e vida?

Es ist Mittag[6]

ou: ficar em algum momento virou opção <u>tua</u>?

Esta resposta é importantíssima urgentíssima interessantíssima para mim eu vivo me perguntando e me respondendo mas ninguém nunca respondeu eu ficando numa dúvida incrível no fim a dúvida é se dificuldades de passaporte são racionalização para você ficar ou se as dificuldades são tão grandes que você foi obrigado a fazer Abitur passar e entrar na universidade. Eu acho tenho uma intuição que você nunca mais volta, exceto para as férias de verão europeu tá tá TÁ TÁ TÁ? Já reparaste como nós evoluímos (conceito de evolução qual será?) em cartas? Me corrijo: mudamos de tom com o passar dos dias. Fernando Namora é genial. Mas não importa nada, vê se me escreve meu alemão.

Wo? Wohin? Woher?

Das kann ich mir nicht erlauben[7]

[em papelzinho]
"Que doces olhos têm as coisas simples e nuas
onde a loucura dorme inteira e sem brumas!
Agora posso ver as mãos entrecruzadas
e as plantas de meus pés nas entranhas amadas,
nesse início que é a clara insônia verdadeira".
J. de Lima, *Invenção de Orfeu* XXII

→ 1 Versos da canção "Que maravilha", de Toquinho, lançada em 1970. → 2 Trecho da canção "Eu sei que vou te amar", de Tom Jobim e Vinicius de Moraes, de 1958. → 3 Nomenclatura Gramatical Brasileira, unificação da terminologia adotada na gramática brasileira, em vigor desde 1959. → 4 "Se não agora, quando?" → 5 Canção de Jorge Ben Jor. → 6 "É meio-dia". → 7 "Onde? Aonde? De onde? Isso eu não posso me permitir".

carta — 15/1/71

Bilhete. ouvir billie holiday. Do you know what it means/ to miss New Orleans?[1] Ouvir, ouvir, outra vez. A tentação que vem da noite. Sabe o que é se apaixonar por um disco e viver pensando nos sons? Lucília veio ontem jantar com Jair e Ju. Trouxe retratos, carta, surpresa, disco. Você delira. Delira. Eu não posso com o teu delírio. Eu quero o choque e a chama e nunca um delírio aliterante. Eu não aguento mesmo. Eu já senti saudades desesperadas de perder a respiração e encostar a cabeça na esquina e levantar de supetão com medo da materialização da saudade. Agora o meu desespero será mais sutil? É o teu delírio que se prolonga no meu e eu me deixo e a cabeça queima a nuca incerta. Carnes e água e osso e pedra. Será que você não entende que o teu delírio repetindo o meu é uma loucura no nada? E é esse nada, expectativa silenciosa, ausência de brumas europeias, disfarces, que me enlouquece ao me deixar sã e fria como uma mulher grávida que sabe que o seu filho vai nascer morto! Eu estou sendo concreta e virgem e dura: quero com esta carta você crispe o rosto concreto, virgem e duro. Não sendo abstrata. Sabe o que eu fiz? Interroguei Lucília sobre você, amei o help-a-hippie, tomei de paixão pelos arranjos, arcanjos, vozes, vezes da Billie (do you know what it means... e a pronúncia linda de my man), escolhi dos retratos alguns e mandei tirar cópias — você ouviu o que eu fiz? Minha cabeça? Eu quero que você entre bem na extensão das coisas que eu faço luizcêntrica — eu não entendo, não posso, não sou poeta nem janela nem Araraquara nem litro de leite. Ai, ai, ai, ai. Alô?! Quer saber mesmo? É intendível porque incompreensível. Do you know what it means — você já se perguntou do fato de você ter montado (vai grotescamente figurado para chocar terceiros) em mim desde sempre? Entendeu? Eu não. Eu não quero ser delicada. Eu sou feroz, eu tenho raiva e ódio e más intenções e espuma ruiva, toda a minha agressividade todo o meu amor. A quem eu amo eu quero dar tudo, inclusive a verdade total do momento absoluto. Entende? — isto é um recurso retórico popular sem conotação semântica alguma. Ou você sai de cima de mim ou me toma totalmente. Não, eu sou racional sim. Mas não posso delirar como nós deliramos juntos carta por carta justamente por causa do meu veneno. Me nasceu há tempos (ao pé do leito etc. etc.) um desejo de verdade. Ouve: eu estou fazendo vestibular na PUC já fiz inglês e francês. Aí numa noite dessas sentamos o meu irmão e eu até duas da manhã falando como a gente nunca tinha falado — da falta de franqueza que nos assola, a nós grupinho insane, reprimido, por etapas escondidamente José-Ana 67-68, Luiz-Ana 68-69, Eliane-José 69-70, Flavio-Judith 70-71 — é a cronologia do absurdo da falta de abertura, nós como grupo também. Quem ia vencendo a luta de persona era você e eu, eu acredito e creio e believe e sei. Como grupo nos conhecemos há mais de cinco anos é um absurdo. O Flavio e eu conversando: é hora de sentar esse grupo os oito se encarando e abrir os verbos totais devagarmente. Eu achei essa conversa com o meu irmão a coisa mais fantástica dos últimos meses. Ele e eu no nível igual dos que sentem igual a mentira. Eu deflorando toda a vontade de *Persona*, de emudecer de repente ou gritar não no momento exato. O parêntese também na carne. Coisas que eu tenho vergonha, há dessas coisas. Luiz Augusto, você sabe o que é uma porção de limitações, todas as limitações lugares-comuns; delas, por causa delas nesse momento eu recuso o delírio das nossas cartas. Que ao ler ou escrevê-las viro confusa panteísta tudo pode ser não ou sim, eu posso você pode falar de tudo e adorar todos os sentidos invadindo o espaço. Eu quero parar de escrever, não mandar esta carta porque esta, reformular, mas só no teu corpo vivo eu posso reformular recusas e aceites.

    Eu não tenho coragem, coragem é aprendizado, as horas impunes e a carta que você escreveu dobrada em quatro: eu volto, paqueradores, sangue espanhol, meu amor, chega de saudade, prepare os papéis, sem você, não demora muito, operação na garganta, sem você propostas, paqueram, eu volto, lê, lê, lê (aqui eu ia colocar um aposto), lê esses pedaços da tua carta dobrada-aberta, eu não acho você louco não, não é isso, embora a loucura seja um dos teus leit-motif, mas você disse — chega de parênteses, chega de frases mal entendidas, para que tanta confusão. Eu não posso mais com a tua imagística meio tropical, teu desespero em parênteses, frases, ironias sem intenção, propostas azuis, palavras que eu não consigo usar por pura angústia subconsciente. Minha cabeça morna e prolixa abstrai o resto do corpo porque a nuca pesa e lateja enorme. Eu tenho tanto medo, Luiz, um medo e um enfado do barulho que cresce. Quanto mais escrevendo mais me abstraindo de você tudo. Quero só dizer um verdadeiro: não quero mais essas tardes normais. Meias. Escrever, para mim, é a realidade mais física e total e presente do momento. Recuso a sequência mais rápida do que eu, aceito repetições e também as tuas, eu temo que eu te aceito também. Há cores que eu gosto. Há sons que eu gosto muito mais. Eu adoro você de cabelo e todos os pelos deixados crescer, e rindo e todos os outros momentos que deram tanta poesia e coisas ficando porque passando. O delírio agora é meu. Delírio na nuca, nas formas imediatas. Do you know what it means to miss New Orleans.

15 jan. 71

[escrito no verso de um desenho]
    Este é um cartão de comemoração
    Alô Luiz alô meu querido tua vitória teu mar de rosas tua

felicidade eterna teu bandolim ninguém segura a festa e o festim o festival o fim geral viva viva viva viva viva viva viva viva

    Foi ontem eu recebi a carta do PASSEI! e a notícia passou por esta cidade sem temperança. Lucília dava pulos pelo telefone que ligou de primeira, as matas se rejuvenesciam, todos aliviavam seus corações entumescidos. Joan Baez cantou em tua homenagem. Jether ligou tarde da noite e nós batemos longo papo. Madith e Jair vieram à praia de Copacabana felizes da vida. Eu pintei um quadro só de cores, motivada pelas cores. Vai barracão pendurado no morro,[2] disse a Elizeth. E aí, que te digo eu nesta tarde deslumbrante que cobre de nuvens os prantos dos sabiás (!!??!!?)

[cartão recortado em forma de V]

    Isto não é um A é um V. De Vitória. Minha mãe disse que o Jether disse que você escreveu uma longacarta dando detalhes da epopeia, donde: muitas notas geniais e que você vai se casar com uma alemã e ter filhinhos alemães e se naturalizar alemão. Um curso completo de filosofia chega a 8, 10 anos. O Brasil vai virar país de veraneio (mas não há verão!). Pergunta: qual a minha reação quanto à tua estada por período indefinido nesta Alemanha? Os fatos: universidade brasileira inexistente. Universidade alemã existente e ótima. Você existente e ótimo, logo, euclidianamente, pitagoricamente, conclui-se: LEUA. leia-se melhor: l.A. e U.Al.

[aos lados]
    HITÓRIA! HIHA!

↳ 1 Canção de Eddie DeLange e Louis Alter interpretada por Billie Holiday e Louis Armstrong no filme *New Orleans*, de 1947. Em tradução livre: "Você sabe o que significa/ sentir falta de Nova Orleans?". ↳ 2 Versos de "Barracão", de Luís Antônio e Oldemar Magalhães.

carta — 15/3/71

Você não sabe como eu tenho morrido. Eu que queria o renascimento contínuo. A vida é uma denúncia da morte. Apesar de você[1] só um ritmo de samba. José Arcadio Buendía[2] e seus peixinhos de ouro.

A universidade é aberta, descontraída. Não parece o Brasil tenso falando de lado. Excelentes aulas de Teoria da Lit., com muito Adorno, Benjamin, Hauser, Lukács, Eco, Wellek, Brecht, Jakobson, Auerbach, bibliografias imensas e difíceis de encontrar. Filosofia também é muito bom. O resto é meio óbvio —

Hist. da Arte, Sociologia I, Universidade, Português. Semestre que vem já posso começar a pegar matérias de História e/ou Sociologia. O ambiente é bonito, esteticamente um prazer, belezas de gentes cabeludas e pantalônicas, bibliotecas europeias, diretórios funcionando.

Tem um garoto parecido com você na minha turma. A minha vida por enquanto virou Gávea de manhã e de tarde, seis aulas de inglês por semana, ouvir música, às vezes reúnem-se os seis tristes mosqueteiros às vezes eu saio com o José mas não muito por sentimento de culpa em rel. à Eliane. Perdi a (carteira de) identidade.

Está muito calor. Copiei uma poesia de F. Pessoa numa camiseta e ando vestida de poesia.

Tenho saudade de Pedra Sonora. Pedra Sonora desde que eu cheguei se identificou com uma fossa de amor. Cortei o cabelo, fiquei chateada. Algumas pessoas são belíssimas. Preguei seus retratos no mostrador do chalé. Cada vez mais sinto preguiça de falar. Me lembro de você com dor. No dia 15 estava tudo quieto aqui. De presente meu vão discos e O LIVRO que você tem de ler e trechos da hora absurda. Beijos. meus.

> para nós no dia 15
> m
> a
> rço
> Fernando Pessoa

> A HORA ABSURDA
>
> O teu silêncio é uma nau com todas as velas pandas...
> Brandas, as brisas brincam nas flâmulas, teu sorriso...
> E o teu sorriso no teu silêncio é as escadas e as andas
> Com que me finjo mais alto e ao pé de qualquer paraíso...
>
> Meu coração é uma ânfora que cai e que se parte...
> O teu silêncio recolhe-o e guarda-o, partido, a um canto...
> Minha ideia de ti é um cadáver que o mar traz à praia..., e
>   [entanto
> Tu és a tela irreal em que erro em cor a minha arte...
>
> Abre todas as portas e que o vento varra a ideia
> Que temos de que um fumo perfuma de ócio os salões...
> Minha alma é uma caverna enchida pela maré cheia,
> E a minha ideia de te sonhar uma caravana de histriões...
>
> Chove ouro baço, mas não no lá-fora... É em mim... Sou
>   [a Hora,
> E a Hora é de assombros e toda ela escombros dela...
> Na minha atenção há uma viúva pobre que nunca chora...
> No meu céu interior nunca houve uma única estrela...

Hoje o céu é pesado como a ideia de nunca chegar a um
                              [porto...
A chuva miúda é vazia... a Hora sabe a ter sido...
Não haver qualquer coisa como leitos para as naus!... Absorto
Em se alhear de si, teu olhar é uma praga sem sentido...

Todas as minhas horas são feitas de jaspe negro,
Minhas ânsias todas talhadas num mármore que não há,
Não é alegria nem dor esta dor com que me alegro,
E a minha bondade inversa não é nem boa nem má...

Os feixes dos lictores abriram-se à beira dos caminhos...
Os pendões das vitórias medievais nem chegaram às
                              [cruzadas...
Puseram in-fólios úteis entre as pedras das barricadas...
E a erva cresceu nas vias férreas com viços daninhos...

Ah, como esta hora é velha!... E todas as naus partiram!
Na praia só um cabo morto e uns restos de vela falam
De Longe, das horas do Sul, de onde os nossos sonhos tiram
Aquela angústia de sonhar mais que até para si calam...

O palácio está em ruínas... Dói ver no parque o abandono
Da fonte sem repuxo... Ninguém ergue o olhar da estrada
E sente saudades de si ante aquele lugar-Outono...
Esta paisagem é um manuscrito com a frase mais bela
                              [cortada...

A doida partiu todos os candelabros glabros,
Sujou de humano o lago com cartas rasgadas, muitas...
E a minha alma é aquela luz que não mais haverá nos
                              [candelabros...
E que querem ao lado aziago minhas ânsias, brisas fortuitas?...

Porque me aflijo e me enfermo?... Deitam-se nuas ao luar
Todas as ninfas... Veio o sol e já tinham partido...
O teu silêncio que me embala é a ideia de naufragar,
E a ideia de a tua voz soar a lira dum Apolo fingido...

Já não há caudas de pavões todas olhos nos jardins de
                                   [outrora...
As próprias sombras estão mais tristes... Ainda
Há rastos de vestes de aias (parece) no chão, e ainda chora
Um como que eco de passos pela alameda que eis finda...

Todos os ocasos fundiram-se na minha alma...
As relvas de todos os prados foram frescas sob meus pés
                                       [frios...
Secou em teu olhar a ideia de te julgares calma,
E eu ver isso em ti é um porto sem navios...

Ergueram-se a um tempo todos os remos... Pelo ouro das
                                     [searas
Passou uma saudade de não serem o mar.. Em frente
Ao meu trono de alheamento há gestos com pedras raras...
Minha alma é uma lâmpada que se apagou e ainda está
                                     [quente...

Ah, e o teu silêncio é um perfil de píncaro ao sol!
Todas as princesas sentiram o seio oprimido...
Da última janela do castelo só um girassol
Se vê, e o sonhar que há outros põe brumas no nosso
                                     [sentido...

Sermos, e não sermos mais!... Ó leões nascidos na jaula!...
Repique de sinos para além, no Outro Vale... Perto?...

Arde o colégio e uma criança ficou fechada na aula...
Porque não há-de ser o Norte o Sul?... O que está
                                      [descoberto?...

E eu deliro... De repente pauso no que penso... Fito-te
E o teu silêncio é uma cegueira minha... Fito-te e sonho...
Há coisas rubras e cobras no modo como medito-te,
E a tua ideia sabe à lembrança de um sabor de medonho...

Para que não ter por ti desprezo? Porque não perdê-lo?...
Ah, deixa que eu te ignore... O teu silêncio é um leque —
Um leque fechado, um leque que aberto seria tão belo, tão
                                        [belo,
Mas mais belo é não o abrir, para que a Hora não peque...

Gelaram todas as mãos cruzadas sobre todos os peitos...
Murcharam mais flores do que as que havia no jardim...
O meu amar-te é uma catedral de silêncios eleitos,
E os meus sonhos uma escada sem princípio mas com fim...

Alguém vai entrar pela porta... Sente-se o ar sorrir...
Tecedeiras viúvas gozam as mortalhas de virgens que tecem...
Ah, o teu tédio é uma estátua de uma mulher que há-de vir,
O perfume que os crisântemos teriam, se o tivessem...

É preciso destruir o propósito de todas as pontes,
Vestir de alheamento as paisagens de todas as terras,
Endireitar à força a curva dos horizontes,
E gemer por ter de viver, como um ruído brusco de serras...

Há tão pouca gente que ame as paisagens que não existem!...
Saber que continuará a haver o mesmo mundo amanhã —
                         [como nos desalegra!...
Que o meu ouvir o teu silêncio não seja nuvens que atristem
O teu sorriso, anjo exilado, e o teu tédio, auréola negra...

Suave. como ter mãe e irmãs, a tarde rica desce...
Não chove já, e o vasto céu é um grande sorriso imperfeito...
A minha consciência de ter consciência de ti é uma prece,
E o meu saber-te a sorrir uma flor murcha a meu peito...

Ah, se fôssemos duas figuras num longínquo vitral!...
Ah, se fôssemos as duas cores de uma bandeira de glória!...
Estátua acéfala posta a um canto, poeirenta pia baptismal,
Pendão de vencidos tendo escrito ao centro este lema —
                                                [Vitória!

O que é que me tortura?... Se até a tua face calma
Só me enche de tédios e de ópios de ócios medonhos...
Não sei... Eu sou um doido que estranha a sua própria alma...
Eu fui amado em efígie num país para além dos sonhos...

Agora: eu vou escrever uma carta de aniversário. Eu quero contar. Estou na aula de Introdução à Ciência dos Computadores.

↦ 1 Título da canção de Chico Buarque, lançada em compacto em 1970. ↦ 2 Personagem central do romance *Cem anos de solidão* (1967), de Gabriel García Márquez.

carta — 5/71

Maios 71

Minha loucura, acalma-te!/ Veste o water-proof dos tambéns![1]
Mário de Andrade

Aula de filosofia. eu gosto da aula de filosofia. as minhas coleguinhas são muito burrinhas.
 aula de português. 7 e meia da manhã. o que deve me irritar mais, a aula, a hora, a voz da criatura no estrado, ou as coleguinhas sussurrantes, copiantes, risantes? Não sei por que sentei na primeira fila. "O lindo livro de minha querida Maria". Muito escuro, duro, distrátil, troca a posição, chova. Repete, por favor. É o que mais dizem as minhas para poderem copiar tudo. Luiz: está muito chato aqui. Lembra da tua atividade louca em 69 no Brasil? Agora deve ser pior. Para mim está sendo assim: excesso de correria e aulas e febres, táxis virando asfalto, água, ágata, muito escuro. Meu cansaço agora não é aquele cansaço além do sono de que fala Fernando Pessoa ("o sono que desce sobre mim").[2] A Brigitte está morando na minha casa. Ela é inteligente e sensível demais, mas também me cansa um pouco, está sempre analisando as pessoas e falando intimamente e discutindo "relações humanas" "em profundidade". O meu estado de espírito: saco cheio (embora clichê aqui no momento, como zona, sacanagem, merda, gírias do *Pasquim*, tudo virou anúncio luminoso). Parece que você não recebeu os discos que eu te mandei (dois compactos — Chico e Elis — e um disco seriíssimo da Bethânia), mas teu

pai me mostrou uma carta tua adorando *Cem anos de solidão*. É o maior livro da vida. Eu não tenho coragem de ler mais nada dele. Prosaicamente: estão caindo os acentos diferenciais e acentos secundários de advérbios. Estão caindo.[3] Tem uma menina ao meu lado dizendo que não entendeu nada, nada. Caindo tudo. Olha, Luiz, eu não queria escrever mais, eu me sinto sufocando. A Eliane acabou de olhar pelo vidro da porta, eu saí da aula, nós sentamos na escada e ficamos falando de discos — em especial um do João Villaret recitando poesias de Fernando Pessoa.[4] A Eliane é uma presença muito nítida. Nela o que eu não sei: olhar ambiguamente, entre o descaso e o desespero. A solução é se enterrar em cálculos, programas, computadores, gráficos, e evitar sobretudo encontros sob a lua ou a Elizeth, ainda metaforizadas, ela me disse. Outra propriedade dela: me calar (como os filmes de Bergman). Já há alguns dias eu recebi uma carta terrível de você, a carta me abalou e eu chorei. Me senti sufocando mais uma vez. Telefonei para o José sem conseguir falar, de repente procurei nele um consolo qualquer. Ele achou "furadíssimo" (o meu choro e a tua carta). No mesmo dia teu pessoal recebia uma carta contentíssima de Frankfurt. Meu choro acabou em sono, eu dormi e sonhei, você fica como um fantasma, uma infinute perdida, fantasma me lembrando

A mulher gorda parou a aula, está dando bronca delicadamente, isso sinceramente me desnorteia, eu fico com cara de idiota, eu sou humana, sou muito humana mesmo, eu me esforço muito, é muito difícil com este barulho, caíram do cavalo, ela é gorda e tem uma boca grande, eu vivo muito, boca grande de simpatia e cheia de lugares-comuns, excessivamente delicada. Interrupção. Eu estou muito enjoada. Há um crucifixo de madeira e gesso na parede. Inexiste. Hoje sexta dou aula no Artigo 99[5] de português. É muito bom dar aula de português no Catumbi, muito difícil, meio braçal. O grupo que ensina lá tem uma série de problemas de desnível, heterogeneidade e diversidade de motivos. O grupo também, difícil. O coordenador do curso (Celso Henrique, maranhense, estudante de matemática da PUC) diz estar "apaixonado" por mim e tem andado transtornando um pouco o curso, trocando horários para ficar junto comigo, faltando aula por minha causa etc. Quando isso acontece e não parte de gente imatura eu fico tesa, escura, dura. Desentendendo. Incapaz. Eu não devia te escrever hoje, que eu estou nauseada, frágil, perigando. Tem um colega meu que se chama Luiz também (Eduardo) e fisicamente se parece todo com você. Acabei de dizer pra ele "vamos nos relacionar bem platonicamente, tá?" Ele não entendeu.

Aula de teologia. Cheguei atrasada, está escrito no quadro indefinido "Deus está de férias?". O padre é muito aberto, mas fica uma indelével impressão de superfície em tudo — "Vamos analisar o processo humano do amor". Com que facilidade se fala. Eu estou mudando lentamente, ficando mais calada. Eu falava tanto, e tanto de conceitos abstraídos, filha de Platão e Hegel (não me pergunte — o que é que você sabe de Hegel?). Outro mês eu me chamei de filha da lua. É verdade.

E você. Eu agora te desentendo. Tuas cartas soam estranhas. Tuas cartas me chocam ao mesmo tempo. Ora muito formais, Dear Ana, parágrafos, abraços do Luiz, de repente um grito desalinhado. Teus retratos (bonitos, você é bonito) continuam espalhados na parede do chalé. Um velho retratinho teu continua na minha carteira, os velhos óculos quadrados, o cabelo curto e imberbe. A lua no ar no meio da Urca. Você diz que vai voltar, _quer_ voltar. Luiz, eu nunca andei fazendo "fofoca" dizendo que você não quer voltar (= que você prefere a Europa desenvolvida ao Brasil). Eu acredito nisso, e isso não deve ser motivo de dor de consciência, eu faria o mesmo, o José faria o mesmo. Eu vou te dizer: se você voltar definitivamente você vai entrar numa fossa muito maior que a tua solidão (temporária) de Frankfurt, o Rio está acabando, com a família logo se acostuma, o samba (que é o melhor daqui) você pode receber, a universidade aqui inexiste.

Não diz mais: Ana, você é parte de mim, vem me visitar, que depois eu volto para sempre. Eu fiquei tão velha e cega. Ressequida como uma velha. Eu não consigo me dar a ninguém, não tenho condição, não exijam nada de mim. Este vocabulário "não conseguir", "não ter condição", "exigir" é típico da Brigitte, talvez as nossas conversas diárias me tenham marcado, mas eu sinto isso verdade. Não tenho escrito "poesia". Fiquei magra outra vez, empalidecida, perdi contato com o céu (o céu matéria, a fisicidade mais salutar, a seiva desmetaforizada). Eu ainda dou aulas com muito entusiasmo — é uma posição interessante, a de professor.

"A fé é um salto no vazio", diz o Pê Severiano.

Eu detesto acordar cedo.

São 10:10. Às 11 tem aula de sociologia. Eu tenho uma atitude horrível nas aulas de sociologia — não escrevo nada, fico lendo Cecília Meireles, de chapéu e pernas esticadas na cadeira. A professora me dá nojo. "Os maiores culpados da pobreza do NE são os próprios nordestinos" — "Marx Weber é um sociólogo que vocês devem ler" —

Saí da aula no meio e fui dar uma volta pelo campo e comer (esqueci de me alimentar direito de manhã) para matar a tontura. Volto para a sala quase vazia. Sociologia. Seminário sobre classes sociais no Brasil. A menina é muito extrovertida e bem-falante. Categoriza o Brasil séc. XVI de "atrasadíssimo", os índios eram muito "piores" que os brancos em matéria de civilização. Não, não vou comentar mais as aulas. Foda-se.

Extático. Extático. Adotei ultimamente o adjetivo heideggeriano. Eu queria poder me projetar em direção a. O sangue é muito pequeno no meu corpo instável.

Amanhã vamos ao Canecão ver a Elizeth. Carlos Augusto, José, Brigitte, Eliane, não sei mais quem. Uma garota minha colega (Cejana de Goiás) de quem o Carlos Augusto gostou muito numa festa que teve lá em casa o outro dia. Ela também esteve em Londres. Vai ser bom se ela e o Carlos começarem a sair juntos. Estou pensando em organizar um fim de semana em PS só com colegas nossos. Agora estou desanimando um pouco porque o encontro José-Eliane-Ana-Celso-Luiz E. é muito complicado. Disse o José: "PS é meio enlouquecedor." Eu já dizia. Muita gente já dizia.

Meio-dia. Preciso fazer um trabalho sobre marginalidade social, ler *A cidade do homem*,[6] preparar um seminário de linguística, me "aprofundar" em teoria da literatura (meu único interesse vital — estou amando a matéria, estou com vontade de estudar teoria e semiologia; você já leu Umberto Eco? É interessante), estudar a Reforma Universitária, que importa.

Eu queria falar de você.

Você é difícil. Você é muito forte. Você recebeu uma carta comprida que eu te mandei há alguns meses? Recebeu. Eu estou te procurando agora. É muito raro. Você tem "remorsos" de não estar no Brasil? Você acha que nós ficando alegremente masoquistas estamos com a consciência tranquila? Estas perguntas são horríveis simplistas mas eu tenho medo de "sentimentos de culpa" inúteis.

A Brigitte me disse outro dia — o que você vai fazer se o Luiz voltar? Às vezes as pessoas me abordam e falam de você e eu me aborreço. Você deixou de ser corpo, voz, vivo — é agora uma força vaga me entristecendo: mas eu tive um dia! Eu nunca mais? Eu não sei por que te escrever. O José tem razão, é totalmente absurdo te escrever. Eu NÃO quero me relacionar com você em nível de "cartinhas". Eu não sei mais quem é você. O que eu me lembro, e assim me faz escrever, é que você tem um poder grande de amor, de entender. Eu me lembro daquela tarde no jardim de uma casa perto de Düsseldorf. Eu me lembro de ter te amado naquela tarde. Visão longe, visão sem tato. Sinestesias. Aquelas cartas formais tuas me aborreceram, de repente eu tive a certeza que eu e você somos uma realidade à parte. Eu preciso ter esta certeza. Mas ao mesmo tempo no fundo eu estou ainda "me guardando" como uma freira desiludida. Isso é muito chato, é muito chato você ficar dizendo volto — não volto, eu não estou criticando mas dizendo como isso cai em mim. Acabo de me arrepender de uma porção de coisas que eu escrevi aqui mas estou com preguiça de escrever. Não vou riscar. Esta carta tem uma grande vantagem: está "mal escrita", escrita sem preocupações estéticas (nem éticas...), sem autocrítica, sem estilo nem grandes metáforas. Isso é muito bom e revela também qual o meu estado de espírito no momento.

eu vou contar a verdade.

eu vivo pensando em você como numa alucinação. você é a minha teologia. meu ponto de referência. eu tenho medo de você porque você conhece mais do que eu. porque você exige de mim que eu me vença e vença. você me sufoca. já não sei mais o que é concreto ou não. tuas duas últimas cartas tiveram o poder de me deixar tensa e quente como uma égua no cio. de me descabelar sem que eu me movesse. eu li rápido, com medo. eu entendi de repente. de repente, é verdade: é. comecei a escrever ainda sanguínea, minhas veias como cordas distendidas. hoje no ônibus eu pensei — quanto tempo dura uma loucura sutil e sublimada. quanto tempo para descobrir exatamente. eu entendi tudo, é incrível. claro, você volta, você tem que voltar, mas o problema é — seria bom se esta fosse a questão final. E o problema é — eu tenho um medo mortal de você. Com você eu me enredei mortalmente. a "tua volta" (aspas tão importantes, importantes) é tão mais temível ainda! falando em termos de presente, a tua volta ia significar que o meu estado pode ser vivo em você também. porque é viva em mim a ideia de morte, de vazio total. como o meu irmão, eu um dia não pude mais e saí para a terapia. O psicólogo azul, os tapetes, o choro petrificado como num filme de Bergman. isto vem primeiro: o medo me assolando e você com medo também. para o meu e igual ao meu? em termos de futuro, a tua volta é outro desafio de relação. você quer saber? você pergunta de namorados, amores, paixões, coisinhas mais? eu não sei se era pergunta ("Não me importa mas me diga — ??? isso me escreva pô"). Você quer saber? eu sei a resposta, é não, eu não conheço ninguém, não posso ninguém, "não tenho condições" (aspas diferentes: resultam de eu não saber se esta frase é minha ou da Brigitte). exatamente por isso em termos de futuro eu tenho tanto medo. porque eu não posso ninguém. porque se outro dia dentro do carro com o José nós quase quisemos ter um lugar bom de se dormir, desde então eu nunca mais vi ninguém e nada nos faltou a não ser é claro aquilo que o "autoprazer" não dá. eu estou sendo cínica, ácida, atlântica, proparoxítona? o prédio pode cair a qualquer momento. de noite deitada na cama o chão treme perceptivelmente, talvez eu nem ouça nada quando explodir, a explosão cairá em cima de mim na mesma hora. você me remete a mim mesma, a essa realidade de expectativa sem perspectiva. eu ia falar da rima mas desisti: é um vício fazer metalinguagem para ser engraçadinho. você não consegue ser cruel? conseguiu. tuas cartas são tão cruéis. "eu te amo" aqui eles usam com meu Brasil, é propaganda do governo e dos seus sustentáculos. rimas, rimas! Ou o suicídio ou o engajamento? Ana, você já teve medo de enlouquecer? Não, absolutamente, a questão não é opção entre suicídio e engajamento se eu estou com medo de enlouquecer. A questão é ruir o meu medo. Não quero filosofia, o meu medo não é existencial universal geracional intrínseco. O meu medo vem em primeiro lugar, com ele eu não tenho opção. Eu posso me sentir feliz — por exemplo eu me interesso muito por linguística, estruturalismo, semiologia, literatura por exemplo eu posso ler o Badiou ou o Lévi-Strauss e me sentir esquecendo — óbvio. De resto é fim. Nenhuma síntese se processou porque a síntese está além do medo. Skammen. Skammen.[7] Perdi, não há síntese na derrota. Vou fazer 19 anos, 19, 19, 19, 19 e sem os sisos. Ainda de pontos na boca, falando torto, escrevendo duro, não te beijo nem continuo. Queimada.

[em um pequeno recorte de papel]
    Reli a carta e achei tão dura e rápida. Não tem nada de Brasil. Não tem, <u>eu sei</u>. não diz que tem. você queria Brasil? eu vou mandar assim mesmo depois eu falo de coisas vivas. Não serei dessa vez a agência nova china,[8] nem dialeticamente haverá boas notícias. <u>não há</u> notícias. há eu com febre. eu vou machucar? eu devia pensar e meditar nos efeitos? eu nem consigo escrever o teu nome no discurso. Que é só discurso, sem história.

→ 1 Versos do poema "Rua de São Bento", de Mário de Andrade, incluído em *Pauliceia desvairada* (1922). → 2 Primeiro verso do poema sem título de 1935, de Álvaro de Campos. → 3 Alusão à reforma ortográfica de 1971, oficializada pela lei n. 5765, de 18 de dezembro de 1971. → 4 O LP *Fernando Pessoa por João Villaret*, originalmente gravado em 1957 e lançado no Brasil pelo selo Festa em 1968. → 5 Ana C. trabalhou como professora voluntária no curso supletivo Artigo 99, mantido pela paróquia do Catumbi, bairro central do Rio. → 6 Livro de Harvey Cox lançado em 1968 pela Paz e Terra (SP), tradução de *The Secular City* (1965). → 7 Título original de *Vergonha* (1968), de Ingmar Bergman. → 8 Xinhua, agência de notícias oficial da China.

cronologia*

Waldo Cesar

1952: Rio de Janeiro, 2 de junho. Nasce Ana Cristina Cruz Cesar, filha de Waldo Aranha Lenz Cesar e Maria Luiza Cesar.

Fui para a maternidade logo cedo. Li e escrevi um pouco, até que disseram: chegou, é menina. Maria bem, um pouco cansada. À tarde voltei, mais a avó, o avô e a tia — e vimos a menina que tinha poucas horas. Uma filha... Pensar muito nela e ajudá-la em tudo. Como vai ser? Imagino ela e a mãe muito amigas. Vai ser uma criatura bonita, viva, inteligente. Sou pai. O tempo caminha. [...] Felicidades, Ana Cristina! (Do diário de Waldo Cesar.)

1954: Ingressa no "Maternal" do Colégio Bennett (atual Instituto Metodista Bennett), Rio.

1956: Começa a ditar suas poesias para a mãe, caminhando, às vezes aceleradamente, sobre o sofá. As pausas marcavam ritmos, indicando possível mudança de linha.

1961-3: No Colégio Bennett completa o curso primário e o secundário. Funda e dirige o *Jornal Juventude Infantil*, "Jornal escolar e familiar", que recebe elogios por escrito da diretora Iracema França Campos.

---

* A cronologia foi publicada originalmente em *Correspondência incompleta*, Ana C. (Organização de Armando Freitas Filho e Heloisa Buarque de Hollanda. Rio de Janeiro: Aeroplano, 1999) e integra o livro *Poética* (São Paulo: Companhia das Letras, 2013).

1964: Viagem ao Uruguai (Montevidéu), a primeira ao exterior, com os pais e o irmão Flavio. De carro, via Curitiba, Caxias do Sul, Porto Alegre, Pelotas, Chuí.

A fronteira entre Brasil e Uruguai é um fosso sujo, onde só há um guarda. (Diário de Ana Cristina.)

1966-7: Após curto período na igreja metodista do Catete, Rio, torna-se membro da igreja presbiteriana de Ipanema (atual Comunidade Cristã de Ipanema), onde se destaca no trabalho da mocidade e dirige o jornal mensal *Comunidade* (mimeografado). Intensa produção escrita (cadernos, blocos, diários), por vezes com o registro de marca de sua invenção: "Editora Problemas Universais".

1967: Completa o curso ginasial no Colégio Estadual Amaro Cavalcanti, Rio. Oradora da turma.

1969-70: Sob o patrocínio de um programa de intercâmbio da juventude cristã (International Christian Youth Exchange), estuda um ano em Londres, no Richmond School for Girls. Entre cidades e regiões percorridas: País de Gales, Belfast, Dublin, Roma, Florença, Milão, Nice, Cannes, Paris, Amsterdam, Nova York, Boston.

Londres, 19 de setembro, 69 — ... As tuas cartas têm um cheiro paterno que lembra pedra-sabão e uma imperceptível névoa avermelhada.

Londres, 30 de setembro, 69 — Não se desconsole, mas não dá para a gente ir ver Hair, *porque tem filas homéricas e só reservando com 3 meses de antecedência. A não ser que você tenha um pistolão. O Harold Wilson é teu amigo?*

Londres, 13 de outubro, 69 — *Mamãe, sinto tua falta. O pai trouxe consolo, amor, desequilíbrio, pensação. Esta Inglaterra me dói às vezes. [...] Fomos ver Hair, estupor, estupendo, fomos ao bairro pobre de Londres (Notting Hill), voltei com o pai à magnífica St. Paul, e descobri a torre de Londres e a Ponte. É noite de domingo, triste, sendo frio, frio, sendo triste.*

Londres, novembro 69 — *... as cartas vêm em fluxos, entram pelas frinchas como o hálito do frio — fico no meio do Parliament Square olhando o sol que espreita por trás do Big-Ben — as pessoas falam soltando nevoeirinhas, os cachecóis se encaracolam na cidade encapada...*

Londres, dezembro 69 — *... estou aqui. O céu se indefine, manhã, vozes, riscos, risos e rabiscos, o rastro do jato, e as faltas mais vivas...*

Paris, 30 de julho, 70 — *"La rivière que j'ai sous la langue." Como um verso de Éluard, a ilha se expande nas primeiras luzes deste fim de tarde. Um gato atravessa a beirada e rápido entra pelos gradis; que árvores são essas que se debruçam sobre a água como que para escutar melhor? "Les feuilles de couleur dans les arbres nocturnes"... É neste quais d'Anjou que se adormece de lusco-fusco sem começos — o pequeno sol esquecendo ausências implacáveis na mistura de luz e água da cidade: "Fuis à travers le paysage, parmi les branches de fumée et tous les fruit du vent...".*

Boston, 26 de agosto, 70 — *Estou em Boston, com amigos do Harvey [Harvey Cox, teólogo norte-americano]. Hoje vim visitar Harvard: é esta a universidade em que quero estudar. Estou escrevendo na monumental biblioteca.*

1970-4: Professora de língua inglesa no Instituto de Cultura Anglo-Brasileira. Monitora (1974) da cadeira de Teoria da Literatura I no Departamento de Letras da PUC-Rio.

1971: Curso clássico no Colégio de Aplicação da Faculdade Nacional de Filosofia, Rio. Ingressa no curso de letras da Pontifícia Universidade Católica (PUC-Rio).

1971: Professora de português (voluntária) no Curso Artigo 99, Paróquia do Catumbi, Rio.

1972: Viagem de férias até o Paraguai (Assunção), com os pais e os irmãos Flavio e Felipe, de carro, visitando várias cidades. Durante o trajeto, lê D.H. Lawrence. Integra equipe de pesquisa socioeconômica-religiosa da ONG Cenpla — Centro de Estudos, Pesquisa e Planejamento (Rio), na região da Baixada Maranhense (Maranhão). Viagem de carro: Feira de Santana, Juazeiro, Petrolina, Teresina, São Luís. Volta via Fortaleza, Recife/Olinda, Salvador.

1973: Leciona português no Curso Guimarães Rosa, Rio. Integra equipe do Cenpla em pesquisa entre pequenos proprietários rurais em viagem de carro a várias cidades da Bahia, Pernambuco, Ceará e Maranhão.

1974-9: Professora de língua inglesa na Sociedade Brasileira de Cultura Inglesa, Rio.

1975: Licenciada em letras (português-literatura) pela PUC-Rio.

1975-7: Intensa atividade jornalística e editorial: consultora do Conselho Editorial da Editora Labor; colaboradora da seção cultural do semanário *Opinião* e do Suplemento do Livro do *Jornal do Brasil*; coeditora e colaboradora do jornal *Beijo* (1977); colaboradora eventual, entre outras publicações culturais, do *Correio Brasiliense*, jornal *Versus*, revista *Almanaque*, revista *Alguma Poesia*, no caderno Folhetim, da *Folha de S.Paulo*; resenhista de livros para as revistas *Veja*, *IstoÉ* e *Leia Livros*.

1975-82: Intensa atividade como tradutora. Entre outros, traduz três ensaios de Du Sens, de A. J. Greimas (Editora Vozes, Rio, 1975); *El Tarot, o la máquina de imaginar*, de Alberto Cousté (Labor, 1976); *Seven Theories of Human Nature*, de Leslie Stevenson (Labor, 1976); *Hite Report on Male Sexuality*, de Shere Hite (Difel, 1977); poemas de Sylvia Plath, para a antologia de poesia norte-americana *Quingumbo* (Ed. Kerry Shawn Keys, Escritas, 1980); conto "Bliss", de Katherine Mansfield, tradução analisada na tese de mestrado para a Universidade de Essex e publicada na revista *Status-Plus* (São Paulo, jul. 1981); poemas de Emily Dickinson, publicados no Folhetim, da *Folha de S.Paulo*, 1982. Com publicação em 1984: poesia polonesa de Anna Kamienska ("A fronteira", "Falta de fé", "Pietá polonesa") e Czeslaw Milosz ("Veni Creator", "Rios"), em cotradução com Grazyna Drabik, revista *Religião e Sociedade* (Rio, jul. 1984); "Poemas da greve e da guerra", de poetas poloneses, cotradução com Grazyna Drabik, *Cadernos do Iser* (Marco Zero, Rio, 1984).

1976: Poesia e prosa de sua autoria integram a antologia *26 poetas hoje*, coordenada por Heloisa Buarque de Hollanda (Editora Labor, Rio, com 2ª edição em 1998, Aeroplano Editora, Rio). O volume foi reeditado em 2021 pela Companhia das Letras.

1976-9: Professora de língua portuguesa e literatura no 2º grau do Instituto Souza Leão e no Colégio Estadual Amaro Cavalcanti, Rio.

1977: Viagem a Argentina (Buenos Aires, Bariloche), Porto Alegre, Brasília.

Brasília, 23/7/77 — Estou mais uma vez sentando no escritório para traduzir Greimas. A paisagem fora lembra Inglaterra: as superquadras lembram um pouco a Ashbernham Rd. Aliás, Brasília tem cheiro de outro país. [...] Estou começando a entrar na vivência de Brasília e a entender essa estranha deformidade de luxo.

1978: Pesquisa sobre "A literatura no cinema documentário", projeto financiado pelo Conselho Nacional de Direito Autoral, através da Fundação Nacional de Arte (Funarte), Rio. Como resultado da pesquisa é publicado o livro *Literatura não é documento* (MEC/Funarte, 1980).

1979: Mestre em comunicação pela Escola de Comunicação da Universidade Federal do Rio de Janeiro. Publica *Cenas de abril* (poesia) e *Correspondência completa* (prosa), Rio (edição da autora).

1979-81: Segunda viagem à Inglaterra (bolsa de estudos da Rotary Foundation), com curso na Universidade de Essex. Recebe o título de Master of Arts (M. A.) em Theory and Practice of Literary Translation ("with distinction"). Imprime *Luvas de pelica* (edição da autora, 1980). Viagem a França, Itália, Grécia, Espanha e Holanda. Correspondência intensa para parentes, colegas e amigos.

1981: Retorno ao Brasil (janeiro). É contratada pela Rede Globo de Televisão como analista de textos do Departamento de Análise e Pesquisa.

1982: Lançamento de *A teus pés* (poesia/prosa), no Rio (dezembro, Livraria Timbre), incluindo inéditos e publicações anteriores (Editora Brasiliense, São Paulo).

1983: Viagem ao Chile (fevereiro), em visita aos pais, então residindo em Santiago, onde visita Viña del Mar, Valparaiso, Horcones. Em princípios de outubro publica-se a segunda edição de *A teus pés* (Editora Brasiliense). Morre no dia 29 de outubro.

créditos das imagens

Todos os esforços foram feitos para reconhecer os direitos autorais das imagens. A editora agradece qualquer informação relativa à autoria, titularidade e/ou outros dados, se comprometendo a incluí-los em edições futuras

MIOLO

Todas as imagens são do acervo pessoal de Luiz Augusto Ramalho/ Instituto Moreira Salles, exceto:
p. 12: Sebastian Fohrbeck
p. 29: Felipe Cesar
p. 112: Stephen Bobroff/ Alamy

CADERNO DE IMAGENS

Todas as imagens são do acervo pessoal de Luiz Augusto Ramalho/ Instituto Moreira Salles, exceto:
p. 1: (acima): CPDOC/ Jornal do Brasil
p. 1: (abaixo): fotógrafo desconhecido/ Instituto Moreira Salles
p. 2: John Byrne. © Byrne, John/ AUTVIS, Brasil, 2022

ESTA OBRA FOI COMPOSTA POR ACOMTE EM DTL DOCUMENTA
E IMPRESSA PELA GRÁFICA BARTIRA EM OFSETE SOBRE
PAPEL PÓLEN SOFT DA SUZANO S.A. PARA A
EDITORA SCHWARCZ EM MAIO DE 2022

A marca FSC® é a garantia de que a madeira utilizada
na fabricação do papel deste livro provém de florestas
que foram gerenciadas de maneira ambientalmente
correta, socialmente justa e economicamente viável,
além de outras fontes de origem controlada.